上海文化发展系列蓝皮书
THE BLUE BOOK SERIES ON
SHANGHAI CULTURAL DEVELOPMENT

上海文化发展报告
（2019）

SHANGHAI CULTURE DEVELOPMENT REPORT
(2019)

打响"上海文化"品牌

主编／荣跃明

执行主编／郑崇选

上海人民出版社

上海书店出版社

摘　要

　　2018年4月,上海市委市政府出台《关于全力打响上海"四大品牌"率先推动高质量发展的若干意见》,并针对"四大品牌"分别提出三年行动计划。《"上海文化"三年行动计划》明确提出,以打响红色文化、海派文化、江南文化三大品牌任务为顶层目标,这为上海国际文化大都市建设品质的不断提升提供了科学的顶层设计和充分的政策保障。市委书记李强强调,打响"四大品牌"是贯彻落实国家战略的重大举措,是改革开放再出发的重要实践。改革开放40年来,上海的文化建设取得了巨大的成就,为经济社会的跨越式发展提供了坚实的精神基础和文化动力,逐步探索出一条与社会主义国际大都市建设相适应的文化发展道路,形成了与上海文化内在发展规律相契合的有效经验。本年度文化发展报告聚焦打响"上海文化"品牌,站在上海文化改革发展40年的历史节点上,充分梳理当前上海文化发展的资源优势及文化品牌发展现状,并对如何打响"上海文化"品牌提供前瞻性的思考及切实可行的对策建议。全书分为"总报告""宏观视野"和"文化品牌"等三个大的板块。总报告"长三角国家战略与打响'上海文化'品牌"从"世界大变局中的文化冲突与融合""长三角国家战略应编织文化融合发展'同心圆'""久久为功全力打响擦亮'上海文化'品牌"等三个层面较为全面地阐述了打响"上海文化"品牌的国内外发展大势,长三角一体化国家战略,打响"上海文化"品牌的重大意义、现实基础及实现路径。"宏观视野"关注打响"上海文化"品牌的历史经验借鉴、当前影响因素及未来愿景思考,从40年上海文化发展历程和经验、上海大都市圈区域文化共融共通、国际文化大都市建设立法需求、上海文化资源挖掘与创新、激发上海文化发展活力等几个方面分别展开分析。"文化品牌"板块以具体的文化品牌个案为重点,深入分析打造"上海文化"品牌的内在要求和需要注意的关键环节,选取了上海国际广告节、公共文化品牌、"艺术西岸"、上海剧院品牌、上海戏曲文化品牌、"海派民乐"、世博演艺集聚区等几个个案,为打响"上海文化"品牌提供了若干较为明确的方向。

Abstract

In April 2018, the Shanghai municipal committee and government issued *Several Opinions on Fully Launching the "Four Brands" in Shanghai to Take the Lead in Promoting High-quality Development*, and proposed three-year action plans for the "Four Brands". The three-year action plan of "Shanghai culture" clearly puts forward that the top goal is to launch the three brands of red culture, Shanghai School Culture and Jiangnan Culture, which provides scientific top-level design and sufficient policy guarantee for the continuous improvement of the quality of the construction of Shanghai international culture metropolis. The municipal party secretary Li Qiang emphasized that the launch of the "Four Brands" is a major measure to carry out the national strategy and an important practice of reform and opening up. From reforming and opening 40 years ago, Shanghai cultural construction has made a great achievement, providing a solid spiritual foundation and cultural power for the great-leap-forward development of economy and society, gradually explored a cultural development road, which is compatible with the socialist international metropolis construction, and formed with effective experience corresponds to Shanghai culture inner development regularity. The cultural development report for this year focuses on "Shanghai culture" brand, in 40 years of reform and development of Shanghai culture history node, fully combing the resource superiority and brand development status of Shanghai culture, and providing proactive thinking, feasible countermeasures and suggestions on how to heighten "Shanghai culture" brand. The book is divided into three major sections: "general report", "macro vision" and "cultural brand". The general report

"Yangtze river delta national strategy and the construction of 'Shanghai culture' brand" comprehensively elaborates the domestic and international development trend of "Shanghai culture" brand, the Yangtze river delta integration national strategy, the significance, realistic foundation and realization path of building "Shanghai culture" brand. All these elaborations are based on three layers: "the cultural conflict and integration in the changing world", Yangtze river delta national strategy should weave cultural fusion to develop the "concentric circles", "for a long time the work will be launched to polish 'Shanghai culture brand". "Micro view" concentrates on building "Shanghai culture" brand's historical experience for reference, the current influences and future vision thinking. It analyzes respectively from 40 years of experience in Shanghai culture development, Shanghai metropolis circle regional culture communion, international cultural metropolis construction demands, Shanghai cultural resources excavation and innovation, stimulating the vitality of Shanghai cultural development. Focusing on specific cultural brand cases, "Culture Brand" takes in-depth analysis on the internal requirements and the key links to build "Shanghai culture" brand. The selection of the Shanghai international advertising festival, public cultural brand and WEST BUND, Shanghai theatre brand, Shanghai drama culture brand, "Shanghai folk music", the expo performance cluster areas provides several relatively clear directions.

目　录

总　报　告

宏　观　视　野

文化品牌

CONTENTS

General Report:

Macro View

Cultural brand

总 报 告

1

长三角国家战略与打响"上海文化"品牌

何建华*

摘　要　当今世界面临百年未有之大变局,全球文化价值观冲突与融合成为
困扰人类社会治理的一大难题。长三角区域一体化发展上升为国家
战略,上海要继续当好全国改革开放排头兵、创新发展先行者,承担
并发挥"龙头城市"使命与责任,打响并擦亮"上海文化"品牌这块金
字招牌,愿景美好、任重道远,应当久久为功、大有作为。

关键词　世界变局　长三角国家战略　上海文化品牌

---

*　何建华,上海社会科学院原副院长、研究员(专业技术二级),中国浦东干部学院兼职教授,上
海文化研究中心首席专家,上海作家协会会员。曾任上海青年报、新民晚报记者与部门主任,
上海市委宣传部新闻出版处处长、助理巡视员,文汇新民联合报业集团党委委员、文汇报党委
副书记、副总编辑(主持编辑工作),上海文化广播影视集团党委委员、副总裁,上海市新闻工
作者协会副主席,上海市第十一届政协委员等。

在首届中国国际进口博览会开幕式上，习近平主席郑重宣布了将增设中国上海自由贸易试验区新片区、在上海证券交易所设立科创板并试点注册制、支持长江三角洲区域一体化发展并上升为国家战略等 3 项重要措施。在出席进博会开幕式和相关活动以及在上海考察时，习近平总书记给上海很高评价指出，一座城市有一座城市的品格。上海背靠长江水，面向太平洋，长期领中国开放风气之先。上海之所以发展得这么好，同其开放品格、开放优势、开放作为紧密相连。我曾经在上海工作过，切身感受到开放之于上海、上海开放之于中国的重要性。开放、创新、包容已成为上海最鲜明的品格。这种品格是新时代中国发展进步的生动写照。①

上海最鲜明的品格源自哪里？根脉与源泉无疑是上海这座城市文化的力量。上海市委书记李强指出，文化是提升城市能级和核心竞争力的重要支撑，我们要以习近平新时代中国特色社会主义思想为指导，用好红色文化、海派文化、江南文化资源，充分激发上海文化的创新创造活力，加快建成更加开放包容、更具时代魅力的国际文化大都市，努力使"上海文化"品牌成为上海的金字招牌。

当今世界面临百年未有之大变局，全球文化价值观冲突与融合成为困扰人类社会治理的一大难题。在纪念改革开放 40 周年、实现改革开放再出发、谋求新时代新气象新发展历史进程中，更好地承担起长三角区域一体化发展国家战略的"龙头"使命，继续当好全国改革开放排头兵、创新发展先行者，打响擦亮"上海文化"品牌这块金字招牌，愿景美好、任重道远。

一、世界大变局中的文化冲突与融合

当今世界面临百年未有之大变局，从价值观维度观察，如何看待世界格局变化与人类社会治理，价值观的分化给世界带来诸多撕裂困惑。围绕着全球化与逆全球化、世界多极化与新霸权主义、保护主义与贸易自由化、白人至上与种族主义、精英治理间接民主与互联网政治大众参与直接民主、宗教冲突与

---

① 新闻来源：上观新闻。

恐怖袭击、地缘政治与区域危机、战争与和平等一系列热点话题,发生难以形成共识的尖锐矛盾,事实上是全球文化价值观的冲突与撕裂。在世界变局与全球冲突中,如何缓解与消融文化隔阂? 当代中华文化能够并应该发生怎样的作用? 如何提升增强当代中华文化国际影响力? 这些既是学术话题,更是实践话题。

(一)当代中华文化建设坐标系定位精准任重道远

文化是一个民族、一个国家、一个社会世代传承、演化延续的生命基因,是价值认同、思维习性、生活方式、精神愉悦的集中体现,决定了你是谁、你从哪里来、你怎样活着等本源特征。文化是观察与认识世界的思想力量,体现精神与信仰、理想与信念的力度、广度与深度,具有难以改变的独特魅力。中华文化是民族的血脉,是人民的精神家园,文化兴国运兴,文化强民族强。没有高度的文化自信,没有文化的繁荣兴盛,就没有中华民族伟大复兴。经过深刻改变中国、深刻影响世界的 40 年改革开放,今日之中国从中南海领袖到劳动大众,对大力推动文化建设上下同欲、目标明确,定位精准、任重道远,使命担当、聚焦发力,迈入了文化大发展大繁荣"黄金期"。如何观察大力推进文化建设这一现象? 可从以下维度加以观察:

一是人与动物的区别。什么是"人"? 可以从生物、精神与文化等各个层面来定义,或是这些层面定义的结合:生物学上,人是由染色体组成的一种高级动物;精神层面哲学上,人被描述为能够使用各种灵魂概念,在宗教中这些灵魂被认为与神圣力量或存在有关;文化人类学上,人被定义为能够使用语言、具有复杂社会组织与科技发展的生物,尤其是能够建立团体与机构来达到互相支持与协助的目的。综合分析,人与动物最本质区别在于人有意识,意识是人脑特有的机能,地球上除了人以外其他动物都不具有意识,只有本能。人有了意识就有了思想,所以高于其他动物。人有意识,就会思考、分是非、知荣辱、懂善恶、讲理想、有追求等,能为了创造美好的人类社会而共同努力奋斗。如果忘记并失却了人的本质属性,那就无异于倒退到低级动物行列,那无疑是人类的可悲。

二是人与社会的关系。人与社会的关系,是思想界、学术界一直思考研究的复杂命题。概言之,人是社会的主体,社会是人的社会,人与社会的关系密不可分。从人类社会发展史来看,人的发展与社会发展形成一种永恒矛盾运动,社会发展要求人的发展,人的发展又推进社会发展,社会发展程度受人类整体素质制约。中华文化在社会理想方面具有"家国情怀",中华民族古代先哲圣贤对如何做人做事有很多智慧,追求的最高境界是"内圣外王之道"。通俗讲,内圣指的是修身养德,做一个品德高尚的仁人君子,这关键在自己;外王就是齐家、治国、平天下,这要以"修己"为起点、以"治人"为归宿。内圣与外王是辩证统一的,内圣是基础,外王是目的;只有内心不断修养才能达到内圣,只有在内圣基础上才能达到外王目的;外王实现了,内圣也就具有意义。"内圣外王"内涵中的"修身齐家治国平天下",从学理上解析是一个闭环逻辑体系:欲天下大同平和,先要治理好国家;治理好国家,先要管理好家庭家族;管理好家庭家族,先要修养自身品性;修养自身品性,先要端正思想;端正思想,先要使意念真诚;意念真诚,先要获得知识,而获得知识在于学习研究认知万事万物。然后循环过来:认知万事万物—获得知识—意念真诚—心思端正—修养品性—管理好家庭家族—治理好国家—天下大同平和、世间公平公正。话说白了就是:人好,社会好;社会好,人更好;人没做好,社会也不会好!

三是东方人与西方人的差异。围绕中华文化传承话题,我曾在台北拜访钱复先生时有过深入交谈。钱老先生认为,文化由人创造并规范人的价值认知与品性行为。中国人的文化主张先要学会做一个好人,成为合格好公民再融入社会;西方文化强调人的社会性,凸显个性,主张个人自由、个人权利,放大到社会就是所谓民主,不能满足自我欲求就要抗争。

回望40年中国大陆之进步发展变迁,中国人经受的身心历练,大致可划分为三个阶段:第一阶段:生物意义上的"人"。40年前,大陆社会贫穷落后,国民经济濒临崩溃,大众生活一穷二白,为吃饱穿暖基本生存而焦虑。第二阶段:精神意义上的"人"。实行改革开放以来,经济建设突飞猛进,物质财富极大丰富,生活水平显著提升。然而,不容回避的一些事实令人痛心,越来越多的反思达成一个基本认知:有些人的心病了,社会精神文明与道德水准亟待提升。第三阶段：文化意义上的"人"。伴随着物质文明建设进程，大力推进精神文明建设，以文化自信建设自信文化，实现中华传统美德创造性转化、创新性发展，呼唤真善美灵魂回归与再造精神家园。

正是基于以上多方面因素，中国大陆在取得经济建设巨大成就的基础上，谋求实现经济社会高质量全面协调发展，将文化建设提上非常重要位置。当代中华文化建设发展愿景是什么？可多维度加以观察，个人认为至少体现在四个方面：一是从社会主要矛盾看，文化建设应顺应新变化，坚持以人民为中心的发展思想，着重解决文化供给不平衡不充分的短板，深入社会生活，提高大众素质，丰富文化涵养，不断满足精神层面人民群众日益增长对美好生活的需要；二是从国家治理现代化看，文化建设应在中国特色社会主义事业"五位一体"总体布局、"四个全面"战略布局中，充分发挥"四个自信"中的文化自信的作用，凝聚民族精神与民心力量，使文化成为国家治理体系与治理能力现代化重要支柱力量；三是从"一带一路"建设看，推动并实现政策沟通、设施联通、贸易畅通、资金融通、民心相通的"五通"发展，民心相通是社会根基与精神纽带，加强沿线国家之间文化交流，为深化合作奠定坚实民意基础，文化建设应当为民心相通搭建一座座彩虹桥；四是从共同构建人类命运共同体看，文化建设应当体现中华文明具有兼容并蓄、海纳百川的人文精神，在破局逆全球化思潮、缓解全球文化冲突上应当提供中国智慧、发出中国声音、提出中国观点、贡献中国方案，努力建设与人们命运共同体相呼应匹配的超越国家、种族、阶层、肤色的全人类跨文化共同体。

（二）当代中华文化应助力全球文化汇聚融合创新

当今世界人类面临的问题是，一系列文化冲突事件在世界各地不少城市频频发生，造成人间悲剧，令人们无比困惑与焦虑。比如法国巴黎郊区于2017年11月上旬发生一件文化冲突事件，引起世界关注。

事实上，文化冲突是一个伴随着人类社会文明进步的难题。这种文化冲突具体表现在：第一方面是具有普遍性，不同性质的分化具有独特的个性和基因，因此在传播、交流过程中的冲突具有普遍性，不同社会阶层与群体之间难以趋同,有时可能还会产生一种误读,这在传播交流中就会反映出表达上的冲突。第二方面是具有时代性,伴随着经济快速发展、人们观念变更以及科学技术的进步,文化一直处在发展、创新的进程当中,变化发展非常之快。第三方面是具有民族性,由于不同区域集聚主体的民族特征,哪个民族为主就代表它的文化,比如像伊斯坦布尔肯定是以伊斯兰文化为主体,这就带有主文化和亚文化特征。第四方面是具有区域性,文化的产生是以人的生命体验和生存经验为基础的,不同生存环境的刺激和作用,造成了人们对自身及自身以外的世界的不同感受与看法,源自一代一代人生命体验和生存经验为基础,形成文化差异性的生命基因。

文化冲突的基本特征,某种程度上还会表现为对相同情形的认知上的不同立场与观点。比如像美国当地时间 2017 年 10 月 1 日拉斯维加斯曼德勒湾酒店赌场一个场外音乐节发生枪击暴行,是一起典型"独狼"事件。对这起美国最为惨烈大规模袭击,美国舆论并没有将 64 岁白人枪手史蒂芬·帕多克视为恐怖分子,只是陈诉事实经过,至多分析他可能精神方面发生问题。进一步研究发现,凡是由白人"独狼"造成的袭击事件,一般不轻易界定为恐怖主义,或者要千方百计论证是受了极端伊斯兰主义网络的影响。这成为一个奇怪的文化现象,说明在如何认知文化冲突上有更深变量。

21 世纪是经济全球化的世纪,经济全球化引领不同国家、不同地区谋求互联互通、合作共赢的一体化发展。在全球化背景下,文化交流无论从范围、强度、速度,还是从多样性、包容性、共享性等各方面来说,都远远超过以前的规模,但同时文化冲突与融合的深层次矛盾等日益凸显。那么,人类到底是加剧文化冲突还是促进文化融合? 不同文化能不能实现跨文化交流融合? 中国西部的敦煌被称为文化圣殿,人类敦煌千年莫高,道理何在? 关键在于文化融合发展的力量。国学大师季羡林先生曾经指出:"世界上历史悠久、地域广阔、自成体系、影响深远的文化体系只有四个:中国、印度、希腊、伊斯兰;而这四个文化体系汇流的地方只有一个,就是中国的敦煌和新疆地区,再没有第二个。"①学界研究

---

① 孙占鳌主编:《敦煌文化与敦煌学》前言,兰州大学出版社 2013 年版。

达成的共识认为,博大精深的敦煌文化是中国古代社会的百科全书,中西方文明在这个古丝绸之路上的要塞重镇会聚交融,形成一种以中华文明为主、中西文明兼而有之的文明类型,成为世界古代文明交流融合的典范。敦煌文化向世人表明:不同文化、不同文明之间可以同时存在、相互融合、互相促进。

两年前,我在北京大学燕园拜访中国跨文化学科开创人乐黛云教授,先生与我畅谈东学西渐与西学东渐文化交流时空转化变幻,畅谈面对全球动荡不宁局面与文化融合促进人类和平进步,畅谈中华文化博大精深以及如何为全球文化融合发展作出贡献等,使我充分领悟国学与跨文化研究的重要性。关于跨文化融合,个人的理解是以具有独一无二的理念、智慧、气度、神韵的中华文化为本为根为源为魂,以学术研究、对话交流、传播推广等实现"跨文化"。

具体而言,这种"跨文化",一是跨古今,即面对新时代新挑战新问题,着力寻求古代问题的现代诠释和转化,使传统文化可以为解决现代问题提供思路和方案,以实现中华优秀传统文化的创造性转化与创新性发展;二是跨中西,即五四新文化运动延续至今的中西文化优势比较与发展路径课题,新时代国学研究既要保持其传统性与本土性,同时也要彰显它的时代性与世界性;三是跨繁简,即从中华文化浩如烟海典籍著述中挖掘整理出有利于现代人修身齐家治国平天下的精髓,以简驭繁,返璞归真,发挥效用;四是跨雅俗,即文化建设应当走出象牙塔,使专家学者的研究成果大众化,让既大雅也大俗的文化能够成为劳动大众的精神大餐,服务于提高人民群众精神文化修养与促进社会文明进步。

推进不同文化的融合发展,关键是在"跨"的基础上,实现文化的汇聚、融合、创新——

关于文化汇聚。文化是一个具有生命力的复杂生态系统,在传播过程中不用文化系统或文化圈之前,就经历相互交流、碰撞、吸收、调整的过程,具体表现为文化分化、文化整合、文化适应。文化分化,就是原有文化系统中会分化出新的独立文化系统,常由文化冲突而产生。通过文化采借即对外来文化元素和文化集丛的借用,加之文化涵化即通过文化接触实现文化融合、文化交流,促进文化积累与整合。文化在冲突与融合中不断适应发展,文化生态实现自我进化,表现为对传统文化、外来文化的批判性选择、借鉴、吸收与融合。从文化生态的形成构造与平衡协调发展看,人类应当大力促动文化交流,汇聚不同文化的优势与力量,促进文化的融合与发展。

关于文化融合。当下人类社会治理面临的一个焦点难点痛点,就是文化冲突还是文化融合。美国总统特朗普代表焦虑中的西方白人世界,向全球释放逆全球化、贸易保护主义、白人至上主义等,激化了全球文化冲突与价值观撕裂。面对全球化发展难题,中国主张全球化趋势不可逆转,全球文化应当共商共建共享,走融合发展之路。文化融合发展的实现路径在哪里?一是传承体现独特性,注重各自文化存续凸显个性特色;二是多元体现兼容性,尊重不同文化实现互鉴共生、共存共荣;三是包容体现开放性,以博大胸怀海纳百川;四是可读体现人文性,细节精妙让人接受体味认知;五是温暖体现共享性,人文魅力温馨浪漫美好享受。

关于文化创新。中国大陆着力推动中华优秀传统文化创造性转化、创新性发展,不忘本来、吸收外来、面向未来,更好构筑中国精神、中国价值、中国力量,为人民提供精神指引。瞄准共同构建人类命运共同体的美好目标,发挥中华文明具有兼容并蓄、海纳百川的人文精神,运用文化的力量建设一个大同世界,这必将为文化发展提供新动能,开拓新空间。关键是文化创新,以全球人类社会治理的责任担当,努力共同建设全人类跨文化共同体。

(三)当代中华文化增强国际影响力的多种实现路径

激荡40年的改革开放,中国人民用双手书写宏大叙事的壮丽史诗,使中国从一穷二白、经济濒临崩溃边缘的绝境中砥砺奋进,发展成为世界第二大经济体、第一大工业国、第一大货物贸易国、第一大外汇储备国,对世界经济的增长贡献率达到30%。中国离不开世界,世界也离不开中国,这一发展趋势举世公认。与经济发展取得巨大成就相对应的是,当今国际舆论与文化传播格局仍然是"西强我弱",中国在国际上处于有理说不出、说了传不开;正面说得少、负面被夸大的境地,当代中华文化国际话语权依然偏弱,当代中华文化世界影响力亟待增强。

之所以存在这种状况、产生这些问题,原因是多方面的,主要在于:一是西方媒体"他塑"形成"反差"。西方国家主流媒体对中国的报道往往以冷战思维立场观点、"政治正确"意识形态、议程设置技巧方法、揭丑报道传播取向进行传播,客观上说中国在世界上的形象很大程度上被"他塑"而非"自塑",使中国真实形象与西方主观印象形成"反差",令西方国家大众认识不到一个"真实的中国"。二是国际舞台没有充分"发声"。以联合国为例,在这个国际舞台或广大经济社会领域,不是人家不给中国在国际舞台说话机会,而是人家主动邀请中国参与国际会议并希望听到中国看法和成功经验,而除了官方代表出席会议外,许多人士或代表并不重视或没有很好利用国际发声机会。三是学术话语与国际"接轨不够"。中国学界一些学者跟在西方学术后面作解读性、注释性研究,花大力气去证明外国人理论是对的,人云亦云,拾人牙慧,将永远被国际社会看不起,更不要奢望有什么文化国际话语权。四是智库专家难以与世界对话。围绕全球发展趋势、人类重大话题、世界热点舆情,智库专家在各类国际性会议、论坛等场合,参与讨论、发出声音、阐述观点、进行游说,已经成为当今一个通行的"国际惯例"。可是,中国智库学者在国际舞台上参与性、活跃度、话语权明显不够,难以在与其他国家智库人士思想碰撞中进行对话,发出中国声音等。

如何进一步加强与提升中国的国际话语权,切实利用国际声音讲好中国故事,切实增强当代中华文化的国际影响力? 可从以下多种实现路径寻求突破——

一是以问题为导向,与经济社会发展和现实生活场景紧密结合,回应"世界怎么了? 我们怎么办? 人类社会向何处去"等一系列人类难题的时代之问。当代中华文化的研究与传播应关注人类发展的全球性前沿课题,开展宏观研究,拿出创新观点,证明自己是对的,才能树立中国人的当代文化地位,让世界认知与接纳"文化中国"。

二是以比较为坐标,进行古今中外、繁简雅俗的异质文化分析研究,在世界面前展示并凸显中华文化的博大精深以及海纳百川有容乃大的优越性特征,让中华文明在与世界其他文明交流、碰撞、吸收、调整中彰显魅力,促进不同文化间的互鉴共生共存与融合发展。

三是以对话为桥梁，在与世界各国文化多元互鉴、共生共存中提升中华文化话语权。当今世界，基督教文明与伊斯兰文明冲突对抗愈演愈烈，世界自然而然将关注的目光投向东方、投向中国，给中华文化走向世界提供了良好机遇。应当广泛开展跨文化对话交流，讲好中国故事，提供中国智慧，贡献中国方案，使中华优秀传统文化精髓植根于公认国际秩序原则之中，为构建人类命运共同体提供价值认同。

四是以传播为路径，不断增强国学与跨文化研究成果国际传播、媒体传播与大众传播的综合影响力。要想提升国际话语影响力，就要找人家都在关心的问题发声，才会产生共鸣和效果，如果你只讲自家"独门绝活"，人家听不懂也不感兴趣，自然也不会产生影响力；在互联网＋、大数据、人工智能技术发展背景下的"人人传播时代"，应当敢传播、想传播、善传播，运用融媒体进行文化传播；大众传播就是要不断提升广大国民跨文化的知识水准、修养品行、道德操守、文明素养等，使满地球跑的中国人在新一轮扩大开放、"一带一路"建设、新全球化利益再平衡、共同构建人类命运共同体的多维度进程中，更好地通过生命个体承载中华文明智慧，体现发展进步中大国国民的良好素质。

二、长三角国家战略应编织
文化融合发展"同心圆"

长江三角洲区域一体化发展上升为国家战略，着力落实新发展理念，构建现代化经济体系，推进更高起点的深化改革和更高层次的对外开放，同"一带一路"建设、京津冀协同发展、长江经济带发展、粤港澳大湾区建设相互配合，完善中国改革开放空间布局。这是促进长三角崛起为具有全球竞争力的世界级城市群的重大战略，也是上海全面建成卓越的全球城市的实现路径。在实施这一重大国家战略中，应当高度重视文化建设，共同编织长三角文化融合发展"同心圆"。

（一）新时代新发展的新气象新亮点

站在新时代关键节点，谋划并推动长三角一体化发展，即转型升级、提质增效、激发动能、再创佳绩，实现改革开放再出发，事实上面临着一系列新变化新机遇新挑战。

一是改革开放40年来长三角区域发生的巨大变化，带来螺旋形发展层级提升的新挑战。改革开放以来，长三角江浙皖绝大多数地区由传统的农耕社会大步进入工业化社会，像上海、杭州、南京、合肥、宁波等特大城市正在进入后工业化社会。长三角城市发展模式由单个城市自我"内生性成长"，发展到以小时计都市圈协同发展阶段，再发展到如今高铁时代城市群一体化发展新阶段。一路走来，长三角区域面对的问题是同质化竞争严重，产业转型升级艰难；协同度柔性不够，行政壁垒与本位利益制约整体发展；一体化程度较低，尤其是10年、20年前规划建设的交通基础设施，明显成为"同城化"的短板瓶颈，应当切实加以推进改观。

二是世界新科技革命改变经济发展模式与人类社会生态的新挑战。互联网+、大数据、区块链、物联万物、人工智能正在改变物质生产方式、财富积累方式与人类生活方式，由信息社会进入智能社会。人类社会形态由农耕社会—工业社会—信息社会—智能社会，城市发展模式进入城市群协同发展阶段，城市群发展模式正在由原先工业化时代以制造业为主，转型升级为后工业化时代以知识与思想生产的创新时代，这已经成为不争的现实发展趋势。面对新全球化再平衡的世界竞争，城市群在全球经济、金融、贸易、技术、信息、人才等要素配置集聚辐射的能级，主要取决于创新发展的新动能，比如融入世界的互联互通网络、科技创新和知识产生能级、人才培养与集聚吸引力等。

三是国家整体发展，北有京津冀协同发展、南有粤港澳大湾区、海南自由贸易区等重大国家级发展布局带来的新使命。京津冀协同发展的核心是三地作为一个整体协同发展，疏解非首都核心功能、解决北京"大城市病"，调整优化城市布局和空间结构，构建现代化交通网络系统，扩大环境容量生态空间。粤港澳大湾区比肩美国纽约湾区、旧金山湾区和日本东京湾区，是国家建设世界级城市群和参与全球竞争的重要空间载体。海南自由贸易区则是进一步对外扩大开放的新探索、新实践。将长三角区域一体化发展上升为国家战略，可以更好引领长江经济带发展，更好服务国家发展大局，长三角地区要建设成为全国贯彻新发展理念的引领示范区、全球资源配置的亚太门户、具有全球竞争力的世界级城市群。

"世界级城市群"，有其特定的含义，是指在特定地域范围内，以 1 个以上特大城市为核心，由至少 3 个以上大城市为构成单元，具有高度同城化和一体化的城市群体。目前，公认的五大世界级城市群有美国东北部大西洋沿岸城市群、北美五大湖城市群、日本太平洋沿岸城市群、英伦城市群和欧洲西北部城市群。长三角正致力成为第六大世界级城市群。从全球经济角度与我国发展格局来说，长三角城市群以 2.2% 的国土面积，占全国 11% 的人口，却创造了近 20% 的国内生产总值，可以说是经济最具活力、开放程度最高、创新能力最强的城市群之一。

综观考量分析，长三角区域一体化发展的核心是，承担国家重大使命，发挥区位优势的弓箭效应，镝鸣江海，在更高层面、更广领域，以更大能量、更高水准拥抱世界，融入新经济全球化再平衡发展，可说是任重道远、责无旁贷、前程远大。如何推动长三角区域一体化发展，更好引领长江经济带发展，更好服务国家发展大局？按照 2018 年度长三角地区主要领导座谈会审议并原则同意的《长三角地区一体化发展三年行动计划（2018—2020 年）》和《长三角地区合作近期工作要点》，三年行动计划的内容覆盖 12 个合作专题，进一步聚焦交通互联互通、能源互济互保、产业协同创新、信息网络高速泛在、环境整治联防联控、公共服务普惠便利、市场开放有序等 7 个重点领域。

推进长三角区域一体化国家战略的落实落地，不仅在经济发展物理层面上发力，而在更深远的认知层面上，应当编织文化认同与融合发展的"同心圆"。如果将长三角一体化拟人化比喻，就是将这片区域变为"一个人"，跳出本位主义的一城一地狭隘发展视野，实现整体协同、有机分工、合作发展。这就要上下同欲、认识统一、行动一致、主动融入。应当大力宣传长三角区域一体化发展的理念、规划、路径、举措、进展、成果等，在观念形态上突破一城一地的固有认知,确立长三角一体化的观念认知。媒体在相关报道中有一个新提法:"长三角人",这非常有意思并应当成为一种自觉认识。这就要求"长三角人"尤其是各级领导干部要打破以往传统的地域思维定势,站高望远,从长三角全域发展格局中谋划自身发展,编织长三角一体化发展"同心圆"。

(二)长三角城市文化建设进入"快车道"

涵盖江苏、浙江、安徽和上海三省一市的长三角地区,历史沉淀深厚,文化资源富集,地缘人文相近相亲,为长三角文化融合发展奠定了良好的基础。近些年来,长三角无论是特大城市、中等城市,还是中小城镇,都高度重视文化建设,将文化建设作为实现城市高质量发展的有力抓手聚焦发力。

南京:打造升级为全国重要文化创意中心城市

南京是中华文明的重要发祥地之一,是一座享誉世界的历史文化名城,文化资源丰富,历史底蕴深厚,科教优势明显,六朝风貌、大明文化、民国文化、革命文化、宗教文化等多样文化精彩纷呈,南京云锦、金陵刻经、南京剪纸、金陵琴派等传统精粹水乳交融,龙盘虎踞、秦淮风月、金陵怀古、依山带水等自然人文景观交相辉映。悠长的历史脉络、多样的传统文化、丰富的历史遗存、独特的城市气质为南京文化产业的发展提供了肥田沃土,为南京建设创意名城提供了立体多元的文化体系,是南京凝练城市精神、打造城市名片、树立城市形象的根基和源泉。[1]

推动南京文化建设高质量,着力打造文化发展高地,近年来紧扣文化传承发展,打造了不少文化工程,培育了一批文化展会和文化活动,着力在国内外打响南京文化品牌。更加聚焦城市文化品牌塑造,在精神力量挖掘和弘扬上,宣传阐释好雨花英烈精神丰富内涵,总结宣传好以改革创新为核心的时代精神;在重大文化工程上,进一步对接"一带一路""长三角一体化""大运河文化带"等战略,打造具有鲜明南京特色、彰显金陵文化气质的标识性项目;在城市

---

[1] 中共南京市委宣传部和中国传媒大学文化发展研究院联合发布《南京建设全国重要文化创意中心城市研究报告》。

形象塑造上,着力挖掘和展示城市文化内涵和城市特质,重点推介好"一山二水一城"(钟山风景区、秦淮河、扬子江、明城墙),形成凸显南京人文气质的文化符号;围绕文化产业发展,进一步从追求总量向规模质量并重转变,从聚焦企业个体向培育产业生态转变,着力提高全市文化产业创造力竞争力;目前文化企业数量超过 2.1 万家,文化产业增加值占地区生产总值比重超过 6.1%,位居全国前列;围绕国际传播能力建设,进一步从侧重展示地方特色向更加主动融入国家战略深化,向全世界讲好中国故事的南京篇章,历史文化名城博览会、世界知名城市"南京周"、非遗复兴国际设计师"南京驻地计划"等已逐步成为品牌,在我国日益走近世界舞台中央、亟需向全世界讲好中国故事、传播好中国声音的时代背景下,南京更要有新担当、新作为;探索系统化、多样化引进培养模式,聚天下英才而用之,通过设立"名家工作室"、实施"名师带徒"计划等方式,让顶尖人才、高端人才、青年英才、紧缺型人才聚焦文化产品生产,为南京文化发展献计献力。积极响应大学生"宁聚计划",通过开展"遇见宁,最美大学时光"等系列主题活动,进一步宣传南京、搭好平台、做好服务,从而吸引人才留住人才。[①]

杭州:"人间天堂"加快世界名城建设

作为东方最具创新和活力的城市,杭州也是东方文化典范城市。在东方文明史和东方文化上,杭州是一座有着悠久历史和灿烂文化的名城。"跨湖桥文化""良渚文化""吴越文化""两浙文化""南宋文化""江南文化"……都是在杭州历史人文长河中绽开的一朵朵极具东方文化魅力的奇葩,也是最具诗性品格的东方文化形态,具有深厚的东方文化内涵和底蕴。[②] 作为中国七大古都之一,杭州历史上就以风景秀美,特产丰饶而被誉为"人间天堂",是国务院首批命名的国家历史文化名城。近年来,杭州在加快城市国际化、建设世界名城的历史进程中,始终把文化的传承与发展摆在突出位置,坚定自觉地做好历史文化保护利用和文化创新文章,精心培育城市文化品牌,不断擦亮城市文化

---

① 陈勇:《提高政治站位 坚持正确导向 以习近平新时代中国特色社会主义思想推动南京文化建设高质量》,2018 年第 7 期。
② 黄健:《杭州:提升文化软实力加快世界名城建设》,杭州日报,2017 年 4 月 17 日。

名片,厚植历史文化名城的特色与优势,呈现历史与现实交汇的独特韵味。①

2018 年 11 月 1 日,杭州正式印发《杭州市全面推进文化兴盛行动实施方案(2018—2022 年)》。今后五年,杭州将深入实施优秀传统文化传承发展、市民公共文明素质提升、公共文化服务示范领跑、文化繁荣和高峰攀登、文化创意产业发展引擎培育、城市文化国际表达与传播等六方面,制定"六个专项计划",建设东方文化国际交流重要城市和国际文化创意中心。根据计划,杭州将高质量打造世界遗产群落,升级西湖、大运河世界遗产综合保护,全力推进良渚古城遗址申遗,高起点、高标准建设良渚文化国家公园。加快推进大运河文化带(杭州段)、南宋皇城考古遗址公园、南宋博物院及南宋文化体验中心建设等,做好南宋皇城、跨湖桥、钱塘江古海塘、西溪湿地等申遗工作。

深化城市非物质文化遗产品牌培育,进一步打响杭州丝绸、青瓷、茶叶、中医药、杭帮菜、金石篆刻、浙派古琴艺术等东方非遗经典品牌。杭州还将高水平建设钱塘江文化带,编制实施《钱塘江文化保护与发展规划》,建好展示中华文明、传承浙江文脉、彰显杭州文化的钱塘江文化带。

实施市民公共文明素质提升计划,将继续提升"最美杭州人"这一品牌,深入开展以"礼让斑马线、喇叭不乱鸣、有序停单车、排队上公交、文明乘地铁"等内容的"文明出行,杭城更美"主题实践活动,深化"我们的价值观"和家风家训等宣传教育,把杭州打造成"有温度的善城"。实施公共文化服务示范领跑计划,将以"全省领跑、全国领先"的标准,实施公共文化服务示范领跑计划,如谋划建设具有国际水平的杭州美术馆、音乐厅和杭州文化艺术中心,打造更多文化新地标等。实施文化繁荣和高峰攀登计划,在推动多出精品方面,将着力围绕重大时间节点,推进重大主题文艺精品创作,加强重大革命历史题材和现实题材创作,推出一批有杭州特色的原创优秀作品;在打造文艺特色品牌上,将加快建设"中国网络文艺之都",打造"全国美术书法摄影名城",助推"全国影视产业副中心核心区"建设;建设一批"美术之乡""摄影之乡""书法之村"等,造浓乡村文艺氛围。实施文化创业产业发展引擎培育计划,将进一步优化

---

① 《杭州城市与文化发展的实践与探索》。

文创产业发展格局,推进建设具有较高国际知名度和在全国具有引领示范意义的之江文化产业带,构建"一带一核五极多组团"空间格局,培育打造6个产业能级达百亿元的文化产业集群;优化大运河(杭州段)沿线文创产业布局,助推大运河文化带建设;加快建设"中国演艺之都",构建"两带两域六中心"演艺产业空间格局,提升中国国际动漫节、杭州文化创意产业博览会等文化会展,并推进白马湖国家级文化产业示范园区等文创产业大项目大平台建设。①

同时,加强传播,彰显杭州文化独特魅力。自举办G20杭州峰会起,杭州便站上国际舞台。如今,亚运会正式进入"杭州时间",世界目光再一次聚焦杭州。未来五年,杭州将着力"杭州韵味,国际表达",计划将统筹对外文化交流、文化传播和文化贸易"三驾马车",借力杭州亚运会和G20契机,实施海外文化交流基地建设计划,推动西泠印社在海外建设"西泠学堂",打造杭州"外宣厨房",在世界面前更好展现"人间天堂"的独特魅力。

宁波:凸显浙东特色建设东方文明之都

宁波虽有"中国(大陆)国际形象最佳城市"头衔,但国际知名度不高。专家认为,宁波应遵循地方独特性、历史—现实—未来交融性、前瞻性、系统性、内外形象统一性原则,高度重视国际文化形象建设。其主形象可定位为以藏书博物文化、商贸文化、海洋(水)文化为基调的"三味"文化,并设计出由文化"聚焦点"、纵向"框架"、横向"板块"构成的文化形象总体系统。要打造一批城市标志,作为"东方文明之都"的国际形象符号,便于人们记住宁波。城市标志既包括有形的地标,如巨型雕塑、城市形象标识、文创产业基地、文化小镇等,也包括无形符号,如城市精神等。宁波文化假设重点聚焦:"水文化"建设,通过"水"这一主题,串联起宁波文明精华;"海丝"文化建设,借助珍贵历史遗产,充实"海上丝绸之路"内涵并有所创新发展;阳明文化建设,建设阳明学文献资料中心,开发阳明文创产品,形成阳明文化产业;"商埠名城"建设,传承宁波商帮纵横商界数百年创造的包括商业理念、规范、制度、习俗在内的辉煌商

---

① 王逸群:《杭州全面推进文化兴盛,重磅推出"六个专项计划"》,浙江新闻客户端,2018年11月2日。

业文明;非遗文化建设,加大推进宁波非遗文化的海外传播力度;茶文化建设,延伸茶产业链,扩大宁波茶品牌知名度,借助旅游业来发展茶文化产业;爱心文化建设,在宁波博物馆中设立"爱心宁波展厅",建成爱心公园,把更多爱心故事编写出来,走向全国,影响世界,树立宁波爱心城市的形象和品牌。[1]

近些年来,宁波市委、市政府紧紧围绕文化强市目标,始终把做大做强文化产业作为一项战略性任务来抓,制定"文化宁波 2020"计划,[2]要素保障不断加强,平台建设不断完善,文化产业呈现出良好发展势头。宁波的文化产业发展,重点推动文化装备制造等优势产业的加快提升,打造更多细分领域的单项冠军,同时围绕"书香宁波""影视宁波""音乐宁波""创意宁波"四个建设,补齐文化产业内容生产和服务的短板,培育新的特色增长点,打造文化保税贸易产业区,做大做强对外文化贸易和文旅项目的引进。在文化产业园区建设上加大力度,推动产业集聚,高标准建设宁波文创港、音乐港和象山影视城等重点特色园区,推进各级各类园区建设,各区县(市)、相关职能部门和园区把文化产业作为招商引资重要方向,加快招引和建设一批投资规模大、投资强度高、投资主体优的文化产业项目,狠抓项目落地,让更多国内外优秀的文化资源在宁波生根开花。

(三)对接融入上海实现文化高质量发展

随着长三角区域互联互通基础设施的建设,尤其是由高速公路时代进入高铁动车时代,长三角城市之间的时空距离拉近,"同城化"效应日益显现,从某种意义上说,进一步增进了文化交流与区域间不同城市之间的文化认同。对上海周边一小时交通圈的城市比如苏州、无锡、南通、嘉兴、常州等,乃至于数年后将与上海高铁一小时"喝杯咖啡"实现连通的湖州、盐城等城市,都将对接上海、融入长三角核心区域、推进文化高质量发展,作为思考问题与谋划未来的不二选项。

---

[1] 《凸显浙东地域文化特色 推进宁波特色文化建设》,浙江省文化厅。
[2] 《宁波文化产业工作推进会举行 制定"文化宁波 2020"计划》,中国宁波网。

以与上海一江之隔的南通为例,为深入贯彻落实党中央关于文化建设的各项决策部署,按照江苏省委、省政府赋予南通建设上海"北大门"的职责使命,南通市委、市政府提出"以推进交通互联互通、城市功能互补、产业协同配套、文化相通融合、生态共保共治等为重点,全方位、宽领域、高层次的对接服务上海"的工作部署,在文化方面应当具有充分的文化自信与文化自觉,将文化建设提升到推进南通更高质量发展的重要位置,作为重中之重聚焦发力,以培育和践行社会主义核心价值观为主心骨,以深化文化体制改革为主动力,紧抓发展机遇、创新作为,以深入落实文化建设工程为主抓手,推动文化建设迈上新台阶,用精神价值层面的文化软实力,不断增强南通在长三角、在全国乃至于全球的话语权、示范性、引领力、贡献度。

南通建设上海"北大门"文化高质量发展的主要内容和战略实现路径,就是要努力推动南通与上海两地文化深度对接与融合发展,切实落实文化领域的同城化,进一步将南通建设成为文化凝聚力和引领力强、文化事业和产业强、文化人才队伍强的文化强市,努力构筑思想文化建设高地、道德风尚建设高地,实现以江海文化为特色的文化建设走在全省前列,为建设"强富美高"新南通、开创"两个率先"新局面提供强大精神动力和文化支撑。

南通建设上海"北大门"文化高质量发展如何推进实施呢? 南通与上海文化对接融合,是以上海充分集聚包括南通在内的周边地区优势资源,产生更大的辐射作用,而南通积极为上海服务,承接上海文化建设的溢出效应为基本发展思路,以文化资源对接和文化主体培育为基本路径。由于公共文化具有一定的属地化特征,一般是依照本地户籍人口进行规划布局的,而当前上海的流动人口总量巨大,他们对于文化生活的需求日益凸显,上海也在不断提升公共文化服务的数量和质量。南通在不挤占与损害上海市民权益的前提下,积极学习上海成功的公共文化服务运营管理经验和人才培养经验,并获得优质公共文化服务资源的共享。同时,南通利用自身特色地方文化样式和非物质文化遗产资源,向上海输送优质公共文化服务项目,并利用上海的国际化平台,促进项目的品牌化发展。文化产业方面,建立吸引上海企业的政策机制,创设产业基金。以文化产业园区为基本依托,从建立整体性的文化产业发展生态的角度,打造规模更大、集聚力更强的文化产业发展平台,并建立对外文化交流网,提高对外文化贸易水平。

但是,南通与上海文化对接并不意味着两地文化同质化,而是能够构建更高效的文化交流平台和更优化的文化资源配置,由此实现在更大的受众范围内促进两地文化传统和城市精神的现代传承,彰显两地的文化特色,扩大两地的文化影响力,提升文化产品和文化服务在百姓中的惠及率,不断充实人民群众对文化资源的获得感和幸福感。

南通与上海文化对接融合的基本手段,是在互联网技术快速发展的大背景之下,南通与上海应当通过信息化手段实现两地文化的对接融合。一方面,通过云技术和大数据技术,及时发布两地文化领域的场馆、活动信息,方便两地居民予以及时了解和参与,并及时跟踪两地市场的供需动态。另一方面,加强各个文化场馆、文化机构和文化企业的数字化建设水平,借助 APP、微信公众号、微博、人工智能等平台与技术,发布年度服务与活动信息,并定期推送相关衍生信息,不断提升异地服务购买水平。利用信息化手段跨地域、时效性强、信息搭载量大、互动性强等特点,打破南通与上海两地在行政区划、政策衔接、空间地域等方面的束缚,加深文化对接融合的程度。

南通与上海文化对接融合的主要内容,包括丰富公共文化产品供给、增强文化产品推介力度、深化文化产品生产与推广的合作、提升文化硬件载体、利用互联网技术实现资源共享、积极寻求在动漫游戏等新兴文化产业领域的合作空间与机会、以南通有利的空间资源吸引来自上海的投资、积极承接上海文化创意相关制造业资源的溢出、借助上海资源创设有自身特色的文化产业集群、创新投融资机制尤其为民营文化企业改善融资环境、推进文化人才的培养与流通、开展文化遗产保护合作项目、以高端工艺品与非遗项目等优质资源对接上海文化创意产业、构建文艺发展合作平台积极创作文艺精品、加强区域合作提升对外文化贸易水平等 15 个方面,全面深化对接融入。

南通建设上海北大门文化高质量发展的实现路径,一是优化文化对接融合内外部环境,强化政策法规协调,完善合作激励机制,完善文化产品交易政策体系,形成多部门联动机制,健全信息共享机制,加强中介服务机构建设,拓宽资金支持渠道。二是强化文化主体培育,形成中小型企业分工协作、竞相发展的良好格局;促成沪通合作,打造南通大型文化品牌企业;加强文艺创作,做大做强文艺创作,逐步提升南通的文艺创作水平;促进跨行业融合发展,以"文化+"模式为主导,利用科技、金融、旅游等行业资源优势,与文化领域进行融合;

加强对外文化交流领域的合作,政府层面、企校层面与上海相关企业、机构进行合作,形成有影响的文化品牌产品和服务。三是明确重点文化合作领域,积极打造南通文化亮点,加快新兴文化产业领域的合作与发展,加强文化遗产保护与利用的区域合作,积极寻求与上海国家数字出版基地、上海盛大游戏、上海巨人网络等龙头园区和企业的合作发展,加快提供南通特色的中高端消费服务,加快品牌赛事的对接服务,积极争取以联办或承接上海市重大赛事活动分站比赛的方式,将国际、国内品牌赛事引入南通,力争到 2020 年推动1—2 项国际性、区域性品牌赛事由上海登陆南通。

四是加强文化基础建设,强化公共文化场馆和文化创意产业园建设,到2020 年,南通市区实现万人拥有公共文化设施面积 1 800 平方米,实现城市"十五分钟文化圈"、农村"十里文化圈";强化文化产品创作建设,一方面加强南通文化艺术项目的原创水平;另一方面创新传统文化项目,推动其创造性转化和创新性发展,同时加强对上海文化艺术项目的引进;强化公共文化服务水平,健全文化服务配送体系,加强文化衍生品创作和生产,建立网络平台,利用"文化云"、APP、微信微博等新媒体手段,分众化地提供公共文化服务和文化产业相关信息。五是共建区域文化市场,借助上海的文化资源,促进要素市场发展,带动南通文化市场的进一步向上攀升;扩大文化消费市场,利用上海国际艺术节、上海国际电影节等品牌,扩大其辐射半径;拓展城市空间功能,建立更贴合公众需求的复合型文化消费空间,提升商业圈的文化内涵和公众吸引力。六是深化人才合作交流,推进人才一体化开发,合力培养紧缺人才,尤其针对紧缺的复合型管理人才、创新型技术人才等,并加强不同沪通两地学校和机构的交流合作,为专业人才提供更多的交流与进修机会。同时,利用组织资源搭建海外交流共建网络,在国际一流的高校、文化场馆、文化机构和文化企业中创造访学与交流机会。

三、久久为功全力打响擦亮"上海文化"品牌

2017 年 12 月 11 日—12 日上午,上海市委举行务虚会,市委书记李强主持会议并提出了新时代上海的发展取向与战略优势。他强调,要打造上海的品牌优势,立足新时代新需求,让充分体现城市记忆、文脉特色和鲜明特征的城市地标和论坛展会等平台,成为上海更加响亮的金字招牌。着力构筑上海发展的战略优势,全力打响上海服务、上海制造、上海购物、上海文化四大品牌。

此时,李强书记由江苏来上海履新 40 多天,商务部宣布首届中国国际进口博览会选址上海没多久。"构筑战略优势,既要长远谋划,作出长期努力,更要立足当前下功夫,尽快打响上海品牌。"李强说,要打响"上海服务"品牌,强化服务功能,提高服务经济能级,增强经济中心城市辐射带动能力。要打响"上海制造"品牌,既要继承发扬老品牌,也要做大做强新品牌,努力发展高端制造,不断提升产品品质、知名度和美誉度。要打响"上海购物"品牌,创造更加便利的购物消费环境,汇聚更加丰富的全球高端品牌,打造更有特色的知名商业商圈,抓住中国国际进口博览会重大机遇,把上海建成人人向往的购物天堂。要打响"上海文化"品牌,丰富的红色文化、海派文化、江南文化是上海的宝贵资源,要用好用足,大力发展有竞争力和影响力的文化产业,支持文化展示、文化演艺、文化市场发展,增强文化辐射力集聚力,使上海文化金名片更加闪亮。[1]

打响擦亮"上海文化"的号角吹响,关键是要充分用好红色文化、海派文化、江南文化资源,激发上海文化的创新创造活力,重在展现"上海文化"标识度,加快建成更加开放包容、更具时代魅力的国际文化大都市。内容生产要精品迭出,提升文化原创力和影响力;文化活动要精彩纷呈,整合资源形成集束

---

[1] 新闻来源:上观新闻。

效应;文艺名家要群星璀璨,集聚一批文化领军人才;文化地标要绽放魅力,高水平、高标准规划建设好城市文化地标。

(一)打响擦亮"上海文化"品牌具有良好基础

自 1843 年开埠以来,上海经过各个不同历史发展阶段的积累,形成了鲜明的文化个性特征。新中国成立尤其是公共开放以来,上海在文化建设方面取得了长足的发展,为打响擦亮"上海文化"品牌奠定了良好基础。

公共文化服务领域——从上海的公共文化服务资源来看,目前上海已经建成处于全国领先水平的四级公共文化网络,基本形成了 15 分钟公共文化圈。"十三五"期间,上海将积极实施重大文化基础设施建设工程,不断优化城市公共文化空间布局。规划建设 20 多个市级文化项目,并将新建、改建、扩建大约 40 个社区文化活动中心,并计划沿黄浦江以东、苏州河以北,建成一批拥有国际先进水平的文化设施。进一步完善公共文化服务配送机制和政府向社会力量购买公共文化服务机制,提升公共文化服务效能。推动"文教结合",实现公共文化共建共享。上海市文教结合机制正逐步走向完善,并形成了专门的议事协调机制和工作推进、评估机制。目前博物馆、美术馆、剧场、文艺院团等丰富的文化资源越来越活跃于学生的课堂和生活中。提升市民文化素养,营造良好城市文化氛围。市民文化节和城市空间艺术季等品牌活动逐步扩大受众范围、逐步丰富活动形式与内容。出台文化法规,加强公共文化管理。《上海市社区公共文化服务规定》《上海市文物保护条例》《上海市非物质文化遗产保护条例》等规章条例陆续颁布施行。"文化上海云"上线,引领公共文化服务数字化建设。"文化上海云"全年提供来自上海市、区、街道乡镇三级文化馆、图书馆、展览馆、美术馆和社区文化服务中心等 470 多家公共文化场所的 23.6 万场文化活动和 3 000 多个文化社团信息。①

文化产业领域——从上海文化产业资源来看,上海是中国率先发展文化

---

① 钱泽红:《2016 年上海公共文化服务发展的基本情况》,《上海公共文化服务发展报告 2017》,上海人民出版社,2017 年 4 月,第 1—14 页。

创意产业的城市,经过十多年的推进,上海文化创意产业规模日益扩大、结构不断优化、载体愈发多元。具体表现在:总体规模继续扩大,保持快速发展。2015年,上海文化产业实现增加值1 632.68亿元,同比增长8.1%,增幅高出同期地区生产总值1.2个百分点;占地区生产总值比重为6.50%,占我国文化及相关产业比重的6%。产业结构不断升级,带动作用明显。文化软件服务、广告服务、设计服务为主的文化创意和设计服务,以及文化信息传输服务快速发展。"互联网+"的效应正在全面释放。新闻出版、广播电视电影服务、工艺美术生产等传统文化产业转型升级明显。同时,文化休闲娱乐等生活服务领域增速有所放缓,文化用品生产增加值和文化专用设备生产增加值同比分别下降8.7%和23.8%,先进文化装备制造生产能力和带动效应亟需提高。上海文化产业呈现出下述特点:文化产业市场资源配置能力有效增强;传统产业转型发展焕发活力;新兴产业热点频现促进发展;文化产业融合跨界发展成效显著;全市重大文化项目取得新突破;对外文化贸易发展质量不断提高;文化产业发展保障机制日益完善。

文艺生产与创作领域——近几年,上海不断繁荣文艺创作,完成全市文艺创作规划布局。上海确立了文学、影视、舞台艺术、美术、群众文艺、网络文艺六大文艺创作领域,着重体现乡土情怀,展现城市发展。而在2017年,上海市政府发布《关于加快本市文化创意产业创新发展的若干意见》又进一步明确提出要推动上海市文艺演艺创作从"高原"走向"高峰",向世界呈现中国元素、讲述中国故事。具体表现在:其一,积极推进舞台艺术创作繁荣发展;其二,大力繁荣影视等文艺创作生产;其三,有序发展网络文艺创作生产;其四,继续完善精神文化产品创作生产机制;其五,持续激发城市文化创造活力,扩大文化领域开放,促进文化市场主体多元、要素集聚,吸引培育更多文化大师和思想大家。

文化遗产保护领域——上海现已划定44个历史文化街区(历史文化风貌区),总用地面积41平方公里。划定397条风貌保护道路(街巷),84条风貌保护河道。上海市现有全国重点文物保护单位29处,上海市文物保护单位238处,优秀历史建筑5批共1 058处。上海已公布5批、10大类、400余处非物质文化遗产,包括着重体现海派文化的昆曲、沪剧等传统戏剧,滑稽戏、海派木偶戏、浦东说书等曲艺,海派面塑艺术、海派剪纸艺术等民间美术和豫园灯会、龙华庙会、罗店龙船等民俗,以及体现本地民俗文化的江南丝竹、青浦田山歌等民间音乐。[①] 总体而言,近几年上海在文化遗产保护领域的工作成绩斐然,具体包括:一是加强城乡历史环境整体保护,加强文物保护利用和文化遗产保护传承;二是拓展历史文化保护对象,完善历史文化保护要素体系,重点强化革命遗址、近代建筑、工业遗产和名人旧居的专项保护,集中展现上海城市历史发展脉络以及多元交融的文化特征;三是创新历史文化保护机制,以文化遗产价值类型、保护等级与遗产保存状态为依据,定期增补保护对象,积极开展活化利用,建立分级分类保护利用机制和抢救性保护管理机制。

对外文化交流领域——围绕"一带一路"倡议和建设卓越全球城市的发展目标,上海不断推进国际传播能力建设,讲好中国故事,运用新渠道和新方式展现真实、立体、全面的中国和上海,扩大中华文化影响力和知名度。同时积极推进对外文化贸易发展,努力构建国际贸易合作新机制,加快开拓对外文化贸易新空间,集聚培育文化贸易龙头企业,对外文化贸易总量持续增加、结构逐步优化,呈现文化贸易传统领域业态和新兴领域业态齐头并进的良好发展态势。

(二)"上海文化"品牌重在展现标识度

中共中央政治局委员、上海市委书记李强指出:"丰富的红色文化、海派文化、江南文化是上海的宝贵资源,要用好用足。"[②]关于打响擦亮"上海文化"品牌,近年来上海各界研讨丰富,共识逐步形成:作为中国共产党的诞生地、海派文化的发祥地、江南文化的荟萃地,上海明确全面提升"上海文化"的品牌标识度,在文化"码头"建设上更下功夫,在文化"源头"建设上巩固地位,打造一批在国内叫得响、在国际立得住的知名文化品牌,提升上海文化的全球影响,

---

① 上海市人民政府:《上海市城市总体规划(2017—2035)》,资料来源:http://www. shanghai. gov. cn/newshanghai/xxgkfj/2035001. pdf,2018 年 1 月。

② 新闻来源:上观新闻。

赢得上海城市的国际声誉。也就是说,红色文化、海派文化、江南文化是上海的宝贵资源,是"上海文化"品牌富有个性特色、具有符号意义的标识度。

红色文化:城市精神的底色

上海是中国共产党的诞生地,红色文化是城市精神的底色。怎样来认知?学者认为,这是一个历史话题,严格意义来说却是现实问题。上海的底色从其一诞生就应该是红色,因为鸦片战争以后,上海作为在西方殖民者坚船利炮下被迫开埠的半殖民地城市,再加上封建因素,其性质为半封建半殖民地城市,上海这座城市从一开始就是一部表现反抗斗争的书。先进生产力要素最早在上海集聚,中国近代主要是民族资产阶级和外来的西方资本在这里集聚,形成了中国近代工业的发祥地,也孕育诞生了中国工人阶级,为中国共产党的成立奠定了坚实基础;同时上海又是先进革命知识分子集聚的地方,成为马克思主义最早的传播者,上海也成为中共建党和一大召开地。在计划经济时代,上海对国家贡献很大。在改革开放时代,上海是走在前列的排头兵、先行者。所以从各个历史阶段加以观照,上海的城市基因、精神底色都是红色的。

现在为什么强调上海的底色是红色?这里有很强的现实针对性,因为如果城市的底色模糊了,红色淡化了,对上海城市的本质颜色和精神源泉、对共产党执政、对社会主义建设的"噪音"就有可能出现并放大。专家学者建议:第一,要注意维护上海的城市底色,要让上海的红色越来越鲜艳有力;第二,要注意树立和维护上海的正能量城市形象,不能随意歪曲这个形象;第三,要加大上海红色文化的宣传和传播力度,让民众尤其是年轻人入脑入心。

海派文化:中西交汇的舞台

所谓"海派文化",海派文化是在中国江南传统文化(吴越文化)的基础上,融合开埠后传入的对上海影响深远的源于欧美的近现代工业文明而逐步形成的上海特有的文化现象,其实质是对欧美文化的借鉴。海派文化既有江南文化(吴越文化)的古典与雅致,又有国际大都市的现代与时尚,区别于中国其他区域文化,具有开放而又自成一体的独特风格。

按照上海社会科学院原副院长熊月之的解读,海派文化是近代上海城市对于江南文化的熔铸与升华。他指出,这里的"海派文化",既不是近代美术界、京剧界的海派,也不是鲁迅、沈从文笔下的海派,而是近代上海城市文化的概称,是一种经过重新诠释后的广义海派。明清上海本是江苏省下属的一个县,近代上海移民绝大多数来自江南。据统计,近代上海人中,江南人占了八成以上。人是文化的创造者,也是最重要的文化载体。在这个意义上,近代上海城市文化显然是以江南文化为底色的。熊月之也表示,海派文化并不是江南文化的简单汇拢,而是经过上海这个特大城市的集聚与熔铸,吸收了中国其他地方在沪移民所体现出来的地域文化,特别是吸收经由租界和来沪外侨所体现的西洋文化,才得以形成。[1]

江南文化: 区域特色的魅力

江南文化源远流长、博大精深。按照浙江学者的研究,从历史发展维度来看,早在距今8000年前,"跨湖桥文化"就展现出杭州先民在这块土地上辛勤劳作的杰出成就,如出土的独木舟,就是迄今为止世界上最早的独木舟,还有世界上最早的漆弓、中国最早的"草药罐"、最早的慢轮制陶技术、最早的水平踞织机、最早的甑以及南中国地区最早的彩陶、最早的家猪,长江下游地区最早的栽培稻、江南地区最早的席状编织物等,创造了多个考古之最,尽显中华文明风采。距今5000年的良渚文化,作为中国东南地区太湖流域新石器文化的经典类型,良渚文化出土的玉器、城址、防洪设施等物品,数量之众多、品种之丰富、雕琢之精湛,在同时期中国乃至整个环太平洋圈内拥有玉的部族中都独占鳌头,独具风华,表明用"玉制度"为主要特征的良渚文化礼制正式生成,显示出良渚社会已从荒蛮的史前期踏入文明的社会。由晋朝"永嘉之乱"造成中国历史上大规模南迁而不断生成的江南文化,在唐代进入一个发展高峰时期。白居易著名的《忆江南》,更是以杭州为蓝本为江南文化进行了诗意的定位。南宋定都之后,杭州成为全国政治、经济和文化中心。大批中原北方人士南迁,促使了南北文化交流,极大地促进了江南文化发展。历史学家对南宋在中国历史上的地位和影响作过深入研究,比较一致认为南宋是中国历史发展

---

[1] 熊月之:《江南文化、海派文化及其与红色文化的关联》,来源:《群众·大众学堂》,2018年10月8日。

和转折的重要时期,对后世产生了重要影响。有国外学者甚至认为"近代的中国文化,其实皆脱胎于南宋文化",不仅确立了中国文化重心的南移,而且对传承中华文明起到了不可估量的作用。

熊月之分析认为,江南文化中有六大因素影响了后来海派文化的发展,它们分别是民性聪慧、灵活而刚毅、坚韧;崇文尚贤,重视教育;重视实践理性,发展商品经济;重视实学,分工细密;注重物质生活,讲究物质享受;勇于挑战传统,张扬个性自由。这六点综合反映了江南文化重视人的价值,重视满足普通百姓的物质与精神需求。崇实、重商、重民、精致、开放、灵活,这是中国传统文化自身滋长出来的现代性。这些特点到了近代上海,获得进一步的发展与升华,成为近代海派文化中重利性、大众性、世俗性与开放性特点的直接先导。①

具有"上海文化"标识度的红色文化、海派文化、江南文化,对三者之间的关联度、重要性如何认知呢?近年来,专家学者的研讨与论文丰富多彩、仁智互见。认同度比较高的权威观点为:江南文化是海派文化的根基,海派文化是近代上海对于江南文化的熔铸与升华,而红色文化则是在江南文化、海派文化的基础上滋生、发展起来的上海文化基因。

(三)持续充分激发文化创新创造活力

从落实国家战略、着眼城市未来发展的高度出发,上海市委、市政府就全力打响"四大品牌"作出全面部署,其中对打响"上海文化"品牌提出了明确要求——"上海文化"要重在展现标识度,充分用好红色文化、海派文化、江南文化资源,激发上海文化的创新创造活力,让内容生产精品迭出、文化活动精彩纷呈、文艺名家群星璀璨、文化地标绽放魅力,加快建成更加开放包容、更具时代魅力的国际文化大都市。市委、市政府印发的《全力打响"上海文化"品牌 加快建成国际文化大都市三年行动计划(2018—2020年)(简称《三年行动计划》)》提出三大主攻方向,明确十二大专项行动、46项抓手工作以及150

---

① 熊月之:《江南文化、海派文化及其与红色文化的关联》,来源:《群众·大众学堂》,2018年10月8日。

个重点项目。

围绕市委、市政府总体要求,新发布的《三年行动计划》指导思想提出,要牢牢把握中国特色社会主义进入新时代这一历史方位,始终围绕全力打响"上海文化"品牌、加快建成国际文化大都市这一战略目标,对标国际文化大都市的最高标准,虚心学习兄弟省市的好做法好经验,加快打造一批海派特色突出、城市特质彰显、内涵价值丰富、感知识别度高的国内国际知名文化品牌,着力构筑上海文化发展新优势,不断提升城市文化软实力。

《三年行动计划》明确四层级体系:顶层目标即打响红色文化、海派文化、江南文化三大品牌任务;第二层级为三大品牌衍生的十二大专项行动;第三层级为支撑专项行动的46项抓手工作;第四层级为由46项抓手工作具体细化分解形成的150项重点项目。

《三年行动计划》的发展目标由一个总目标和五个分目标组成。总目标衔接上海第九届市委十六次全会确立的"基本建成国际文化大都市"既定目标,同时对标打响"上海文化"品牌的最新要求,明确提出全面打响"上海红色文化品牌、上海海派文化品牌、上海江南文化品牌"。为了使奋斗目标更为清晰、更为具象,市民的感受度更高,又细化为五个分目标,即城市特质更加彰显、文化事业更加繁荣、文创产业更加发达、文化交流更加频繁、优秀人才更加集聚。

《三年行动计划》分别阐述打响"红色文化品牌""海派文化品牌""江南文化品牌"三大重点任务的发展目标和主要实施途径。其中,打响红色文化品牌提出着力建设好、守护好中国共产党人的精神家园。通过打造建党历史资源高地、打造建党精神研究高地、打造建党故事传播高地和打造思想理论创新高地,着力在习近平新时代中国特色社会主义思想研究传播上走在全国前列。打响海派文化品牌提出要大力弘扬上海城市精神,重点结合"上海文创50条",提升上海人文历史品牌,精心培育新型主流媒体,着力打造海派文艺高峰,做大做强文教结合平台,有效扩大上海国际电影节、中国上海国际艺术节、中国国际数码互动娱乐展览会等节展国际影响,增强公共文化服务效能,加快推动文创产业发展,打造一批全国乃至全球知名的海派文化品牌。打响江南文化品牌提出要进一步加强中华创世神话文艺创作和文化传播,加强江南学术研究,加强江南特色历史风貌保护。以江南文化遗产保护为重点,赋予中华优秀传统文化、江南文化新的时代内涵和现代表现形式,引导人们从正确认知历史中走向未来,从延续文化血脉中开拓前进。

《三年行动计划》以打造文化品牌优势为重点,提出党的诞生地发掘宣传、理论研究传播品牌建设、上海城市精神弘扬、人文历史展示、媒体创新发展、文艺高峰攀登、文教结合提升、品牌节展提质、公共文化服务增效、文创产业腾飞、优秀传统文化传承、江南文化研究发掘共十二大专项行动。这十二大专项行动具体细化为 46 项抓手工作,为打响"上海文化"品牌进一步明确了任务和责任分工。①

蓝图绘就,行动号令发出,得到全市上下踊跃呼应,新时代再出发的"上海文化"金字招牌将被擦得更加闪亮。在《三年行动计划》基础上,上海市委宣传部进一步制定了《"上海文化"品牌建设重点项目 150 例工作目标及具体任务表》,按照责任分工,对应 150 项重点项目,将由 65 个责任单位按照分工同步推进。市委宣传部副部长胡劲军在发布会上介绍,"码头"和"源头"建设齐头并进,贯穿文化品牌建设全过程和《行动计划》12 项专项行动各方面,将推进上海成为国内外人才与佳作竞相呈现的"码头"和原创活力喷涌不息的"源头"高地。打响"上海文化"品牌,既要建好文化"码头",更要建好文化"源头"。唯有发挥"码头"的深度,吸引和集聚各路名家、名企、名人、名作、名展和名演前来上海"停靠","源头"建设才能水到渠成;也唯有发挥"源头"的高度,辐射和引领周边文化共同发展,进而提升城市知名度和影响力,"码头"建设才能相得益彰。

"源头"重在原创力,上海将瞄准"三大源头",打造"上海原创""上海制作""上海出品"的品牌矩阵。一是瞄准中华优秀传统文化的源头,在弘扬传承中华优秀传统文化工作中,除了提出优秀传统文化传承、江南文化研究发掘展示等专项行动外,更将精力和重点聚焦在发挥上海的潜质和优势,通过独辟蹊径,瞄准中华优秀传统文化的总源头寻求突破。作为中国神话学研究重镇

---

① 新闻来源:邢晓芳、王彦,《文汇报》2018 年 4 月 30 日。

的上海,有厚重底蕴、现实力量,更有成熟条件在创作史诗版中国神话中发挥更大作用。围绕这一主题,上海率先提出实施"开天辟地——中华创世神话文艺创作与文化传播工程",打造学术高地、文艺创作高地和教育传播高地,着力推动多艺术门类的作品系统集成。二是瞄准中国红色革命文化的源头,上海将用足丰富的红色文化资源和源远流长的红色文化基因,通过"党的诞生地发掘宣传专项行动",把建党精神与城市精神结合起来,把红色血脉与城市文脉结合起来,以中国红色革命文化总源头为目标,从发掘保护建党历史资源、加强建党历史和建党精神研究、深化建党伟大业绩传播、打造建党主题文化精品、开展红色文化社会宣传、深化红色文化宣传教育、开发红色旅游精品线路等多个维度切入,推动"红色文化品牌"建设。三是瞄准现实题材作品创作的源头,上海提出"以五年为时间点,实现'五年百部精品'创作目标",聚焦重大现实题材,创作更多热情讴歌全国各族人民追梦圆梦的顽强奋斗、抒写改革开放和社会主义现代化建设蓬勃实践的精品力作,谱写中华民族新史诗。"码头"重在发挥集聚效应,要集聚更多优秀人才、培育一批龙头文化企业,打造文化艺术产品的首发、首演、首映、首展市场,建成优秀文化发展的"基地"和"大本营"。

打造"上海文化"品牌要凸显制度创新,上海正在设计针对文化艺术人才的荣典制度,旨在构建一套全社会评价、充分尊重人才的制度。荣典制度将覆盖老中青艺术家和外来文化艺术人才,具有跨行业、跨职业、跨系统、跨部门,突破年龄、突破职称、突破地域、突破单位的特点,是针对文化人才的全方位评价制度。此外,"文化名家选拔推荐""青年文艺英才培养计划"等重点工作,将形成文化大家和人才的发现、跟踪、锁定、引进、培养、教育、交流、激励的完整创新机制。

"要通过文教结合平台机制,及时发现和预测上海文化事业发展所需的各类人才及其规模、层次、结构。"市教委副主任高德毅介绍,上海已将文化艺术学科和专业纳入上海高校高峰高原学科建设计划,将特色优势文化学术学科纳入上海高水平地方高校建设范围,从学科角度进行重点建设,源源不断地培养输送年轻、具有文化活力潜力的人才。市文广局局长于秀芬介绍,围绕影视、演艺、民营文艺表演、网络视听、艺术品产业等领域,落实"文创 50 条"的具体实施办法已经出台。在近年颇受关注的电竞产业方面,上海将引入国内外顶尖电竞赛事,对赛事、战队、场馆给予支持,支持优秀的战队建设,同时还将打造能够代表上海水平、上海风格、上海形象的市级战队,塑造国际知名电竞品牌,探索电竞领域的运动员注册制度。"沪剧没有变化,就意味着死亡。"对于上海沪剧院院长茅善玉来说,从《挑山女人》到《邓世昌》到原创大戏《敦煌女儿》,上海沪剧院佳作频出。一台用吴侬软语唱出大漠坚守的敦煌女儿樊锦诗的故事,沪剧院关注多年,用了很多年心力来创作,体现了文艺工作者攀登高峰的决心,也表明上海文化不缺工匠精神。

"海纳百川、追求卓越、开明睿智、大气谦和",这是江海交会孕育的城市精神。中国与世界、传统与现代、虚拟与现实在这里交汇融通,开放、创新、多样的精神始终在这座城市的血脉中流淌。在改革开放再出发的新时代,打响擦亮"上海文化"品牌这块金字招牌,只要持续发力、久久为功,上海的文化创新创造活力一定会被激发出来,进而推动这座城市不断提升能级与核心竞争力,更好地肩负起在长三角区域一体化发展国家战略中发挥"龙头"作用的神圣使命。

宏 观 视 野

2

40年上海文化改革发展的先行先试

荣跃明　郑崇选*

摘　要　上海文化的改革发展是与改革开放以来整体的经济社会同步发展的，有其历史和时代的必然性。本文从背景及必然性、改革发展历程、主要特征和经验等几个方面对上海文化改革发展40年进行了全景式的梳理与归纳，试图在回顾中启示上海文化未来的发展，同时也为其他地区的文化改革发展提供有益的参考。

关键词　40年　文化　改革发展　先行先试

改革开放40年以来，上海的文化发展取得了长足的发展，在建设国际文化大都市的道路上不断探索，勇于实践，为上海的经济社会飞速的进步提供了

---

* 荣跃明，上海社科院文学所所长；郑崇选，上海社科院文学所公共文化研究室主任。

坚实的精神基础与文化动力。考察上海 40 年的文化改革发展之路,很多方面在全国都具有领先意义和示范价值,主要表现在对文化发展规律深刻的认识,率先开启文化体制改革,统筹协调、科学规划,积极适应市场经济发展规律,文化产业、文化事业协同发展,文化的经济效益、社会效益并重等,这些经验的取得贯穿在了 40 年上海文化发展道路的艰辛历程之中。

一、上海文化改革发展的背景及其必然性

上海文化的改革发展是与改革开放以来整体的经济社会同步发展的,有其历史和时代的必然性,主要背景有以下几个方面:

(一)社会主义初级阶段的基本任务为文化改革发展指明了方向

社会主义初级阶段的主要矛盾是生产力和生产关系之间的矛盾,建设有中国特色社会主义的成效,归根结底就是生产力的发展,综合国力的增强和人民生活水平的提高。解放和发展社会主义生产力,离不开解放和发展文化生产力,提高人民的生活水平,包含着提高文化生活水平,而且是人们更高层次的、日益发展的生活需要。建设和发展社会主义文化,是社会主义生产目的和根本任务的要求,也是党的基本路线的要求。

(二)社会主义市场经济体制的逐步建立对文化改革发展提出了内在逻辑上的要求

从体制的内在稳定性及其作用力的角度考察,文化体制与经济体制与政治体制相互依存,它伴随着经济体制和政治体制的调整与变革做相应的改革,并影响和作用于文化本身。我国 40 年来所进行的从传统计划经济体制向社会主义市场经济体制的根本转变,其实质是一场深刻的文化变革。随着市场经济的发展,市场对社会资源配置发挥基础性作用的深度和广度日甚一日。文化的改革发展也是一种社会资源的配置方式,在市场经济条件下,无法从根

本上游离于价值规律、供求关系和竞争机制,否则将不可能源源不断地获得充分的社会资源,也就无文化建设和发展可谈。加快文化改革发展步伐,一方面是为了主动适应经济体制改革所提出的必然要求,跟上经济体制市场化的进程。另一方面更是为了满足建设文化、发展文化的自身要求,进而满足人民群众日益增长的精神文化需求。

(三)上海经济、社会协调发展对文化改革发展提出了现实的要求

社会主义国际大都市的建立是一个全面、系统的工程,文化发展是"五位一体"总体布局中不可或缺的重要组成部分。随着城市经济实力的不断提升以及人民群众精神需求的不断增强,文化改革发展将发挥更为重要甚至决定性的作用。从产业结构转型升级的层面来看,在服务经济主导的产业阶段,非物质性的生产要素正在成为创新的主要源泉,而非物质生产要素天然就与文化创造紧密相连。一方面,智力资本的规模和创意的数量,更多地受到文化环境的制约,即人们的文化素养水平、价值观念、文化形态、道德信仰等对于创新的增长有直接的决定作用;另一方面,基于智力资本和创意的不断推动,也会引发文化形态、文化消费、文化生产的变革,相对于工业化社会的增长模式,文化与经济的共生演进导致了经济社会发展方式的重大转变,文化与经济的融合正在成为全球产业发展的主要方向。在推动上海经济发展方式的转型过程中,我们必须顺应这一全球范围的产业发展方向,努力创造各种条件,加速推进文化与经济的进一步融合,而融合的主要方式就是要大力加强文化产业在经济发展中的比重,以文化产业的发展带动产业结构的转型。文化产业以创意为源头,是一种科技含量高、资源能源消耗低、环境污染小、知识密集的绿色产业,在增加就业、扩大消费、拉动内需中发挥着越来越重要的作用。文化建设不仅对经济增长的直接贡献越来越大,而且对提升经济发展质量的作用日益突出。在经济发展为文化发展创造物质条件的同时,文化建设也为经济发展提供强大的精神动力。从城市社会发展需要的精神基础来看,文化改革发展的成果将为社会整合提供强大的文化基础。随着上海经济的持续快速发

展,上海传统的社会结构发生了巨大的变化:一是外来人口为主的移民问题日渐突出,在没有解决好自身城乡二元结构的时候,又增添了本地人和外地人之间的"新二元结构"问题,二是利益的多元化和社会的分层化,使得社会需求的类型、内容和形式更加丰富。如何在市场经济的条件下调整意识形态建设,并使主流意识形态成为大多数人的自觉信仰和认同的核心价值观,成为上海文化建设所要解决的时代课题。

(四)广大市民群众参与文化建设的积极性为文化改革发展提供了源源不断的基层动力

政府在文化建设中固然发挥了很重要的作用,特别是对文化建设的组织和管理功能,以及对文化发展内容和方向的引领作用,都是其他力量不可能达到的。但是在文化创造和生产领域,政府不应该是唯一的动力,更不应该也不可能包办一切。文化是人类生活的样式和样法,体现在人民群众的日常生活方式和一言一行中,所以优秀的文化产品必然是对社会生活的艺术升华。文化的发展及其对人类生活的影响遵循着自己的规律,往往是民间自下而上的生发和渗透。经过多年持续的高速发展,上海市民的生活水平已经有了很大的提升,对文化生活有了极大的需求,普通市民自己参与文化创造的积极性也空前高涨。在此背景下,加快文化的改革发展步伐,就成为广大市民群众的迫切需求。要进一步健全上海的公共文化服务体系,在"以人为本"和"和谐社会"的命题下,使各个群体都能享受到自身需要的公共文化服务。同时,更为重要的是要创造条件、创新机制,大力支持人民群众自发组织的各类文化活动,提供充足的活动空间和场所,制定长效可行的推动机制,为上海国际文化大都市的建设提供源源不断、多样繁荣的民间动力。

二、上海文化改革发展的阶段划分

考察 40 年的上海文化改革发展,先行先试的探索与实践始终贯穿期间,主要可以分为以下四个阶段:

（一）20 世纪 70 年代末至 80 年代末：开展文化发展战略大讨论，率先自觉探索文化发展的自身规律

粉碎"四人帮"以后，上海文化系统以思想解放为先导，从平反冤假错案入手，全面落实党的政策，努力构建促进文化事业发展的和谐环境，调动广大知识分子的积极性，重建文化秩序，促进文化事业的规范化、制度化，积极探索改革开放，奠定文化事业持续发展的基础。改革开放初期，上海在揭批"四人帮"和林彪反党集团的"两条黑线论"，与极"左"路线的"文艺是阶级斗争的工具论"的斗争，以及"实践是检验真理的唯一标准"大讨论和"伤痕文学""反思文学"创作上能引领时代潮流，产生巨大影响。

不过，上海城市文化发展的重大突破却源自城市文化发展战略的讨论、确定和实施，以及与之相配套的文化体制改革探索。20 世纪 80 年代初期，有关文化发展战略问题在理论界开始受到重视，传统文化的讨论也成为热点。在此背景下，1985 年上海市委宣传部组织了大型的调研，花了一年半的时间，筛选了二三百个题目，组成小组，发动了全市教科文卫体的学者、刚毕业的研究生和机关部门主管进行一次文化发展战略调研和大讨论，各种争论和研讨会持续了一年，最终于 1986 年上海城市文化发展战略规划正式启动。上海城市文化发展战略规划非常重要，它引导了上海文化布局的变革，为今日上海文化发展奠定了良好的基础。有了这个文化发展战略规划，各届领导班子能把文化工作持续做下去。这个规划主要有两方面的内容：一是适应改革开放的需要，通过文化建设再现；二是文化发展如何适应政治、经济和社会的改革。

今天，如果尝试在互联网上模糊查找"上海文化发展战略大讨论"这个条目，搜索引擎会精确地将时间指针定格在 20 世纪 80 年代中期，也就是说，关于城市文化发展战略的大规模研讨活动，在互联网世界中的上海历史上，仅此一次。

应该说，80 年代中期开展上海文化发展战略大讨论具有某种必然性。当时，全国各地都在讨论经济、社会的发展战略，主要内容则是经济发展战略，上海在 80 年代初也制定了全市经济发展战略。上海的领导部门和知识分子注

意到改革发展中的出现的这种倾向,他们在坚持"经济不发展、社会和文化也发展不起来"这一观点的基础上,创新性地提出"经济的发展,还有一个文化背景的问题",并认为"自觉把握文化的发展规律,制订一个同上海经济发展战略相适应的文化发展战略,以促进经济体制改革的深入发展,同时促进社会主义的、民族的新文化的形成",是当务之急。为此,上海市委宣传部决定组织关于上海城市文化发展战略的研讨活动,为进一步制定和完善本市文化事业的发展规划提供依据。

上海文化发展战略研讨活动从 1985 年 3 月开始酝酿,6 月 19 日举行研讨课题发布会,1986 年 3 月提出《关于制定上海文化发展战略的建议》,5 月中旬召开研讨大会,6 月形成《上海文化发展战略汇报提纲》,整个大讨论历时 1 年2 个月,不仅上海高校、社科院、政府机关、实际工作部门有 400 多人参与,还得到了全市社会各界、北京等地的支持,最后共收到论文、报告近 200 篇,计 130多万字。

这些论文与报告涉及文化领域各个方面,有些论述在今天看来已经过时,但有些观点即使在这个互联网改变文化形态和文化生活的时代,仍充满着"启示录"般的意味,细细品读,对上海的文化发展和推进文化大都市建设大有裨益。

一是提出了上海作为全国文化交流中心的定位。在历史上,上海是新思潮的孕育地,"新文化运动"影响了一代人,马克思主义在中国得到传播,上海显示了作为全国文化交流中心特殊的作用。但到 20 世纪 80 年代中期,北京的文化成就与文化地位已经超越上海,上海逐步转变为重要的文化城市。很多研讨参与者认为,上海的这种蜕变,关键在于思想观念受到了束缚,并非客观条件上做不到,开展这场大讨论,首先要明确上海努力成为具有国际影响的全国文化交流中心的定位。事后证明,中央对上海努力成为全国文化交流中心的想法是认可的,有关部委专门提出了在"文化交流方面要放宽权限,积极支持上海搞好文化发展战略的试点工作"的意见,这为上海准确把握文化发展方向、争取实现"成为具有国际影响的文化中心"的远期战略目标提供了指引。

二是提出了上海形成开放型文化的目标。上海的文化要发展,就一定要了解上海的文化特征是什么。北京集中体现了中国传统文化,上海既保存了中华文化的精华,又大量吸收了西方文化因素,因而它既是中国传统民族文化向外扩散的窗口,又是西方文化向中国内地传播的前沿,由此形成了一种多样化、开放型的"上海文化"。发展上海文化,很重要的一点是解决如何看待外来文化的问题,大讨论中提出,"拿来主义"和"兼容并包"是上海发展文化最可取的态度。

三是提出了上海加快文化设施建设的任务。在著名剧作家夏衍先生眼里,解放后三十多年来,上海在文化设施方面"欠债"不少,称得上漂亮的电影院仍然是"大光明",现代化的图书馆、博物馆也不见落成,说了几十年的大歌剧院至今还没有建起来。时任上海市委宣传部部长的王元化先生在《文化发展战略的三个层次》一文中,开门见山地指出,上海文化设施建设的投入在整个国民经济建设投入中所占的比重低的"罕见"。看看今天,东方明珠电视塔、电视中心、博物馆、图书馆、大剧院、电影艺术中心、文化艺术中心、美术馆、杂技馆、新闻出版大厦等一批上海大型现代文化设施工程的相继落成,正为提升上海这个大都市的软实力发挥着永久性的历史作用,不得不说,正是当年那场大讨论为政府决策提供了充分的依据,才结出这"累累硕果"。

四是提出了上海加大文化事业投资的方法。在大讨论中,有参与者提出"文化也有一个经济效益问题",文化能够产生直接的和间接的经济效益,要把文化发展当作一个产业来看待。"文化产业化"的观点,在当时是相当前沿的命题,根据这一逻辑,提出上海要加大对文化事业的"投资"而不仅仅是"投入",指出了上海文化事业投资上的主要制约因素并专门进行了文化事业投资政策和筹资方式的研究,在方法上逐渐形成了"以文补文""多业助文"和"市场文化"等观念,提出了建立上海文化发展基金、尝试股份制经营运作等手段,从根本上解决文化事业发展中的资金缺口问题,把上海的文化发展战略真正落到实处。

在这场关于上海文化发展战略的大讨论中,社会文化领域各个方面的专家、学者和领导提出了一系列的真知灼见,客观上为上海新一轮社会大发展提供了非常重要的文化原动力。为了配合文化发展规划,上海市的文化产业政策也随之作出了调整。20 世纪 80 年代中期上海负担了中央财政的四分之一，压力很大，使得上海自身没钱投资文化。文化发展战略规划出台之后，中宣部、文化部、财政部等部委都给予了支持和帮助，例如对上海的文化发展建设给予税收优惠减免。当时上海打破了人才户口的制约，有志于到上海作文化产业的人，允许到上海定居，同时允许国有院团进行商业演出，并成立了上海文化发展基金会。此后，上海市还筹备并主办了第一届国际摄影节、第一届国际电视剧节和第一届国际电影节，上海的文化建设渐渐形成了改革创新的风气。

（二）20 世纪 90 年代末至 21 世纪初，初步探索文化发展与社会主义市场经济体制的协同发展，搭建国际文化大都市建设的基本框架

20 世纪 90 年代开始，由于建设社会主义市场经济目标的确立，成为上海城市文化建设发展与进步最快的时期之一。这个阶段，上海在文化体制改革方面做了很多的探索。一是探索适应市场经济的文化管理体制。从 1987 年广电系统构建"五台三中心"起步，1995 年推出"影视合流"的改革，2000 年实施了"文广合流"和文化综合执法改革，开始转变政府职能，加强党和政府对文化市场的管理。二是优化资源配置，推进集团化建设。1998 年建立了文汇新民联合报业集团，以后又陆续成立了文广集团、解放日报报业集团、世纪出版集团。三是推进文化事业单位的内部改革，尝试国有文艺院团委托媒体管理，建立四项基金支持文艺院团的发展，增强了院团内部发展动力。四是运用市场机制和社会化方式筹措资金建设文化设施。通过合作合资经营、土地批租和房屋置换、银行贷款、股票上市、市区联动等方式，建设了一批标志性重大文化设施，树立了上海作为国际大都市的文化形象。五是改革重大文化活动运作方式。通过设立基金、经营广告、出售专营权、提供服务、鼓励社会赞助等各种形式，吸纳行业外的社会资金，以节兴节，以节资节，以节养节。六是制定促进文化事业发展的经济政策，实行文化单位经营收入免缴所得税、退营业税和增值税以及对所退税实行宣传文化系统列收列支的政策，集中使用资金办大事,大大增加了文化投入。

文艺院团体制改革全面推进。在 80 年代部分院团体制改革基础上,1992年起,在全市文艺院团推行全员聘任制改革,实现内部机制转换,形成竞争上岗、择优聘用新机制,基本解决队伍臃肿问题,调动了在聘人员的工作积极性和创造性,推动了艺术生产力的发展。不断调整文艺院团建制,改变文艺院团建制分散,资源分散,配置不全,文化生产力不足现象,市属演奏团体由六个合并为四个,话剧院团"拆二建一",院团整体实力与发展活力增强。改进政府对文艺院团的投入机制,探索媒体托管文艺院团新模式。将 16 家市属文艺院团分三类实行分类委托管理:第一类是国家重点保护剧种,包括交响乐、京剧、昆剧,委托上海文化广播影视集团直接管理,主要由政府投入;第二类是芭蕾舞、歌剧等剧种,交给有实力的媒体或其他社会单位管理,政府给一定的优惠政策予以支持;第三类市场化程度比较高的剧种,如滑稽剧、杂技等,将它们推向市场。不断改革文化管理体制。2000 年 4 月,原上海市文化局和原上海市广播电影电视局建制撤销,成立上海市文化广播影视管理局,实现"文广合流"。2001 年 4 月,组建上海文化广播影视集团,与上海市文化广播影视管理局实现"政企分开,管办分离"。上海市文化广播影视管理局转变职能,主要对全社会、全行业实行管理,推动社会公益性文化事业发展,构建公共文化服务体系,保障人民群众基本文化权益;构建文化产业扶持体系,推动文化产业快速发展;构建文化市场监管体系,提高市场监管水平;构建文化艺术创新体系,促进艺术繁荣。通过组建文汇新民联合报业集团、上海世纪出版集团、上海新华发行集团、解放日报报业集团、上海文化广播影视集团、上海文艺出版总社等文化集团,使文化企业与原来所属政府职能部门脱离行政隶属关系,通过优化文化资源配置,聚焦主业,形成主导产业能力和竞争力;通过资产重组,倡导产权和产权主体多元化,允许不同经济成分参股,切实转换经营机制,提高文化生产效率和效益。

1991 年 12 月 7 日,中共上海市委五届十二次全会通过的《关于当前加强社会主义精神文明建设的若干实施意见》提出,"结合上海的特点来建设若干个必不可少的文化设施"。"八五"期间,市属宣传文化系统自我发展能力迅速增强,固定资产投资持续高速增长,总额达 52.52 亿元,为"七五"时期的 10 倍。其中市财政拨款仅占 7.5%,自筹率达到 92.5%。整个"八五""九五"的十年中,通过土地批租、房屋置换、银行贷款、股票上市、合作合资、市区联动配套资金等市场化方式,筹措文化建设资金,先后投入近 120 亿元。建成了东方明珠电视塔、上海图书馆新馆、上海博物馆新馆、上海大剧院、上海影城、上海书城、上海马戏城等标志性设施,完成中共"一大"会址纪念馆和鲁迅纪念馆扩建等重点工程,新建了广电大厦、解放报业大厦、文新报业大楼、东视大厦、上视大厦、广播大厦等六大媒体大厦,还建设开通了上海公共文化信息网和上海外宣网。形成一轮文化设施建设高潮,营造了城市的"文化绿洲",为将上海建设成国际文化大都市奠定了基础,这个时期上海的文化建设得到中央高度关注和支持。

20 世纪 90 年代,随着改革开放的推进,上海重铸城市功能,重塑城市形象,着力繁荣文艺创作,大力推进文化交流中心城市建设,积极打造文化产业主体板块,形成文化建设新高潮。艺术创作以中宣部"五个一工程"创作评选为契机,以迎接中国共产党的十五大召开、庆祝香港回归、迎接中华人民共和国成立 50 周年和上海解放 50 周年、迎接新世纪等重大节日庆典为载体,创作了影片《开天辟地》《鸦片战争》《生死抉择》、话剧《商鞅》、新编历史京剧《贞观盛事》、神话京剧《宝莲灯》、新版越剧《红楼梦》《舞台姐妹》、淮剧《西楚霸王》、舞剧《闪闪的红星》《苏武》、交响合唱《飞向太阳》等一大批优秀文化作品,促进文化事业快速发展,有效满足了人民群众不断增长的文化需求。文化交流以重大国际性节庆活动为载体,以国际艺术节为平台,先后创办了上海国际电影节、上海国际服装文化节、上海国际魔术节、中国上海国际艺术节等大型国际性艺术节,吸引了众多国家和地区高水平的文艺团体和艺术人员参加,极大提升了城市文化交流能级,文化交流呈现一派繁荣兴旺景象,文化"引进来"战略取得历史性突破。文化产业以组建产业集团为抓手,努力塑造文化市场新主体。1992 年 4 月 24 日,上海组建全国文化领域首家股份有限公司——上海东方明珠股份有限公司,此后,相继组建了上海印刷(集团)有限公司、上海电影电视(集团)公司、永乐电影电视集团公司、文汇新民联合报业集团、上海世纪出版集团、上海动画影视(集团)公司、上海东方网股份有限公司、上海新华发行集团、解放日报报业集团、上海文化广播影视集团、上海文艺出版总社,文化产业集团组建工作基本完成,广播影视、报刊出版、文化娱乐三大文化产业主体板块基本形成。

经过10余年的建设与发展,社会主义市场经济体制基本确立,制度改革释放了巨大的经济效应和发展空间,上海文化建设获得了空前的发展动力,标志性文化设施的建设、文艺院团体制的改革、大型文化节庆的打造、文化产业主体板块的组建都极大地推动了上海文化的繁荣发展,为国际文化大都市的建设奠定了坚实基础。

(三) 21 世纪初至 2012 年,从文化体制改革的试点到文化体制改革任务基本完成,国际大都市的文化活力得到极大的激发

进入新世纪,党的十六大上,中央正式部署推进文化体制改革。深化文化体制改革,全面把握当今世界文化发展趋势,深刻分析我国基本国情和战略任务的基础上,继经济体制改革、政治体制改革、教育体制改革、科技体制改革、卫生体制改革之后作出的又一项关系全局的重大决策。此阶段中,上海作为全国文化体制改革 9 个综合试点省市之一,开启了全方位的文化体制改革之路。

1. 2003 年至 2006 年文化体制改革试点阶段的工作情况

从宏观方面构建文化管理新体制和微观领域塑造文化市场新主体两个方面,完成了试点工作方案确定的各项改革任务。

主要包括在宏观层面,建立了文化领域国有资产监管的“上海模式”,建立了公益性文化资助(上海文化发展基金会)和经营性文化产业投资(上海精文投资有限公司)的平台,建立了公共文化服务内容配送体系(东方宣教服务中心、东方讲坛、东方信息苑、东方社区学校指导中心、东方数字电影放映公司),建立健全了文化市场行政执法体系,推动组建了 14 家文化行业协会。

在微观层面,完成了世纪出版集团、文艺出版总社和电影集团的整体转企改制,完成了新华发行集团的股份制改造和借壳上市,以上海大剧院艺术中心

为载体探索了非营利演艺机构的运作模式,市文联成立上海演艺工作者联合会探索团结和服务于社会文艺工作者的新形式。

2. 2006 年至 2008 年期间深化文化体制改革工作的情况

在总结试点工作实践的基础上,上海紧紧围绕文化领域"三大体系"(公共文化服务体系、文化产业体系、文化市场体系)建设的目标,确定了《上海市深化文化体制改革工作实施方案》的思路和任务要求。

(1)在宏观文化管理体制改革创新方面

一是本市文化行政管理部门调整内部机构设置,简化行政审批,不断提高行业管理实效。二是宣传文化系统国资监管体系不断完善,制定了 49 项国资监管制度和规范,建立了科学规范的财务统计核算体系,完善国资运营机构的法人治理结构,规范国资运营机构的重大经营行为。三是不断完善全市文化综合执法体制,2004 年 12 月 30 日,按照中央统一要求,在原市文化稽查总队和区县文化稽查队的基础上,设立上海市文化市场行政执法总队和区县文化市场行政执法大队,委托执法发展为授权执法,综合执法范围进一步扩大。

(2)在公共文化服务体系建设体制机制改革创新方面

一是完善公共文化服务内容配送系统。在"五个东方"内容配送体系的基础上,2008 年又组建东方社区文艺指导中心,开展上海社区文艺指导员派送工作。二是探索创新公共文化服务管理运行方式。研制和发布上海城市文化发展指数;对政府主办的重大文化活动研制绩效评估指标并开展评估;完成了社区文化活动中心运行绩效评估指标体系研制和试评估;总结推出了社区文化活动中心由政府委托第三方社会专业机构运营等多种新模式。三是切实推进农村公共文化服务体系建设。广播电视村村通、农家书屋工程、农村电影放映等各项国家级公共文化惠民工程得到全面落实。四是进一步完善市级公共文化服务设施体系建设。规划建设了重点公共文化设施 22 个,总投资约 73.3 亿元,其中市级建设财力投入约 24.5 亿元,文化专项投入约 20 亿元,文化单位自筹约 27.8 亿元。五是继续推进文化人才工作改革创新。依托"艺联"的平台面向社会,为文化艺术优秀人才开辟"绿色通道",先后有 79 位非本市户籍优秀演艺人员入户上海,先后为 240 多位会员提供代缴社保和公积金、代办商业保险等服务,并与有关用人单位建立了艺联会员权益争议调处机制。宣传文化部门与教育部门联手实施的"文教结合"工程已经形成了文艺人才教育培养的新模式。

（3）在促进文化产业发展的体制机制改革创新方面

一是研究制定《关于加快上海文化产业发展的若干意见》,推出一系列促进文化产业发展的政策措施。二是制定颁布了《上海市文化产业园区认定办法(试行)》和《上海市文化产业示范基地建设推进办法(试行)》,促进文化产业园区提高产业集聚度和管理运行水平。三是宣传部门协同市财政部门制定了宣传文化专项资金管理办法。四是发挥重大文化产业项目的带动作用,实施了上海音乐出版产业园区建设、网络文化信息产业基地建设等重大项目。

（4）在促进文化市场繁荣发展的体制机制改革创新方面

着力推动文化产业公共平台建设,先后与浦东外高桥合作建立了上海国际文化服务贸易平台;与浦东张江合作建立了上海文化产业投融资平台;与上海联合产交所合作建立了上海文化产权交易平台;部市合作建立了张江国家数字出版基地、动漫谷等。

3. 2009 年至 2012 年文化体制改革工作的情况

根据中央文化体制改革工作领导小组明确的路线图、时间表、任务书,改革进入加大力度、加快进度的全面推进阶段。上海结合自身实际,认真务实地完成"规定动作",同时积极主动地深化改革的"自选"项目。

经营性出版单位全部按期完成转企改制。全市共有经营性图书、音像和电子出版单位 60 家,分为市属宣传系统出版单位(34 家)和高校及社会出版单位(26 家)两个板块进行转企改制。其中,24 家在综合试点阶段 2007 年之前已完成转企改制。2008 年之后,其余 36 家于 2009 年 8 月完成转企改制。

完成广播电视节目制播分离改革。2009 年 10 月,上海率先完成广播电视节目制播分离改革,成立了上海广播电视台,组建了台属、台管、台控的上海东方传媒(集团)有限公司,为改变广播电视自制自播模式,面向市场加快发展抢到了机遇,创造了条件。

完成广电传输网络整合。2011 年 3 月底,全市全部完成广电传输网络整合。原来单设的 8 个区县广电传输网络企业完成资产评估后,全部以子公司形式完成与市级广电传输网络企业的整合。推进实施有线电视网数字化整转和下一代广播电视网(NGB)建设工程。

完成国有市属和区县属文艺院团体制改革。2011 年 9 月,市委常委会审议批准了《上海市市属国有文艺院团体制改革方案》。按照方案,市属 16 家国有文艺院团分三类确定改革任务,第一类,上海京剧院、上海昆剧团、上海交响乐团、上海芭蕾舞团、上海歌剧院、上海民族乐团等 6 家市属文艺院团,经中央文化体制改革工作领导小组确定保留事业体制。第二类,4 家地方戏曲院团为国家级非物质文化遗产保护项目,划转建立公益性保护传承机构,继续实行事业体制,为:上海越剧院、上海沪剧院、上海淮剧团、上海评弹团。第三类,6 家院团转制为企业,为:上海杂技团、上海话剧艺术中心、上海滑稽剧团、上海歌舞团、上海轻音乐团、上海木偶剧团。

上述 16 家国有文艺院团整合为三个板块运行管理,第一板块:上海大剧院艺术中心,下辖上海交响乐团、上海芭蕾舞团、上海歌剧院、上海民族乐团 4 家院团。第二板块:上海戏曲艺术中心,下辖上海京剧院、上海昆剧团、上海越剧艺术传习所、上海沪剧艺术传习所、上海淮剧艺术传习所、上海评弹艺术传习所 6 家院团。第三板块:上海文广演艺(集团)有限公司,下辖 6 家转制院团,上海杂技团有限公司、上海话剧艺术中心有限公司、上海滑稽剧团有限公司、上海歌舞团有限公司、上海轻音乐团有限公司、上海木偶剧团有限公司。第一、第二板块的院团从原财政差额拨款变为全额拨款,第三板块转制院团原事业经费继续保留,并从产业项目、人才培养等方面给予专项支持。

上海市共有 11 家区县属国有文艺院团。区县国有文艺院团体制改革工作自 2011 年 5 月启动,2012 年 6 月已经全部完成。

完成第一批非时政类报刊转企改制。根据中办《关于深化非时政类报刊出版单位体制改革的意见》(中办发〔2011〕19 号)等文件精神,经国家新闻出版总署批准,上海列入第一批转企改制的非时政类报刊共 106 种,其中,79 种已于 2007 年前随所属出版集团改制而完成转企改制;12 种确认为企业性质报刊出版单位;需要在第一批完成转企改制的事业性质报刊出版单位 15 家,其中 11 家属宣传系统出版单位,4 家属国有企业集团出版单位,2012 年 6 月 30 日,15 家全部完成转企改制。2009 年 4 月成立了全国首个私募型文化产业投资基金——华人文化产业投资基金。

完成世纪出版集团与文艺出版集团的重组。适应全国出版业改革发展的新趋势,于 2011 年 6 月实行两个出版集团的重组,2012 年 7 月以组建集团党委新领导班子为标志,重组工作全面深入推进。

(四)2012 年至今,深化改革发展,文化成为上海迸发创新创造活力的本质性力量

自 2012 年以来,上海市在党中央、国务院和中共上海市委的领导下,全面贯彻落实党的十八大和十八届三中、四中全会精神,高举中国特色社会主义伟大旗帜,以马克思列宁主义、毛泽东思想、邓小平理论、"三个代表"重要思想、科学发展观为指导,深入学习贯彻习近平总书记系列重要讲话精神,聚焦改革共识,增强道路自信、制度自信、理论自信、文化自信,不断向建设国际文化大都市的战略目标迈进,在文化建设方面取得了卓越的成绩,成就卓著、基础扎实、全国领先。

1. 工作思路

市委认真贯彻中央决策部署,形成了文化建设的大思路、大举措、大手笔,以"主体更丰富、环境更优化、法治更健全、形式更多样、人才队伍更壮大"为主要目标,以国际文化大都市建设为抓手,推动文化建设不断取得新进展。社会主义核心价值体系建设扎实推进,全民思想道德水平进一步提升。文化产品创作生产持续活跃,优秀文化精品不断涌现。现代公共文化服务体系建设走在全国前列,服务和产品供给效能显著提升。公共文化设施体系持续优化,服务能力和水平明显提高。文化创意产业蓬勃发展,产业规模和实力快速提升。文化走出去步伐明显加快,城市文化影响力不断扩大。文化体制改革取得突破性进展,文化科学发展的体制机制日趋完善。

市委着眼于文化建设对于经济发展和社会进步的支撑作用,直面阻碍上海文化发展的瓶颈因素,准确把握上海文化建设中存在的主要问题,纵览全局,协调各方;不断明确上海文化发展在中国乃至全球所处的位置,研判世界国际大都市的文化发展趋势,坚持立足当下、规划长远,突出重点、抓住关键,在上海文化建设的关键领域都有突破性的进展,城市文化软实力得到了极大的提升。

2. 主要举措

促进上海文化建设主体的多元和丰富。强调上海建设主体的丰富性是市委五年来推动上海文化建设的核心思路,只有充分激发了各类建设主体的文化创造积极性,才能在多元的碰撞中不断催生真正有生命力的文化产品。市委在摸清全市各类文化主体发展现状的基础上,梳理影响发展的困难,提出具体改革思路和措施。建立了更为公平开放的竞争机制,促进国有文化企业与民营文化企业合作共赢,大力发展文化类社会组织,促进各类市场主体良性竞争,各得其所。引导各类文化主体创作生产优秀精神文化产品。政府在融资贷款、税收优惠、资金扶持、工商登记、贸易便利、信息服务等方面更好提供服务,创造丰富各类文化主体的有利条件,营造了良好的社会氛围。

推动传统媒体和新媒体深度融合、整体转型。市委坚持全面落实党管媒体的原则,用同一标准严把传统媒体和新媒体导向,提高舆论引导水平,增强外宣工作合力,进一步巩固壮大主流思想舆论。以"导向为先、内容为王、受众为本、采编为宝"为指导,在解放、文汇、新民三大报社全面建立采编专业职务序列,着力建设全媒体采编平台,采编人员主体地位得到巩固提升,精品力作不断涌现。报业集团启动文化与新媒体、地产与金融股权等两大投资管理平台的运作,向打造新型主流媒体集团迈出重要一步。通过改造现有平台、建立新平台、借用大平台三条路径,推动媒体融合发展。扶持壮大上海观察、澎湃新闻、界面、看看新闻、阿基米德等新媒体,积极改造原有网站平台,各媒体积极打造移动互联网新媒体集群。

深化文化重点领域和关键环节的体制改革。坚决突出广播电视主业定位,上海文化广播影视集团与上海广播电视台及上海东方传媒集团有限公司全面整合。采编和经营、制作和播出"两分开",搭建资金集中管理平台,坚持按照收支两条线、统一管理的模式运营。完成百视通、东方明珠重大资产重组,聚力打造集内容、渠道、平台、终端、应用服务于一体的互联网生态系统。文广演艺集团和SMG演艺中心完成资源整合。东方网实现"新三板"挂牌上市。上影股份完成在上交所挂牌上市。世纪出版集团加快建立现代企业制度,为艺术品交易板块独立上市,做好架构设计和业务调整。推进上海图书馆建立法人治理结构。探索上海国际舞蹈中心社会化、专业化管理模式,成立国际舞蹈中心发展基金会。推动上海博物馆、中华艺术宫、上海当代艺术博物馆、中国上海国际艺术节中心等建立"三会"制度。完善管好资本、服务企业的管理制度,修订文化国资监管履职清单,建立资产管理负责人、财务负责人季度例会等制度。完善公司法人治理结构,推进公司制改制,充分体现社会效益第一、社会效益和经济效益统一、党委领导与法人治理结构相结合的特色。

推进上海文艺院团深化改革加快发展。以遵循艺术规律为主线;以始终把社会效益放在首位、实现社会效益与经济效益相统一为基本原则;以分类定位、体现不同艺术语言特点为改革发展要求;以多出优秀作品、培养文艺新人、增强上海文艺影响力为评价标准,研究制定《推进上海文艺院团深化改革加快发展的实施意见》,深入推进符合不同艺术种类发展规律的体制机制改革。完善艺术创作顶层设计,形成艺术专家委员会、艺术总监工作机制,优秀剧目题材、版本多样化机制,驻场演出对应机制,演出收入分配机制,并完善演出专项扶持资金制度。全面实施院团专业职务序列改革,推动院团分别建立面向艺术和技术岗位的职务序列,以及相配套的薪酬体系。适当增加院团高级职称数量,增量主要用于青年骨干。推动戏曲院团健全传承机制,试点建立"昆曲学馆"。完善指标体系,修订考核办法,实行"一团一策"考核。探索乐器管理改革,上海交响乐团试点建立乐器自备制、乐器租赁制,建立"乐手—乐器"利益一体化模式。提高事业体制院团绩效工资财政保障水平和转制院团财政保障水平,加大对排练演出、设施维修、乐器购置等的支持力度。通过这些实实在在的举措,切实解决了影响院团发展的体制机制问题、财政经费保障问题、人才培养集聚问题、场馆建设问题,大大激发了院团创作演出的内在动力和活力。

率先构建一流公共文化服务体系。以基层公共文化服务建设为重点,加强政府职能转变,创新工作体制机制,不断推进公共文化服务的标准化、均等化、数字化和社会化,基本建成了功能比较完备的公共文化服务体系,较好地满足了广大人民群众日益增长的文化需求。大力推进以社区文化活动中心为重点的基层公共文化设施网络建设,截至 2015 年底,全市共有公共图书馆 238 个、市区级文化馆(群艺馆)26 个,博物馆 114 个,美术馆 32 个,社区文化活动中心 226 个,东方社区信息苑 379 个,居村(民)综合文化活动室 5 245 个,可容纳 200 至 1 500 人的广场百余个,完成有线电视"村村通"和有线电视"户户通",农村有线电视入户率达到 80%,9 个郊区(县)基本实现了农村数字电影放映点全覆盖,城乡一体、纵横贯通、资源共享的四级公共文化设施网络基本建成,公共文化 15 分钟服务圈不断完善。对市、区县、街镇三级公共文化资源实行差异化配置,建立按需定制配送机制,以群众需求调研为导引,建立订单式公共文化服务模式,"六个东方"文化配送体系实效明显。加强制度保障,解决基层公共文化建设中遇到的难点问题,提升社区公共文化服务水平,出台并实施《上海市社区公共文化服务规定》,使公共文化服务体系建设有法可依。运营管理机制不断创新,在充分发挥各类公益性文化单位公共文化服务的主渠道作用的基础上,为提高公共文化服务设施的管理水平和服务效能,不断创新运行理念,积极探索推进公共文化服务社会化专业化发展,公共文化活动运作机制由政府主办为主向政府主导、各方参与、社会支持、群众受益转变,努力实现全面、协调可持续发展,公共文化服务的社会效益显著提升。全市公共文化机构全部向社会免费开放。

3. 成效与经验

十八大以来,上海文化建设快速发展。市委始终将国际文化大都市建设作为社会主义现代化国际大都市建设的重要组成部分予以高度重视,积极回应社会各界对上海文化建设的高度关切,坚定不移地坚持中国特色社会主义前进方向,按照社会主义文化强国建设要求,聚焦改革发展中心工作,将"着力提升社会主义核心价值观感召力、中国特色社会主义理论成果说服力、社会主义意识形态宣传舆论影响力和文化产业竞争力"作为上海文化建设的重中之重;以改革创新为动力,攻坚克难,文化建设不仅有力支撑了上海"创新转型"

战略的实施、极大促进了上海国际经济、贸易、金融、航运以及具有全球影响力的科技创新中心建设,更为重要的是,上海文化创新创造活力的全面激发,赋予了上海国际大都市建设的文化之魂,展现了上海城市精神和文化特色,一个文化要素集聚、文化生态良好、文化创新活跃、文化生活多样、文化英才荟萃的社会主义现代化国际文化大都市正在世界的东方冉冉升起。

三、上海文化改革发展的特征和经验

40年上海文化改革发展所走过的道路,与当代中国的经济社会的整体转型密切相关,中国特色社会主义市场经济制度的逐步建立,以及中国式的政治发展进程决定了中国特色文化改革发展道路的独特性。上海作为引领改革开放风气之先的国际大都市,在文化改革发展领域同样探索出一条不断创新的道路,积累了很多先行先试的经验,主要表现在以下几个方面:

(一)在广泛的社会大讨论中明确各个阶段的文化战略

城市文化发展的战略定位是一个城市较长时段所要达到的目标和完成的任务。城市文化发展战略的确定,有助于形成文化建设的合力,充分动员全体市民的意志和行动。但是如果发展战略模糊不清、不切实际,或者前后矛盾,则会使文化建设很容易导致短期的行为,往往会招致难以估量的损失和偏差。在40年的改革发展进程中,上海特别注重文化战略的制订,根据上海经济社会发展的阶段及文化自身的发展规律,不同的阶段形成了不同的文化发展战略。而在文化战略的形成方式上,都采用了全市性大讨论的方式,通过征求社会各界的意见,广开言路,凝聚共识,使得各个阶段的文化战略都代表了社会各界民意诉求的最大公约数。

改革开放以来,上海主要有三次文化战略的大讨论,每次讨论都形成了丰硕的成果,并且对于文化发展的自身规律有个越来越深刻的认识。第一次讨论是20世纪80年代中后期,最后形成了《上海文化发展战略汇报提纲》,包括:文化产业发展、促进居民文化消费、增加文化投入、发展文化设施、文化队伍建设、形成文化产品创造系统、营造城市文化生态环境、把上海建成中外文化交流的重要中心之一、加强文化统计信息工作、城市社区文化等此后公共文化、文化产业及文化实践工作的各个方面内容①。此次研讨活动还特别提出，要加强文化领域立法工作，研究制定地方性文化法规，以法律手段保护上海文化事业的发展②。由此，上海制定出台文化政策开始有了强大的理论支撑，在此后上海文化政策制定的过程中发挥了潜移默化的作用。第二次讨论是在 20世纪 90 年代末，主要成果包括公共文化服务体系建设的提出，文艺体制改革、文艺批评与文艺繁荣、文化产业发展、文艺人才培养和群众性文化活动建设等9 个方面的内容。此次讨论使上海成为公共文化服务体系建设的理论先驱，直接促成了国家层面公共文化服务体系建设的顶层设计。第三次讨论是新世纪以来的文化大讨论，2014 年 6 月，上海组织专门研讨会，聚焦新一轮城市总体规划编制，讨论"迈向全球城市的产业升级与竞争力提升"。新一轮的上海城市总体规划中，上海城市的定位已经发生了变化：在 2020 年基本建成"四个中心"和社会主义现代化国际大都市的基础上，2040 年要努力建设成为具有全球资源配置能力、较强国际竞争力和影响力的全球城市。上海国际文化大都市建设已经历多年实践，为全球城市文化建设奠定了重要基础，成为上海全球城市建设愿景目标实现的精神文化支撑。有鉴于此，上海在第 11 次党代会报告中率先在全国提出"人文城市"的建设目标，成为未来城市文化文化发展的引领者。

（二）统筹协调、重点突破，以改革促发展

40 年的文化发展，上海的体制改革一直走在全国的前列，从以商养文的双轨制、文艺院团的承包制、"文广合流"、文化集团的建立，到深化文艺院团改革的"一团一策"、国有文化企业集团的新一轮整合发展、公共文化服务的社会化发展、文化发展多元主体的形成等，无论是宏观的战略布局，还是具体领域的

---

① 中共上海市委宣传部研究室：《上海文化发展战略研究》，上海人民出版社 1987 年版，第 885 –888 页。
② 同上第 93、108、895 页。

改革推进,都在全国发挥了示范和引领的作用。上海的文化体制改革在2012年底率先在全国完成改革试点的任务,同时,根据自身文化发展的需要,在"规定动作"之外,又完成了很多自选的动作,基本形成了与市场经济体制相适应的文化宏观管理体制和微观运行机制。

梳理40年的上海文化体制改革,主要呈现以下几个特点:

在改革的布局决策中,坚持立足发展,改革创新。在改革方案的谋划、决策、执行、扶持等各个环节,始终坚持围绕发展搞改革,深化改革促发展。在重点单位转企改制的同时,注重完善资源优化配置和健全产业链;在推进经营性文化单位转企改制的同时,主动探索了文化企业的股份制改造;在培育骨干文化企业的同时,自觉实践非营利文化机构的运行模式;在扩大文化产业开放度的同时,注重了产业公共服务平台的创建和文化产业与金融、科技、贸易的融合;在推进公共文化设施布局建设的同时,开展了内容配送、管理服务、运行模式等一系列体制机制探索创新等,不断提高着上海文化改革发展的能级和水平,踏踏实实地走在全国文化体制改革和发展工作的前列。

在改革的推进执行中,坚持部局联手,各司其职。市委宣传部和市政府文化管理部门各司其职、密切配合,工作效率明显。比如,市文广局负责推进区县文艺院团和电影院转企改制,市新闻出版局负责推进出版、非时政类报刊单位转企改制,市委宣传部职能处室负责牵头完善转制方案、履行规定程序和解决操作性难题。

在改革的操作实施中,坚持各方协同,特事特办。转企改制所涉各相关政府部门,对支持经营性文化单位转企改制认识高度一致,针对转制单位的特殊情况和意愿想方设法提供帮助,主动做好服务,各方互相支持,操作互相衔接,形成良好的工作关系。在实际操作中,既坚持依法依规规范操作,又体现支持改革"特事特办",先后就转制文化企业人员安置和社保衔接、工商登记的名称和清产核资条件、简易清算、税收优惠审核条件、划拨用地处置等方面予以操作的方便,确保了改革进展的平稳、规范,得到转制文化单位的充分肯定。

（三）全面建成了结构合理、功能完善的文化设施网络

改革开放 40 年间,上海的文化设施建设发生了翻天覆地的变化,无论是重大的功能性文化设施,还是区、街镇和居村的基层文化设施,都取得了长足的进步,构建了与国际大都市建设相适应的文化设施框架。主要呈现三个方面的特征:一是经历了从重大功能性文化设施到基层文化设施的建设过程。1980 年代起,上海对重要文化设施的重视程度不断提高,投入力度不断加大,"七五"时期(1986—1990 年)市属文化系统文化设施建设投资超过前 35 年的总额。1990 年代至 21 世纪初先后建成了一批上海新地标性的重要市级公共文化设施。2011 年以来,《上海"十二五"时期文化改革发展规划》的 16 个重点文化设施已陆续完成,其中包括对世博会留下场馆设施的后续改建和利用,形成了上海的艺术博物馆的完整格局,世博园区也逐渐发展为全新的文化高地。在一批市级标志性文化设施建成后,上海适时地将文化设施建设的重点逐步转移到基层文化设施建设上。从 1990 年代后期开始,上海的文化设施建设逐步"重心下移"。2016 年 4 月,市政府办公厅发布《关于本市贯彻推进基层综合性文化服务中心建设指导意见的实施意见》,明确了基层综合性文化服务中心建设的主要任务和保障措施,强调"提升基层公共文化设施建设、管理和服务水平,打通公共文化服务的最后一公里"。据最新发布的《2016 年上海公共文化服务发展报告》数据,上海已有区级文化馆 24 个,标准化社区文化活动中心 226 个,居村委会综合文化活动室 5 245 个,农家书屋 1 514 个,百姓健身房 125 家,社区创新屋 79 家。目前,上海已基本形成布局合理、设施先进、功能齐全的四级文化设施网络。二是从条块分割到资源整合。在基层文化设施建设和功能发挥的过程的过程中,上海将原有的社区文化馆(站)、社区图书馆、社区学校、社区老年活动室、社区青少年活动中心、社区少年科技站等资源整合起来,使社区居民能在社区活动中心享受"一站式"服务。三是从"重硬件"到"重软件",在硬件设施基本完善的基础上,更加注重软件内容的丰富和提升,全市建成了较为完善的四级公共文化服务配送机制,基层文化设施社会化、专业化的管理机制,重大文化设施的非营利运营模式,探索公益性文化机

构的法人治理结构,探索打造全年无休的"上海市民文化节"等,极大提升了公共文化设施的运行绩效。

(四)高度重视文化发展的产业属性和经济属性

文化产业繁荣发展是提高城市文化软实力的重要载体,同时也是满足人民群众日益增长的文化需求的现实需要。对于文化产业发展之于上海城市转型发展的重要作用,上海历届领导班子有了越来越深刻的认识,在"十三五文化改革发展规划"中甚至提高到重要支柱产业的高度。在计划经济体制文化发展模式的框架下,政府往往单方面强调文化产品生产的意识形态属性,忽视其经济属性和产业属性。改革开放以来,随着市场在配置文化资源的过程中,发挥了越来越重要的作用,文化产品的产业属性得到了极大的重视,其作为一种重要的现代服务业态,在城市产业结构中的比例也越来越高。

上海在文化产业发展方面在全国具有引领地位,主要表现为:一是注重文化创意产业的集聚发展,在全国率先探索文化创意园区的产业集聚发展,由某类相关或相似文化创意企业聚集形成的具有较完整产业链的经济发展区域,以创意和知识为核心,各企业相互竞争、相互补充、相互促进发展。以这些创意聚集区为切入口,上海创意产业已形成研发设计创意、建筑设计创意、文化艺术创意、时尚消费创意、咨询策划创意五大重点领域;二是做大做强,组建培育文化产业大集团。多年以来,上海文化产业非常重视国有文化集团在产业发展中的引领作用,多次对大型文化集团进行兼并和重组,最大限度地实现"优势组合、优势互补、优势扩张",经过几轮文化要素的优化配置,目前形成了上海报业集团、上海电影集团、上海世纪出版集团、上海新华传媒股份有限公司、上海东方传媒集团等骨干型国有大型文化集团;三是以政策为导向,建立多元化的文化投融资机制。积极引进多元文化主体,鼓励文化产业的跨界融合发展,逐步放宽文化市场的准入政策,鼓励和支持民营资本投资文化产业发展,深化文化与金融的合作领域,逐步形成了良好多元的投融资结构;四是培育形成优势产业,优化文化产业结构。根据上海自身的文化资源特点及经济社会的发展特征,上海文化产业对一些基础好、实力强、附加值高、发展空间大的电视广播、文化娱乐、创意设计、网络文化、广告会展、现代演绎等业态从政策引导上予以大力支持,引导它们在体制机制的改革方面大胆创新,按照现代产业形态的要求来调整产品和服务结构,以科技创新、文化创新、机制创新来加快产业的大幅增长,逐渐培育形成上海的支柱型文化产业。

(五)构建了多元社会主体积极参与文化建设的良好格局

现代社会的结构是由政府部门、企业、社会非营利组织三大板块组成的。实现文化的大发展大繁荣,必须积极培育参与文化发展的多元主体,形成相关政府部门、不同所有制企业、不同行业企业、社会组织、公益文化机构共同参与文化发展的新格局,优化文化领域的组织结构。[1] 长期以来,文化领域受计划经济根深蒂固的影响,公共文化服务产品的提供主要是各级政府国有文化事业单位自上而下的输送,社会和民间的力量明显参与不够,结果造成文化产品提供主体单一的格局,文化产品的供给和需求之间产生很大的不匹配,人民群众多样性的文化需求难以满足。经过 40 年的改革发展,构成上海文化的多个领域都已经实现了多元主体的参与,包括文化企业、文化事业单位、文化类民办非企业、个体从业人员、群众文化团队等多种类型的文化主体成为上海文化建设的积极参与者。在文化产业领域,95%的文化企业都是民营投资,显示市场配置资源的重要作用;而在公共文化建设领域,近年来,各种民营资本、社会力量、社会组织积极投资兴建公共文化设施、参与公共文化设施运营、公共文化服务产品供给等,与政府形成良好的伙伴关系。文化多元主体参与格局的形成彻底改变了计划经济体制下政府一元垄断的发展模式,逐步形成市场经济体制下多元合作的良性互动,极大的提升了上海文化发展的活力。

(六)积极推动中西文化的交流融合

文化的交流与融合,是文化繁荣发展的有效途径,也是提升上海城市文化多样性的内在需求。围绕"使上海成为国内外文化交流的中心城市之一"的目

---

① 黄江松、郭万超:《文化强国可借鉴的经验》,《学习时报》2013 年 12 月 16 日。

标,上海对外文化交流的范围不断扩展。改革开放 40 年来,上海举办了一系列重大的文化活动,搭建了重要的文化交流平台,如上海国际艺术节、上海国际电影电视节、上海书展、上海国际芭蕾舞比赛、上海双年展、上海艺术博览等,这些平台的运行赋予了城市独特的文化景观,并以独具特色的文化内涵成为辨别、认识城市的重要文化元素,搭建起了跨文化交流的平台,加强了上海与世界的联系和文化交往,形成了多层次、多渠道的对外文化交流格局。

上海在对外文化交流的过程中,非常注重传播内容的取舍,充分挖掘和展示中华文化的独特魅力,贴近国外受众文化需求和消费习惯,增强文化产品和服务的表现力、吸引力,传递当代中国价值观。上海杂技团《十二生肖》在欧洲巡演,通过将中华民俗文化的十二生肖与十二星座巧妙联系,成功地向欧洲观众传递了诚信、包容和友善等中国传统美德;上海广播电视台外语频道在加拿大举办"欢乐春节——上海电视周"期间,每天播映 2 小时反映当代上海人生活和精神风貌等的电视节目,受到了西方观众的欢迎。这些活动既有中国传统元素,又有西方元素,真正把代表中国和海派文化的精华、体现当代中国形象、反映中国核心价值理念的优秀文化全面展现在世界面前。同时,在交流的形式上,也不断创新,增强传播效能,近年来对外文化交流的形式除了传统的展会、演出外,也注重运用互联网新媒体等现代科技手段,增强文化传播的效果。

3

上海大都市圈区域文化共融共通问题探讨

——以长三角演艺业实现深度共融共通机制创新为研究重点*

徐清泉　张　昱*

摘　要　要实现长三角经济社会文化等全方位的一体化协调发展,重中之重在于首先解决长三角区域间城市间的文化共融共通问题。在不同的文化面相之中,演艺业具有传播思想、怡情养性、促进共识的重要功能,而长三角又具有十分雄厚的演艺生产消费经济基础和群众基础。因此,本文以"演艺业"作为长三角文化共融共通问题研究的落脚点。基于深入阐述上海大都市圈文化共融共通和长三角一体化的发展背景与基础,并分析比较长三角主要城市的演艺资源和共融共通的重点难点,最终提炼出实现长三角演艺业共融共通的实现路径,主要包括:建成并完善"长三角演艺业统一大市场"和"长三角演艺业院线联盟体系";形成并完善"与上述市场和体系相匹配的规制及机制体系";从根本上促进长三角演艺业实现能级大幅度提升,推动上海"亚洲演艺之都"的品牌影响力显著凸显出来。

关键词　长三角　上海大都市圈　区域文化　演艺业　共融共通

---

* 本文系上海哲社规划系列课题《上海大都市圈区域文化共融共通问题研究——以长三角演艺业实现深度共融共通机制创新为研究重点》(2017)阶段性成果。

* 徐清泉,上海社会科学院新闻所所长、研究员。主要研究方向为文化理论、社会舆论、传媒经济、公共文化及文化创意产业;张昱,上海社会科学院文学研究所助理研究员。主要研究方向为公共文化、博物馆学。

一、上海大都市圈文化共融共通与
长三角一体化析论

(一)一体化规律与长三角城市群创新发展的客观诉求

党的十九大报告明确指出,从现在到二○二○年,应当坚定实施区域协调发展战略。在此之前,2016年国务院发布的《长江三角洲城市群发展规划》也明确提出:要以上海建设全球城市为引领,联手打造具有全球影响力的世界级城市群,协调处理好上海与其他城市关系,明确城市功能定位,强化错位发展,率先建立一体化体制机制,形成优势互补、各具特色的协同发展格局①。

从世界城市化和城市群发展规律来看,纽约、伦敦、巴黎等处于城市群发展环境中的城市,都会经历由自主粗放管理转向"更新再造"和谋求"转型创新"的精细化治理阶段,借助城市群实现一体化,来挖掘和增加新的发展动能。目前长三角也已进入了这一发展阶段。

长三角城市群,是世界上正在快速崛起的世界第六大城市群,而上海又是这个城市群中人口规模、经济体量、区域影响等无城能及的龙头城市和核心城市。国家给上海的定位是"改革开放和现代化建设的先行者和排头兵"。为了实现在长三角城市群的龙头先导作用,上海必须在发展目标上具备宏图愿景,在社会实践上具有"勇者先行"的精神。《上海市城市总体规划(2017—2035)》明确提出②,上海的未来发展愿景就是——建成卓越的全球城市,建成实现了"五个中心"(国际经济、金融、贸易、航运、科创中心)建设目标的现代化国际大都市。同时,上海市政府设定"打响四大品牌",出台"上海文创50条"和深化"放管服"改革等,以及2018年1月12日在"长三角地区主要领导座谈会"上与浙沪皖共同提出"创新引领,携手打造世界级城市群"倡议等,都

---

① 参阅国家发改委:《长江三角洲城市群发展规划(2015—2030)》,刊布于2016年6月3日"国家发改委网站"。后文省去引用本《规划》的出处注释。
② 参阅《上海市城市总体规划(2017—2035)》,刊布于"上海市规划和国土资源管理局"网站。后文省去引用本《规划》的出处注释。

表明上海正在按照新时代的要求力推长三角一体化进程。

无疑,城市群一体化的难点就在于——所有成员城市间需要借助必要的制度改革、制度创新及制度耦合,用蕴含了一体化价值共识的新制度新规章,来推动整个城市群走上创新转型和协调发展之路,是成员城市都能分享到"一体化"机制创新带来的发展效能倍增红利。2018年1月12日召开的长三角地区主要领导座谈会就达成了这样的共识,即要"促进公共服务深度融合,加快建设区域一体化市场,大力实施长三角地区市场规则体系共建、创新模式共推、市场监管共治、流通设施互联、市场信息互通、信用体系互动的'三共三互'工程,推进长三角地区创建国家社会信用体系建设区域合作示范区步伐。"①城市群一体化发展的着力点一定是在成员城市间实现民心相通、诉求相容。率先发挥文化发展建设在城市群中的共通共融、春风化雨、先行引导作用,更能让长三角城市群一体化协调发展取得实质性新突破。

(二)都市圈文化共融共通与一体化民心基础的奠定

长三角城市群总面积21.17万平方公里,2014年地区生产总值12.67万亿元,总人口1.5亿人,分别约占全国的2.2%、18.5%、11.0%。在如此广大的土地面积、如此众多的成员城市间,力争实现融合程度、协调强度相对较高的一体化,极具复杂性和长期性。因此,首先从"上海大都市圈"着手,先行通过长三角城市群核心区域实现一体化,然后借助以块带面来引领整个"长三角城市群"实现一体化,也许更具有现实操作性。在国务院批复同意的《上海市城市总体规划(2017—2035)》发布之前,曾在社会上公示征求意见的《上海市城市总体规划(2016—2040)》就对上海大都市圈的界定有过描述:构建上海与苏州、无锡、南通、宁波、嘉兴、舟山等"1+6"协同发展的上海大都市圈。事实上,长三角城市群中,除了存在着正处于营构磨合型塑过程中的"上海大都市圈"外,还存在着同样处于营构磨合型塑中的"南京都市圈""杭州都市圈""合

---

① 中共江苏省委《群众》杂志社:《长三角地区主要领导座谈会:携手打造世界级城市群》,刊布于2018年1月13日"群众杂志"微信公众号。

肥都市圈"苏锡常都市圈"及"宁波都市圈"。这些大小不一的都市圈彼此之间又存在着一定的重叠和交叉关系。

长三角城市群之间要追求实现的一体化协调发展,实际上是成员城市间最终希望完成的"民心相通"的工程。《长江三角洲城市群发展规划》明确强调:针对实施推进长三角一体化,要加强舆论引导,突出宣传推进长三角城市群一体化发展的重要意义和重大举措,增强公众对城市群一体化发展的认同感,形成全社会关心、支持和主动参与长三角城市群发展的良好氛围。其中,上海大都市圈能否率先实现文化共融共通,对于能否夯实长三角城市群一体化的民心基础事关重大。

二、上海大都市圈实现文化共融共通的背景形势分析

（一）新时代文化发展建设的流变态势和应守原则

2016年10月,联合国教科文组织发布的文化全球报告明确指出,"文化具有使城市更繁荣、更安全和更可持续的力量。"[①]教科文组织同年发布的《文化时代:全球文化创意产业总览》报告,甚至直接把当今时代称为"文化时代",并在翔实数据比较的基础上提出——无论是发达国家还是新兴经济体,都正在把文化及其相关产业视为战略性资产[②]。党的十九大也再次重申,要发展社会主义先进文化、增强文化自信、建设文化强国,并明确指出我们已进入中国特色社会主义新时代。"新时代"是中央基于国情世情新变作出的一种科学判断,文化发展也同样进入了新的发展阶段。

在当下知识经济大热的时代,文化已成为被加速生产的对象,并越来越成为最有市场资源要素配置活跃度的行业领域。日新月异的高新科技,正越来

---

① 朱旌、汪璐:《联合国教科文组织:文化赋予城市社会经济力量》,中国经济网,网址:http://intl. ce. cn/specials/zxgjzh/201610/19/t20161019_16949312. shtml,2016 – 10 – 19。

② 梁建生:《联合国教科文组织报告:文化创意产业正在成为各国战略性资产》,《中国文化报》2016年3月7日第5版。

越成为推动文化领域实现转型升级和行业业态创新的主要推手,促使文化以超乎预期的速度融渗到一切可以波及的领域,突破了传统的行业分割及产业壁垒限制。同时,面对经济全球化和世界多极化,文化事业产业发展也正经历着世界版图重塑重构的过程,开放协调、融合创新及国际化和特色化,已成为区域文化能级提升的标配指标。不同文化间的交流合作,也愈发成为调和管控区域与区域之间、国家和国家之间、人类与自然之间生存及发展矛盾的缓冲力和调和力。

1. 新时代带来的文化领域的挑战和机遇

新时代,人们文化消费需求的多样化和重质化发展态势,与现有文化生产供给能力和供给质量之间,始终存在着较大的落差,这意味着我们今后文化发展建设的任务是十分艰巨的。事关文化健康发展的"公共治理"和"空间正义"意识,虽然已经在人们的观念中不断觉醒和强化,但还有待在公共文化服务体系建设和文化创意产业发展中获得行动转化和落地推广。此外,现有的文化条块化事业产业分类管理体制机制格局,成型于二十世纪八九十年代,改革于新千年头几年,已经不适应科创引领文化跨条线条块融合发展的新态势。文化在分享科技发展民用化和市场化红利的同时,也在某些门类领域正经受着因为某些科技被滥用而给文化原创性、内生性及人文性带来的伤害。

身处正在发展变动的新时代,一方面文化发展建设必然面临各类挑战,另一方面也会迎来各种显见的创新提升良机。

机遇之一:发展"一带一路"及构建"人类命运共同体"的行动倡议,已成为世人广泛认可响应的文化交融和经济互惠新平台。这一方面是凝聚了我国改革开放成功经验的"中国智慧"和"中国方案",另一方面是依托丝路文明底蕴开创的区域国家现实文化再交流再交融的模式创新。

机遇之二是:文化创意产业在北上广深等一线城市跻身支柱产业的成功实践表明,文化是助推"城市更新再造"和"区域转型升级"的最大红利和重要抓手。城市区域竞争力的内涵化人文提升,与这一产业的做大做强有正相关关系。高明的文创生产在收益上可以带来四两拨千斤的奇效。

机遇之三:文化新业态与科技新发明的叠加应用和快速普及,正在成为缩小区域经济乃至文化发展落差可资利用的重要驱动力。"高铁动车"和手机支付是文化科技融合的创新典型,缓解区域经济文化发展落差已然变成现实。

机遇之四:文化事业产业必备的内涵性、精神性及人文性功能,在物质主义盛行的当下,正越来越成为人们借以提升软实力、借以丰富精神家园的实践利器。世界上绝大多数发达城市,就几乎都经历过由表及里、去粗求精及脱俗向雅的内涵化境界提升过程。目前我国许多城市正在经历这一创新变革。

2. 谋划今后文化创新实践的基本思路

其一,推动文化事业产业管办观念和手段实现升级,向更加顺应和符合文化自身发展规律的方向发展,努力营造社会多元主体合力共治共促文化事业产业发展新格局。

其二,在文化与科技、金融、地产、体育、城建、工业、农业等多领域形成多向多元跨界跨业融合发展的过程中,要确保文化主体独立性不丧失,尤其要防止文化被滥用的科技等所裹挟绑架。

其三,发挥高铁动车、电商物流及移动互联等技术发达普及带来的时空迁徙便利、市场交易便利、信息投送便利等优势,尽力缩小区域文化供给消费等发展落差。

其四,以保障落实群众文化权益的开放长远眼光,去考量和引领城市城镇文化发展建设。充分考虑当地群众对文化发展建设抱有的"以民为本"和"空间正义"诉求。

其五,主动将本区域、本城市的文化发展建设,参与、融入建设"一带一路"及"构建人类命运共同体"等事关全球治理的重要行动序列中。

其六,在文化发展建设已进入"城市精细化治理"新阶段的背景下,要在适时发挥"文化招商引资"及"文化重大项目带动"这些外生增量动力的同时,努力激发和用好城市文化建设精细化治理的内生性新动能。

(二)以演艺业带动长三角文化共融共通的价值分析

1. 长三角演艺业最适合作为文化共融共通的突破口

推动长三角文化实现共融共通,是一件工程十分浩大繁重的工作,必须将文化的共融共通落定到具体的行业领域甚至条块条线上,力争达成以点带面的积极成效。综合考量来看,长三角演艺业是最有资格和最有潜力作为率先启动文化共融共通实践的领域。其缘由在于:

第一,城市群各成员城市间实现一体化的重点和重心在于人,率先从思想认识上、情感交流上、价值认同上搁置乃至弱化区域间文化差异,是实现一体化的第一步,也是最关键一步。演艺业能够实现城市间文化深度交流、交汇、交融。

第二,演艺业的核心组成部分是表演性、展示性、鉴赏性的文化艺术产品及其相关服务,它们具有荡涤人心、怡情养性、传播思想的重要功能,直接关乎国家意识形态建设。

第三,从演艺业的内部构成和业务运营方面来看,它与公共文化服务和文化创意产业都具有十分密切的重叠同构关系,是最具社会关注度、最贴近普通群众日常文化消费的组成部分。

第四,从演艺业本身的状况来看,长三角城市群特别是上海大都市圈,是国内演艺业最发达的地区。作为国内现场娱乐的主阵地,北上广一直以来稳居各种排行榜前三位。2017 年大麦平台演唱会票房同比增速较快的城市中,排名前三的城市均来自浙江省。在跨城观演粉丝占比中,苏州、南京、杭州、宁波等都位居前列①。

2. 演艺业既在经历发展新变又已进入创新发展机遇期

(1)新变趋势之一:从文化消费的边缘回归中心

全国包括上海演艺业总体呈持续增长态势。2016 年我国演出市场总体经济规模 469.22 亿元,相较 2015 年上升 5.07%,其中演出票房收入(含分账)168.09 亿元,比 2015 年上升 3.93%;娱乐演出收入 71.04 亿元,比 2015 年上升 2.01%;演出衍生品及赞助收入 31.57 亿元,比 2015 年上升 7.97%。② 高新科技让演艺业增添新动力。高新科技引领了演艺生产跨界发展的新时代,从

---

① 参阅苏晓:《"90 后"成消费主力,二三线城市表现抢眼》,载 2018 年 1 月 19 日《中国文化报》第 7 版。

② 中商产业研究院:《2017 年中国演出市场前景研究报告》,2017 年 12 月 4 日"音响网"发布。

市场需求出发,能够精准发展前端创意研发和订制演出,如利用 IP 效应,上海锦辉艺术传播有限公司将《盗墓笔记》改编为魔幻惊悚话剧,一年内获得 3 000 余万元票房收入①。跨界融合发展渐成新常态。越来越多的业内主体甚至业外主体更积极投入演艺活动。如万达集团于 2010 年成立万达演艺公司,恒大集团于 2012 年成立恒大音乐公司,华谊兄弟于 2013 年在广西桂林投资 3 亿元打造《夜王城》演艺品牌。

(2)新变趋势之二:生产组织方式呈现"六化"发展趋势

更加追求联盟化规模化跨国化。近年来演艺业在生产组织方式方面更加鲜明地体现出联盟化、规模化、跨国化、泛在化、细分化及专业化等"六化"特点。但目前,国内演艺机构在联盟化、规模化及跨国化方面还处在起步阶段。一方面是"走出去"的能力和实力还相对较弱;另一方面国内的演艺院线联盟还显得稚嫩,还受制于人脉关系及既得利益等因素。更加凸显泛在化细分化和专业化。泛在化主要反映在改革开放以来,比较常见的如山水旅游、实景演艺及酒吧消费、驻场演艺,包括所谓的 LIVEHOUSE 演艺等;近年来快速兴起的则如一些视频网络歌手在线演艺秀等;与一些商企机构合作,改造个性化演艺剧场。

(3)新变趋势之三:营销变革及创意求新显得更加重要

演艺营销搭上互联互通顺风车。演艺机构自办网站搞营销或者与第三方网络平台合作搞营销应利用融合大数据和云计算分析手段的第三方网络平台,精准投放推送演艺票务信息。如"微票儿"为用户提供多元化的购票方式,不到一年的时间,已覆盖全国 500 个城市,业务增长率达到了惊人的 4000%②。创意求新成为强劲驱动力。在演艺产业链上游的作品原创生产环节和产业链

---

① 其实,就在锦辉、现代人剧社等一批民营演艺公司在上海做得风生水起的同时,全国许多地区也陆续涌现出了一批颇具市场影响力的民营演艺公司,如北京的至乐汇就是其中的佼佼者。至乐汇自 2010 年成立一直到当下,始终致力于原创舞台剧的生产制作,从《六里庄的俗艳生活》《驴得水》,到《左耳》《东北往事》,再到《狂奔的拖鞋》及《大圣归来》,至乐汇始终恪守"坚持面向市场,以商业为导向,走商业化路线"的原则,取得了较为可观的社会效益和经济效益(参阅李铮、唐弋:《至乐汇:"我们有百老汇的 DNA"》,载 2016 年 4 月 23 日《中国文化报》第五版)。

② 参阅"腾讯云会客厅"专访杨森森现场视频:http://v.qq.com/boke/page/j/0/k/j01754n4mek.html。

下游的市场营销服务环节,寻求创新。演艺的创意原创涉及演艺内容、演艺包装、演艺制作、演艺组织到演艺营销和演艺服务的诸多细节方面。近年来我国在原创品牌生产培育、剧种跨界"嫁接"融合、小剧场微剧场原创等方面,已取得一定成绩。

3. 上海大都市圈亟待借演艺业升级创新来助力一体化

从上海演艺业的未来发展诉求来看,上海为演艺业确定了十分高远的发展目标。《上海市"十三五"演艺产业发展规划》明确提出:到 2020 年,基本形成设施合理布局、产业集聚发展,原创力量崛起、合格主体丰富,品牌效应凸显、传播方式创新,对外交流活跃、区域发展联动,信息服务便捷、市场消费旺盛的发展格局,营造统一开放、竞争有序、诚信守法、监管有力的市场环境,将上海打造成为亚洲演艺之都。中共上海市委于 2017 年下半年,又特别提出了"打响四大品牌"的行动倡议。在对打响"上海文化品牌"作相关阐释时,市委领导指出,要打响"上海文化"品牌,丰富的红色文化、海派文化、江南文化是上海的宝贵资源,要用好用足,大力发展有竞争力和影响力的文化产业,支持文化展示、文化演艺、文化市场发展,增强文化辐射力集聚力,使上海文化金名片更加闪亮①。上海市政府随后不久便发布了《关于加快本市文化创意产业创新发展的若干意见》(简称"上海文创 50 条")。这一《意见》对上海演艺业未来发展设定的目标是:激励创作、鼓励演出、繁荣市场,推动全市演艺创作从"高原"走向"高峰",向世界呈现中国元素、讲述中国故事,着力打造亚洲演艺之都。除此之外,上海在参与实施长三角城市群一体化协调发展这一国家战略的过程中,也已经深刻认识到了率先推动上海大都市圈实现文化共融共通的重要性,所以即使是在制订演艺业"十三五"规划时,也刻意强调到"区域发展联动"。

从上海演艺业既往的总体发展格局来看,上海能够在演艺业方面取得今天这样显著的成就,主要还是依托上海宣传文化系统体制内和体制外两大力

---

① 上海发布:《李强:全力打响上海服务、上海制造、上海购物、上海文化四大品牌!》,载 2017 年 12 月 12 日"上海发布"微信公众号。

量的携手努力。其中从本世纪初开始的文化体制机制改革释放出的发展红利,起到了不容忽略的重要作用。尽管演艺业在长三角区域联动方面,也作出了不少于 10 年的探索努力,但是由于未能达到长三角城市群演艺业的深度联动境界,所以区域一体化的发展红利尚未真正激发出来。这也就意味着:上海要在今后的若干年间实现演艺业的上述发展目标,就必须力争在未来的若干年间,全力完成以下两方面工作——一是努力营造上海大都市圈甚至长三角城市群演艺业深度融合、密切合作的长效机制,借此为上海演艺业升级创新提供新动能;二是利用上海大都市圈乃至整个长三角城市群演艺业先行一体化协调发展产生的示范效应,为整体带动区域文化共融共通,提供可供借鉴复制的成功经验。

三、共融共通:上海大都市圈文化发展分析

(一)上海大都市圈经济文化共融共通前景分析

其一,共融共通环境持续优化。长三角经济圈的无限活力和巨大收益惠及长三角各地和全国,在世界范围内也成为代表中国社会主义事业发展成果的缩影。因此,国家层面和地方政府层面都出台了各类扶持措施。上海大都市圈处于长三角经济圈的核心地带,集聚了全国乃至全球在各领域中的最前沿和最优质的资源,共融共通的深度开展将为地区发展注入新的活力。

其二,共融共通基础不断稳固。长三角地区各城市在与上海建立共融共通机制方面的政策倾向愈发明确,陆续成了浙江省和江苏省全面对接上海的先行先试示范区,省内期待这些城市能够获得丰富的成功经验以辐射到两省更广泛的区域范围。以嘉兴为代表,在市内已经开展政策规划的梳理研究,探寻缩小地区差距和政策差异的途径,实现政府引导上的趋同。

其三,共融共通领域逐步扩大。上海大都市圈的合作领域最初以经济领域、科技领域和基础设施建设领域为主,更注重经济效益的产出。但随着各个城市之间交流合作的日益频繁,共融共通已延伸到公共服务、节能环保、生命健康等与百姓生活息息相关的领域,既有高端的战略项目,也有"接地气"的合

作规划。越来越多的能够切实惠及普通群众的共融共通机制的建立,促使区域内"人心相通"的构筑成效显著。

其四,共融共通延续性持续拓展。不少项目都成了长期合作项目,合作方之间的利益挂钩趋于常态化。同时,从合作性质上来看,长三角地区各个城市之间已不再仅仅是纯项目对接,而更注重理念和技术的输出与输入、专业人才的培养等能产生长久效益的环节搭建。

(二)上海大都市圈经济文化共融共通现状分析

2008 年江浙沪两省一市的 31 家演出经营实体(演出公司)首度携手,组建了长三角地区的首家文化联盟:"长三角演出联盟",涵盖上海、苏州、徐州、南京、扬州、镇江、常州、无锡、杭州、宁波、嘉兴、绍兴、台州等主要城市。[①] 但是,由于利益分配和资源共享等问题,在演艺业区域合作方面所发挥的作用仍比较有限。2017 年 1 月,"华东演出剧场联盟"成立,江浙沪皖 28 家演出经营场所自愿加入成立,将联合承接演出项目、联合申请演出基金、联合创排演出剧目,并相互推荐并承接优质演出项目。[②] 同年,江浙沪皖三省一市文化市场行政执法部门签署了《江浙沪皖文化市场综合执法合作协议》。[③] 2018 年 2月,第 25 届苏浙沪两省一市演出业务洽谈会暨第 11 届长三角国际演出项目交易会 2 月 5 日在沪举行。[④] 这一洽谈会和项目交易会已经成为长三角地区的一个常态化项目,提供了良好的国际化演出项目推介平台。

就单一城市之间的文化事业产业合作交流情况而言,2015 年 1 月和 2017年 3 月,上海文化产权交易中心分别落户南通和宁波,加快文化产业和金融领

[①] 常毅:《长三角地区演出市场的特点与现状》,《剧影月报》2010 年第 2 期,第 33 页。

[②] 《长三角文化市场新动作:华东演出剧场联盟成立 江浙沪皖三省一市签署文化市场行政执法合作协议》,江苏省演出行业协会官网:http://www.jscnt.gov.cn/yytd/xwbd/201701/t20170118_45785.html,2017 - 01 - 18。

[③] 《长三角文化市场新动作:华东演出剧场联盟成立 江浙沪皖三省一市签署文化市场行政执法合作协议》,江苏省演出行业协会官网:http://www.jscnt.gov.cn/yytd/xwbd/201701/t20170118_45785.html,2017 - 01 - 18。

[④] 《长三角演出交易会上,最新海派文化创作拿出巡演图》,网易网:http://news.163.com/18/0206/08/D9UT8VDE000187VE.html,2018 - 02 - 06。

域的合作。① 嘉兴市、南通市都在"十三五"规划中求将文化产业主动接轨上海,融入上海。2017 年 6 月,为进一步落实嘉兴市与上海市金山区《区域联动发展全面战略合作框架协议》,在公共文化建设、文艺精品创作、美术(动漫、农民画)领域、文化产业发展、文化人才培养等重点领域构建长期稳定的合作关系,打造"联动发展共赢地"。②

此外,上影传媒在其 2017—2018 项目发布会上宣布,无锡太湖新城发展集团与上影传媒、基强联行正式签订了太湖新城文化产业园项目合作协议,将打造一个以影视文化为主题的休闲娱乐聚集地。③ 宋城演艺在 2018 年 1 月宣布宋城演艺及宋城集团与嘉善县人民政府及嘉善县西塘镇人民政府签订了《西塘·中国演艺小镇项目战略协议书》,项目拟投资额达到 200 亿元,核心景区西塘千古情景区和大型歌舞《西塘千古情》是项目灵魂。④

除了大型的文化合作项目之外,上海大都市圈中的各个城市之间还常常有文化交流活动,例如 2017 年 11 月上海优秀文化资源走进南通服务周成功举办,来自上海的一系列文化艺术精品盒文化服务项目与广大南通市民见面。此外,已有近 20 年举办历史的上海国际艺术节近几年积极探索在上海周边城市开设分会场,包括无锡、宁波、合肥等,一方面设立分会场能够借上海国际艺术节的平台将优秀的国内外演出带到这些城市;另一方面也为当地特色演出走出地方,产生更大的社会关注度提供了发展契机。

从目前上海大都市圈的各个城市之间在文化事业产业领域的共融共通现状来看,文化领域共融共通的意识已显现。在区域合作方面的探索也已形成一定的成果,部分项目更是在不同城市中都能形成积极的社会影响并产生良

---

① 《上海文交所在宁波成立分中心　推动文化产业融合发展》,凤凰网：http：//finance.ifeng.com/a/20160315/14270928_0.shtml,2016－03－15。
② 《我市和上海市金山区签订区域联动发展全面战略合作框架协议》,中国嘉兴：http：//www.jiaxing.gov.cn/jbjt/gzdt_7926/zdxm_7929/201705/t20170517_686370.html,2017－05－17。
③ 《太湖新城携手上影传媒打造文化产业园》,人民网：http：//wuxi.people.com.cn/n1/2017/0622/c131315－29355043.html,2017－06－22。
④ 《200 亿打造演艺小镇　宋城加速全域旅游转型》,新浪网：http：//finance.sina.com.cn/roll/2018－01－19/doc-ifyqtycw9935254.shtml,2018－01－19。

好效益,能够为更广阔范围的文化事业产业共融共通提供有效的借鉴作用。但是文化领域共融共通尚未形成多城市互动的态势。目前的共融共通主要以单一城市与单一城市相互间的合作为主,多城市的合作较为鲜见,并且文化领域的合作更多出现的是上海与其他六座城市的互动显。但近几年,文化领域的多城合作慢慢出现依靠交易会、行业联盟等平台而逐渐强化的趋势。在受惠于多种区域演艺业合作的过程中,越来越多的城市和机构有意愿加入到共融共通的行列中去。文化领域共融共通尚未形成常态化的发展机制。虽然近几年长三角各个城市之间已经出现更多更优质的合作趋势,并且在努力实现可持续性模式,但目前所出现的合作仍然主要依托项目进行,有些项目只是短期的、零散的和交流性质的,所形成的后续影响和对各个城市文化发展所起到的推动作用都十分有限。各个城市缺乏政策规划的引领,也缺乏具体推行措施的制定,这种探索性的共融共通需要进一步制度化,从政府层面开始,下至企业,再到基层,形成全方位、立体化的文化共融。

四、长三角及上海大都市圈演艺业
比较及融通重点难点分析

(一)长三角城市群演艺资源要素等综合比较分析

从目前长三角地区艺术表演团体的情况来看,2012—2017 年沪、苏、浙、皖的艺术表演团体数量总体呈上升趋势,安徽省和浙江省艺术表演团体的增长幅度尤为显著。就长三角地区主要城市的情况而言(其中安徽省未能找到相关数据),就艺术表演团体机构数而言,杭州、上海、宁波、绍兴、台州、苏州的数量居前。艺术表演团体数量增长的同时,机构属性构成也发生了巨大变化。以往国有艺术表演团体和民营艺术团体是构成中的两大组成部分。如今,在文化体制改革的大背景下,国有艺术表演院团完成改制任务,其中不少转企完成,另外一部分改制后撤销或划转为其他机构。同时,民营艺术团体也快速发展,在艺术团体总数中的占比呈上升趋势,国家对民营艺术团体也不断加强管理,并加大了扶持力度。因此,长三角艺术表演团体形成了以企业为主体,事

业为补充,国有民营齐发展的格局。

从目前长三角地区艺术表演场馆情况来看,场馆类型包括剧场、影剧院、书场、曲艺场和音乐厅等,其中浙江省和江苏省的场馆数量占据优势。长三角艺术表演场地总体数量呈逐年增长的态势,其中省级机构的数量基本保持平稳,而增长的部分主要在于地市级和县级等级别的场馆,以及民营场馆。

从演艺业从业人员数量来看,就艺术表演团体团均人数而言,上海为34.64 人/团,浙江为 31.38 人/团,江苏为 25.11 人/团,安徽为 18.60 人/团,其中上海艺术表演团体的团均人员储备量最大。另一方面,艺术表演场馆的从业人员数量也同地区机构数量一致,江苏省和浙江省数值相对较高。就馆均人数而言,上海为 44.38 人/馆,江苏为 25.99 人/馆,安徽为 20.23 人/馆,浙江为 17.83 人/馆,上海在人员储备方面优势明显。

从国内观众人次来看,2016 年长三角主要城市数据如图 1 显示(其中安徽省未能找到相关数据),可见台州位列浙江省第一,达到五千多万人次,但不同城市间的数据相差较大,扬州仅为 5 万多人。这一方面反映出不同城市的市

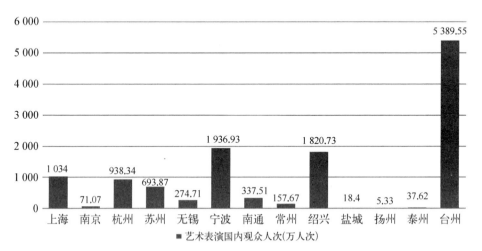

图 1　2016 年长三角主要城市艺术表演国内观众人次①

---

①　图表数据来源:浙江省文化厅官网;2017 年《上海市统计年鉴》《浙江省统计年鉴》《江苏省统计年鉴》《安徽省统计年鉴》。

场需求量不同;另一方面也与不同城市的艺术表演数量、质量;艺术表演宣传与营销力度;艺术表演交流合作水平;艺术表演人才储备量;艺术表演市场细化程度;艺术表演品牌化和观众忠诚度等因素息息相关。

从艺术表演总收入来看,2016 年长三角主要城市艺术表演总收入可见图 2。一方面,数据显示,杭州、上海的艺术表演总收入明显高于其他城市,在观众人数并不占据明显优势的情况下,除去演出票价高低的因素,显示出杭州和上海在票房收入之外,形成了较为成熟的产业链,获得了更多的演出衍生品及赞助收入、经营主体配套及其他服务收入、政府补贴收入等其他类型的收入。对于上海大都市圈演艺业共融共通而言,形成产业链,拓宽营利渠道,追求共同利益最大化,将是最终目标。但是,目前长三角不同城市间艺术表演的效益转化率差距仍然非常大,创新程度也颇为不同。另一方面,2016 年全国演出市场经济规模达 469.22 亿元①,而图 2 中所显示的城市中,艺术表演总收入已经达到了 63.87 亿元,占到了经济规模总量的 13.61%,从整体上体现出长三角

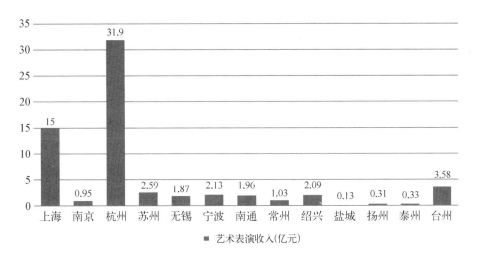

图 2　2016 年长三角主要城市艺术表演总收入②

① 卢扬、邓杏子:《2016 年演出市场经济规模达 469.22 亿元》,中国经济网:http://www.ce.cn/culture/gd/201706/08/t20170608_23498252.shtml,2017 - 06 - 08。
② 图表数据来源:浙江省文化厅官网;2017 年《上海市统计年鉴》《浙江省统计年鉴》《江苏省统计年鉴》《安徽省统计年鉴》。

地区在演艺业领域具有显著的规模优势,在全国范围内具有相对充分的演艺资源和巨大的市场需求,为共融共通,以及资源和市场效益的最大化奠定了基础。

(二)上海大都市圈演艺业共融共通的重点难点分析

基于长三角地区在社会经济各个领域的合作现状,以及各城市文化产业和演艺业的发展基础,上海大都市圈演艺业共融共通的难点主要包括:

第一,存在区域保护主义倾向,政府间的政策协调机制尚未完全建立。目前,长三角地区各个城市基于自身利益的考量,彼此之间的竞争关系较为明显,抢占演艺资源、同质化竞争的情况仍然存在,合作关系只在部分地区逐步建立。同时,政府间的政策导向尚无法完全趋同,针对演艺业的政策协调还较为薄弱,无法自上而下进行统一规划、管理和引导。

第二,长三角地区不同城市间演艺行业资源差异显著,尚未建立平衡机制。目前长三角地区的各个城市之间,艺术表演场馆数量、艺术表演团体数量、艺术表演观众数量、艺术表演收入等演艺行业数据都存在明显的差距。在进行区域共融共通的过程中应当逐步推进。

第三,长三角地区演艺行业尚未建立规范权威的区域行业组织或统一协调机构。要做到有序的同向发展,区域行业组织、区域行业服务平台都将是重要的依托媒介。但是如此组织和平台目前还极为缺乏,经营管理的主体需要在长三角地区的演艺行业具有相对权威的话语权和相对全面的资源掌控度。

第四,长三角地区区域性的演艺品牌亟待加强,辐射面积需扩大。目前长三角地区具有较大国际影响力的演艺品牌主要集中在上海,这些演艺品牌的主要服务对象仍然以上海和部分上海周边地区为主。此外,一些地方特色演艺品牌,应当为他们搭建更好的演出平台。

第五,长三角地区演艺市场流通性需要加强,文化消费市场也需要进一步培养。演艺市场的流通包括专业技术人才的流通和演出内容的流通,在产权、版权、利益分配等方面还没有形成更规范的制度体系。此外,应当培养潜在观众。

五、实现长三角演艺业深度共融共通的思路对策研究

针对上海大都市圈率先实现一体化同城化需要文化先行的客观诉求,针对目前长三角演艺业共融共通既处于浅表层次又具备深度融通条件这个实际,我们特别遵照《长江三角洲城市群发展规划》《长江经济带发展规划纲要》《长江经济带创新驱动产业转型升级方案》《上海市城市总体规划(2017—2035)》及《上海市"十三五"演艺产业发展规划》的要求,结合"十三五"期间大力推动上海大都市圈实现文化共融共通的客观需要,适当运用帕累托优化理论、产业集群理论、系统论、协同论的理论方法,来深入研究实现"长三角演艺业深度共融共通"所应追求的目标、所应遵循的原则,以及具体的思路对策设计等。

(一)长三角演艺业实现深度共融共通的目标和原则

依照前文的分析,长三角城市群实现一体化包括上海大都市圈实现一体化,其主要的价值诉求就在于——提升区域资源配置效率,追求"增效惠民"实现新突破。

长三角演艺业深度共融共通的总体旨归应当在于——让上海大都市圈及整个长三角城市群的演艺业实现整体资源配置优化,实现各城市演艺事业产业发展越来越好。这其中不存在导致某些城市发展状况变坏的情况。出于着力在"十三五"后半期(2018—2020)这三年间作好相关谋划的考虑,则自当下起到 2020 年末长三角演艺业力求推进的深度共融共通,就必须确立特定的发展目标和实践原则。

需要明确和达成的发展目标

——总体目标是,到"十三五"末期,第一是建成并完善"长三角演艺业统一大市场",即以上海大都市圈为核心区域,建构起覆盖长三角 26 座地级以上城市和 42 座县级市的"长三角演艺业统一大市场"。第二是建成并升级完善"长三角演艺业院线联盟体系",即以长三角各层级各类型演艺企事业单位、行

业协会、中介组织等为主要主体,在率先建构运营"上海大都市圈演艺院线联盟"的基础上,分别建构运营南、杭、合、苏、宁都市圈演艺院线分联盟。第三是形成并完善"与上述市场和体系相匹配的规制及机制体系",即从演艺事业产业发展规划制定、演艺管理法规税制创新、演艺项目"补贷投保"政策支持、院线联盟理事会议事决策规则设定、1+5 都市圈文化融通成本分担及定向贴补政策设计等。第四是从根本上促进长三角演艺业实现能级大幅度提升,推动上海"亚洲演艺之都"的品牌影响力显著凸显出来。

—— 阶段目标是,在 2018 年至 2019 年间,首先是基本完成"长三角演艺业统一大市场"的框架搭建、系统创设、要素配置、资源整合及区域磨合工作,并尽快启动几个分市场的运营工作;其次是充分发挥各成员城市文化主管部门及政府相关机构的沟通协调、穿针引线、服务社会等功能,推动各都市圈演艺企事业单位、演艺行业协会、演艺中介组织等主体,尽快创建运营 1+5 都市圈演艺院线联盟;再次是针对各成员城市原有的文化演艺法规、税制、执法、政策等,展开梳理比对、废改创制工作,同时主动学习借鉴发达国家城市成功运营演艺院线联盟的机制和经验,努力探索具有中国特色、符合时代需要的演艺院线联盟运作新机制。

(二)推动长三角演艺业深度共融共通的思路对策设计

目前长三角在文化共融共通方面,还处在非常浅表化状态,即便是在文化事业产业所有行业条块中已走在区域共融共通前列的演艺业,也同样处于浅表化状态。换句话说,长三角城市群中文化的共融共通包括演艺业的共融共通,尚有待获得实质性的开拓和推进。

1. 关于"氛围营造":在多主体参与及治理管理并举方面

(1)努力建构起多元主体共同参与及合力共治格局。必须主动顺应国家不断推进"大部制改革"和"放管服改革"的发展态势,在演艺事业产业发展的过程中,全力营构政府主体(党委政府系列的文化主管部门)、市场主体(体制内文化企事业单位和体制外文化公司企业)、中介主体(文化类行业协会及营利性和非营利性文化中介机构)及社会主体(文化类志愿者及非文化类公司企业和中介机构)等共同参与及合力共建共治的新格局。

(2)切实营构起文化管理与文化治理协调并举的社会氛围。切实营构起"文化管理"与"文化治理"协调并举的社会氛围,让有助于激发和推动长三角演艺业实现深度共融共通的多元化多样化主体力量,都有释放自身动能、配置各类资源、理顺多方关系的多维空间,才能在新时代促进演艺业创新发展。

2. 关于"规则设置":在长三角通约性法规创建方面

率先创建具有区域通约性的演艺事业产业法规体系。在参照对接目前正在四省市实施的"三共三互"工程的前提下,汇聚四省市城市群骨干城市多元主体代表人士,重点聚焦围绕区域演艺事业产业的发展规划制订、税制标准统一、补偿政策设置、区域通关除障、人才等级认证、人才项目合作、演艺审批对接、信用体系互认及市场协调执法等方面,率先创建具有十分鲜明的区域通约性的演艺事业产业政策法律规章体系。

3. 关于"制度安排":在统筹协调融通机制建设方面

(1)创建半官方性质的"上海大都市圈演艺业协调发展理事会"。该理事会依托上海、苏州、无锡、南通、宁波、嘉兴及舟山这"1+6"个城市,下设日常工作推进办公室。以该7个城市具有相当代表性的多元主体作为组成人员。半官方性质旨在落实"文化管理与文化治理齐头并举"。还可考虑谋划创建半官方性质的"长三角演艺业协调发展理事会"乃至"上海大都市圈文化协调发展理事会"及其办公室。

(2)在以往基础上开放扩容并做实做强跨城市跨所有制演艺院线联盟体系。"十三五"期间,上海大都市圈乃至长三角骨干城市间,应当重塑并创建"上海大都市圈演艺院线联盟"乃至"长三角演艺院线联盟"[①],实现对原有院线联盟的能级提高及版本升级,科学设置与前述"区域通约性演艺事业产业法规体系"相衔接的院线联盟日常运作管理制度体系。

(3)在演艺业方面灵活用好沪苏浙皖达成的"五个着力点"共识。长三角城市群特别是上海大都市圈,有必要在"十三五"期间完成以下5方面融通重

---

① 前文提到的"华东演出剧场联盟"在功能上起码应当具备本处提出的若干基本功能。

任——即长三角城市群演艺业发展规划调整对接、长三角演艺业改革创新战略协同、对演艺业分专题项目开展密切合作、切实推进长三角演艺大市场无障碍统一、实现成员城市间演艺业管办机制不断完善。为此,要力争推动长三角城市群将"文化率先一体化"包括将"促成演艺业深度融通先行先试",纳入"五个着力点"落地实施的整体行动方略中,并充分发挥前文建议组建的理事会和院线联盟的能动作用。

4. 关于"区域分工":在扬长避短实现错位发展方面

(1)上海大都市圈要聚焦强化凸显演艺原创化国际化标杆化能级定位。"十三五"期间,上海大都市圈应以强化提升及努力凸显演艺原创化、国际化及标杆化为突破口和行动抓手,力争使上海在上海大都市圈及整个长三角城市群中的龙头先导作用真正发挥出来。抓原创化就意味着要依托上海目前具备的江南海派文化、红色革命文化、中华传统文化、改革创新文化资源要素,力争生产出更多既具有上海本土特点又体现新时代特色的原创性演艺产品;抓国际化则意味着上海要依托自身具备的中国改革开放前沿及世界第六大城市群龙头城市的特殊优势,充分借助上海建设国际文化大都市的便利,进一步夯实并做强世界演艺交流中心能级;抓标杆化意味着上海必须努力在演艺的产品、人才、标准、版权及业态等方面打响打赢品牌建设硬仗。

(2)推动南杭合苏宁都市圈强化凸显长三角演艺业错位发展结点能级功能。要协调推动这5个都市圈与上海大都市圈之间,按照"科学分工,扬长避短,各有侧重,协调互动"的原则,实现以下几方面"错位发展":一是5个都市圈的南京、杭州、合肥、苏州及宁波等核心城市,要结合自身优势特点,以同步推进国际化交流合作和本土化特色原创为切入点,创建区域性演艺重地;二是着力强化提升5个都市圈对整个长三角的演艺资源要素市场配置能力、演艺产品消费承接消化能力、演艺配套服务供给支撑能力;三是结合5个都市圈特色化个性化演艺产销客观诉求,因地制宜地实施演艺样式门类的倾斜扶持政策,并将培育本土性演艺样式和演艺作品的品牌纳入可持续发展规划;四是依托前文建议创办的半官方性质"长三角演艺业协调发展理事会"及"长三角演艺院线联盟",在运营规章制度设置方面,根据不同都市圈甚至下辖具体地县级城市在整个长三角演艺体系中的错位分工差异、科学合理地设置相应的成本抵扣及收益补偿机制,以此调动并激发各成员城市合力共推长三角演艺业发展的积极性。

5. 关于"实体创新":在演艺经营机构运管改革方面

(1)推动演艺生产实体走专业化、标准化及连锁化运营管理道路。"十三五"后三年期间,既可以考虑——通过与保利公司积极有效的沟通协调,以整体规划、目标规约及分批托管的方式,推动"保利模式"向长三角城市群及上海大都市圈更多的演艺剧院剧场延伸覆盖;也可以考虑——通过与保利协商谈判、借鉴复制其成熟模式的方式,依托前述理事会和院线联盟的架构力量,自行组建类似保利公司这样的专业化连锁化剧院管理企业。来一方面借此全面提升长三角城市群和上海大都市圈的演艺生产经营实体的运管能级水平;另一方面借助其院线化、连锁化、标准化生产运作来培育塑造鲜明体现"长三角演艺业深度共融共通"价值诉求的演艺企业精神。

(2)推动文艺院团按新时代要求不断努力创新提升运营水平。一是推动文艺院团融入院线化、联盟化、专业化、标准化改革潮流;二是充分发挥区域一体化决策层及协调层的能动作用,打通制约长三角城市群及上海大都市圈骨干文艺院团跨区域配置演艺人才、项目、资金等生产要素的体制机制障碍。

(3)切实增强各类演艺主体的内容品牌原创能级和高新科技应用能力。要主动顺应当今演艺业推崇"内容为王"及"科技为先"的业态变革新趋势,在率先确立实施长三角城市群及上海大都市圈演艺业走院线化、联盟化、连锁化、标准化发展道路的前提下,着力从"内容原创品牌开发"及"高新科技手段应用"等两个方面下大力气,来切实增强各类演艺生产供给主体的原创能级和科技含量。

6. 关于"平台搭建":在演艺平台载体创建运作方面

(1)按照长三角演艺业深度融通的要求整合完善演艺生产要素市场。有必要针对国内外演艺业发展迅猛、上海打造"亚洲演艺之都"、推动长三角演艺业深度融通的客观需要,对长三角演艺生产要素配置领域加以整合,创建并完善具有长效性、常规性、专业性及跨区域跨城际特征的长三角演艺生产要素市场,如可以依托张江文化产权交易所、外高桥对外文化贸易平台、依托上海8个演艺集聚区,甚至可以依托上海自贸区,来扩容营建常设性、日营性"长三角演艺生产要素交易中心"。其基本模式可以适当参照央广传媒与湖南华人控股合资组建的"华人文化产权交易中心有限公司"这一产权交易及市场融资平台。

(2)共建共营共享长三角城市群及上海大都市圈演艺业公共平台。长三角城市群及上海大都市圈,应当从推动演艺业深度融通的目标着手,打破以往"自创节庆盛事,本地自说自话"的作法,巧妙应用理事会和院线联盟的协调功能,通过开门办节庆盛事、异地运作分会场①、有序分销演艺作品等手段,在长三角城市群和上海大都市圈全面实现共建共营共享演艺节庆盛事品牌。此外,还应当依托这些既有节庆盛事品牌及其他新设载体,来开辟拓展长三角演艺业公共服务平台功能。

7. 关于"文化认同":在内容汇通及精气神相融方面

(1)借助演艺作品的主题内容融入及价值观念引导来推进长三角文化融通。在今后的若干年间,长三角城市群及上海大都市圈如若希望不断推进民众间的文化共融共通,尤其是希望率先实现该区域间演艺业的共融共通,就必须关注和着手在演艺原创生产及演艺品牌培育的过程中,选择有助于区域协调包容的主题内容和价值观念,自然而然地灌注到融入演艺原创生产和演艺品牌培育中。以此来引领演艺从业者及长三角广大的演艺受众,在区域一体化协调发展方面实现最终的"文化认同"。

---

① 目前上海国际艺术节在此方面已作出了有益尝试,但其覆盖面和辐射力还有待进一步扩大。(参阅吴桐:《中国上海国际艺术节辐射长三角,合肥无锡宁波分会场精彩不断》,见2017年10月19日"文化上海"微信公众号)。

4

上海国际文化大都市建设
立法需求研究报告

蔡丰明等*

提　要　上海作为一个国际文化大都市,当前在社会文化立法的方面存在的
多元需求,它们具体表现在文化市场快速发展,新生业态层出不穷;
文化需求日益增长,政府对于文化产业、公共文化服务、文化遗产保
护等领域的扶持力度日益增加;立法的系统性、宏观性、综合性要求
增强;立法自主权需求日益扩大,地方立法意义日益突显;社会化程
度日益提高,社会主体日益多元等方面。针对上海目前在社会文化
立法方面的需求,必须进一步开拓创新,支持与鼓励各种新的文化业
态、文化机制(如自贸区、主体,如社团组织)健康发展;加强保障,强
调立法思想中的权利保障、制度保障、文化安全保障意识;规范管理,
建立健康完善的文化产业与文化市场管理秩序;综合统筹,形成国家
与地方,政府与社会,部门与部门之间的立法协调机制。

关键词　上海　文化立法　需求　对策

习近平总书记在党的十九大作出了"中国特色社会主义进入新时代"的重
大判断,并指出我国社会主要矛盾已经转化为人民日益增长的美好生活需要

---

* 本文为2017年度上海市哲学社会科学规划系列课题:"加快推进上海国际文化大都市建设研
究"最终成果之一,课题组成员包括蔡丰明、葛永铭、刘娜、陈文媛、赵婧、邱爱园。蔡丰明,上
海社科院文学所研究员;葛永铭,上海市文化和旅游局副处长;刘娜,上海市文化和旅游局副
处长;赵靖,上海正义永道律师事务所律师;陈文媛、邱爱园,上海社科院文学所研究生。

上海文化发展报告(2019)

和不平衡不充分的发展之间的矛盾。在基本解决了十几亿人的温饱、全面建成小康社会之后,广大人民群众对于社会生活的需求必然会日益广泛,不仅会对物质文化生活的方面提出了更高要求,而且在有关民主、法治、公平、正义、安全、环境等方面的要求也会日益增长。这都需要在法治建设的层面能够协同跟进,并使我国的立法体系日益走向细化和完善。

近年来,习近平总书记又专门强调了我国立法的重点:"要加强重点领域立法,及时反映党和国家事业发展要求、人民群众关切期待,对涉及全面深化改革、推动经济发展、完善社会治理、保障人民生活、维护国家安全的法律抓紧制定、及时修改。"①及时指出了当前我国立法的重点,是在有关积极推动经济发展与体制改革,完善社会治理与保障人民生活,维护国家安全等一些方面。改革开放以来,尤其是党的十三届四中全会以来,我国先后出台和修订了《电影管理条例》《广播电视管理条例》《出版管理条例》《音像制品管理条例》《印刷业管理条例》《营业性演出管理条例》《营业性歌舞娱乐场所管理办法》《中外合作音像制品分销企业管理办法》等一批重要法律法规,文化立法工作取得明显进展,为促进和保障文化事业的健康发展提供了一定的法制基础。

上海作为一个国际文化大都市,在社会与文化上正在日益呈现出自身的一些鲜明的特点,包括人口结构的多样性、文化生活的多元性、文化环境的包容性、社会各方对于文化事业的积极参与性,不断革新的文化创造力,以及吸引各类国际人才的聚集和发展,形成对周边地区和全世界经济社会文化发展的影响力和辐射力等。在"海纳百川、追求卓越,开明睿智,大气谦和"的城市精神引领下,上海城市的开放包容程度日益提高,城市魅力日益增强,城市文化国际影响力日益提升。根据上海文化发展十三五规划,至 2020 年时,上海将基本实现建成国际文化大都市的宏大目标,包括形成八大支撑体系,即建设社会主义核心价值体系、现代传播体系、文化产品创作生产体系、公共文化设施体系、现代公共文化服务体系、现代文化产业体系、现代文化市场体系

① 习近平在十八届四中全会第二次全体会议的讲话,2014 年 10 月 23 日。

、中华优秀传统文化传承体系等八大支撑体系等。根据上海十三五文化发展规划,到 2020 年,上海还将完成一系列城市文化发展的具体目标,包括建成 3 个以上国内一流、初具国际影响力的上海智库,全市公益广告专用阵地(端口)占全市广告设施总量 10% 以上,建设 500 个以上志愿者服务基地,全市志愿者注册人数占常住人口比率 10% 以上。

在十三五期间,上海还将深入探索建设新型主流媒体发展路径,提出打造全国领先的新媒体品牌、用户数过亿的平台级新媒体或新应用等预期性指标。在影视等文艺创作生产中,提升"上海出品"影响力,到 2020 年,上海的文化创意产业增加值占 GDP 比重将达 13% 以上的目标。在"十三五"期间,上海还将充分发挥市场在文化资源配置中的积极作用,积极推动影视、演艺、动漫游戏、网络文化、创意设计等重点领域保持全国领先水平,实现出版、艺术品、文化装备制造等骨干领域跨越式发展,加快文化旅游、文化体育等延伸领域融合发展,形成一批主业突出、具有核心竞争力的骨干文化创意企业,推进一批创新示范、辐射带动能力强的文化创意重大项目,建成一批业态集聚、功能提升的文化创意园区,集聚一批创新引领、创意丰富的文化创意人才,构建要素集聚、竞争有序的现代文化市场体系。

值得重视的是,上海这样一些宏伟目标的实现,必须要以完善的法律制度作为保障,只有加快上海社会文化法治建设的步伐,积极推进上海城市在社会文化方面的立法进程,使上海的社会文化立法工作向着更为科学、规范、有效的方向发展,才能使上海在文化产业、文化市场、公共文化服务、文化遗产保护等领域的各项目标更好的实现与完成。尤其是随着上海国际文化大都市建设的深入发展,大量新的文化生态快速涌现,人民群众对于文化的需求日益增长,新课题、新矛盾、新情况不断涌现,这就要求我们必须更加重视立法工作,一方面要更好地运用立法的形式去调整、规范、引领、推动社会与文化的健康发展;另一方面也要通过立法的形式把党的精神思想和人民的诉求意愿上升为国家意志,使之成为增进人民福祉,凝聚社会共识,促进改革发展的重要保障。

一、当前上海社会文化发展的宏观背景及其立法需求

上海作为一个国际文化大都市,当前在社会文化立法的方面存在着多元需求,它们具体表现在以下几个方面:

(一) 文化市场快速发展,新生业态层出不穷,需要形成包容、创新、多元的立法理念,并制定出大量与其相适应的法规与规章,增强繁荣市场活力与自由度

随着市场经济发展与社会体制机制改革,上海的社会文化发生了巨大的变化。尤其是改革开放 40 年来,上海的文化产业、文化市场发生了翻天覆地的变化。在文化产业领域,上海一直处于全国领先地位,并具有相当的稳定性与可持续性。据《2014:中国文化产业发展指数报告》显示[①],上海在全国的文化产业总量已从 2013 年的第六位排名上升到了第四位。在文化市场的领域,上海更是呈现了一种快速发展的强大活力。上海的文化业态正在日益呈现多样化的形势,如广播影视、新闻出版、艺术品拍卖、文化演艺、文化交流、动漫游戏、文化服务、互联网、影吧、K 吧、网吧等各种富有都市特色的新兴行业,层出不穷地纷纷涌现,体现了一个国际文化大都市所具有的强大的文化活力。

随着我国经济快速发展、人民生活水平的提高和文化需求的增长,上海的文物艺术品市场也呈现出空前活跃的发展态势。截至 2015 年 12 月底,我国共有文物艺术品拍卖企业 436 家,从业人员 6 000 多人,年成交额 300 多亿元。上海作为我国重要的经济、文化中心和东西文化的交汇地,一直以来都是文物交易的重镇。上海目前共有文物拍卖企业 72 家,2015 年度举办拍卖会 217 场次,成交额达 35.56 亿元,显示了极大的市场潜力。

在艺术品鉴定领域,至 2016 年,上海艺术品经营机构共 426 家,交易规模

---

① 《2014:中国文化产业发展指数报告》,上海交通大学国家文化产业创新与发展研究基地、中国文化发展指数研究中心《中国文化产业发展指数研究》课题组编,2014 年 7 月 29 日。

59.36 元。其中,专业画廊约 300 家,全年交易额约 12 亿元;艺术品拍卖机构 80 家,全年举办专场拍卖会 293 场,拍卖额为 34.26 亿元;全市举办艺术品交易展会 8 个,艺术品交易额约 8 亿元;经上海口岸进出口的艺术品数量 8 450 件,出口贸易额 5.1 亿元;艺术集聚区 3 个,总占地面积 10.1 万平方米,吸引 150 余家艺术机构入驻。[①]

在文化演艺领域,许多新业态也开始层出不穷地涌现出来。例如各种形式的街头艺人演出活动,在上海的许多广场街头正有愈演愈烈之势。街头艺人本是指在街头公共场所依法收费从事街头文化艺术演出活动的自然人或由一定数量自然人组成的团体。在巴黎、伦敦、罗马、纽约等欧美国家的大城市,街头艺人演艺活动已成为城市风景的一部分。上海开埠至建国初期,街头艺人演艺活动一直较为活跃。据 1956 年新华社新闻报道,当年上海拥有 1 500 多名街头艺人。60 年代以后,由于受到较为严格的城市公共秩序管理规定,上海原本存在的街头艺人表演空间受到了限制。这一情况到了改革开放以后有了一定的改变。2014 年 10 月,上海市文广影视局联合上海市演出行业协会和静安区文化局,在全国率先开展街头艺人试点工作。试点工作开展两年以来,街头艺人数量从首批 8 人增加到 105 人,探索了由文化牵头,公安、城管、街道等多部门参与的管理和应急处置机制,街头艺人及街头艺术表演对上海这座国际化大都市而言将取得重要的社会效益。发展街头艺术表演可以为更多有志于表演的艺人提供展示舞台,让具有较高才艺的艺人赢得社会认可并获得更多机会,成为艺术人才漂在上海的重要平台。

网络与新媒体是基于互联网等新兴媒介形态对新闻传播行业及整个社会的巨大推动,顺应移动互联媒介融合的趋势要求而产生的一种新兴的新闻传播形式。作为新兴的传播方式,新媒体具有传播速度快、覆盖人群广、受众多元化、涵盖内容多、传播媒介丰富等许多优势。截至 2017 年 11 月,上海的《信息网络传播视听节目许可证》持证机构共有 32 家,其中不仅有土豆、聚力等战

---

① 詹皓:《上海将成为世界重要艺术品交易中心之一——一年内连破纪录背后的市场信心》,《新闻晨报》,2017 年 12 月 23 日。

略转型、明确定位的老牌视听网站,还有哔哩哔哩、喜马拉雅、蜻蜓等一些垂直类的龙头企业。与此同时,诸如克顿传媒、慈文影视等一些大型影视制作公司,也在积极投身网络原创视听内容的创制,与网络视听企业紧密合作、多元互动,形成了一个以"内容创作+传播平台"为核心的网络影音产业生态圈。在网络文学领域,上海更是在全国居于领先的地位。目前,沪上的网络文学业已经打破了单纯售卖版权模式,打通内容生产、孵化、运营各环节,与影视、游戏、动漫、传统出版业实现了无缝对接。

大量新兴文化业态的出现,增强了当前上海在社会文化领域规范立法的需求。它要求我们必须树立更为包容、创新、多元的立法理念,并及时制定出大量与其相适应的法规与规章制度,藉以更好地促进上海文化产业与文化市场的发展,增强繁荣市场的活力。

(二) 文化需求日益增长,政府对于文化产业、公共文化服务、文化遗产保护等领域的扶持力度日益增加,需要形成完善的保障与管理制度,并通过立法的形式予以有效的保障

随着社会经济的发展以及生活水平的提高,上海市民对于文化的需求日益增长,尤其是在艺术鉴赏、休闲娱乐、艺术品消费、网络信息、文化遗产保护等领域,广大市民的需求甚为强烈。这就需要政府部门更为重视公共文化建设工作,并通过资金投入、产品供给、社会服务、队伍建设、人才培养等方式予以重点扶持。而要想真正做好这些方面的工作,就必须形成完善的保障与管理制度,并通过立法的形式予以规范。

在公共文化服务的方面,以前很多文化部门由于资金不足,事业难以展开,现在有了政府与市场充足的资金支持,但其管理更是需要规范,必须通过立法的形式来予以保障。

在文化产业的方面,以前政府投入较少,资金来源主要依靠市场运作。现在政府逐步加大了对文化产业的资金扶持力度,每年统筹安排财政拨款,并设立文化产业发展专项资金,资助一些重点行业、企业和项目、文化产业园区(基地)、文化产业公共服务平台、文化产业人才培养基地等项目的建设。在这些方面,都需要通过法律的制定来规范,并结合上海实际的国际化建设进程制订经费投入与经费使用的法规,以保障政府文化资金投入的规范性与合法性。

（三）立法的系统性、宏观性、综合性要求增强,需要打破单一部门立法和专项立法的局限,建立更为系统、宏观的立法机制与立法体系

上海的社会文化立法作为一种地方立法的形式,以前大多是由一某个专业部门来牵头与主持,也就是所谓的"谁实施谁起草"。这种立法机制虽然具有专业性较强的优势,但是其不足之处在于往往受到单一部门的局限,缺乏更高层面的整合、提升与统筹。随着社会的发展以及文化管理工作的深入,社会文化立法的系统性、宏观性、综合性要求日益增强,它们更需要打破单一部门立法和专项立法的局限,建立起更为系统、宏观的立法机制与立法体系。尤其是在上海这样的国际文化大都市的建设发展过程中,文化层次往往较为错综复杂,一个文化现象涉及多个方面,需要由多家来共管,因此对实现综合性立法机制的需求日益突出。

例如,上海志愿者协会原来在部门系统里属于精神文明办管理,在社会系统中属于社会组织体系,这种多头管理的机制,使得志愿者协会的许多工作在实施之时遇到许多的困难。目前由志愿者协会策划的许多公益活动,往往需要财政拨款、执行监管和民众参与,涉及财政部门、执法部门甚至城管部门,因此在立法机制上也必须应该由多个部门来共同实施运作。又如在有关街头艺人管理立法方面,实际上也存在着文化、公安、工商、税务、市容绿化、街道、文化执法等多个部门共同管理的情况,因此这项立法工作也不能由单一的一个部门来制定,而必须由多个部门来协同参与。

上海城市立法的系统性、宏观性、综合性特点,还较为明显地体现在立法工作的规划性与前瞻性的方面。科学的立法机制应该是一项连续性的工作,有长期的规划与整体的设计。目前,上海已经要求上海人民代表大会、上海人民代表大会常务委员会、上海政府至少要做出未来五年的立法规划,对需要立法的项目、领域进行预先规划,这样就可以保证立法项目的系统性、科学性与连续性。

（四）立法自主权需求日益扩大，地方立法意义日益突显，与国家层面的基本法逐渐形成一种新的协调机制

上海的社会文化立法作为一种地方立法形式，在立法理念上一是要遵循国家上位法精神，二是要体现地方立法的自身特色。在不与宪法、法律和国家行政法规相抵触的前提下，应当大胆开展创制性立法，这是上海文化都市立法彰显个性、体现创新性和生命力的重要表现。随着上海立法自主权需求的日益扩大，地方立法意义日益突显，上海的地方立法与国家层面的基本法正在逐渐形成一种新的协调机制，并对上海今后社会文化事业的发展产生极为深刻的影响。

由于特殊的地理位置和战略需要，上海的文化产业在我国经济文化发展的进程中具有举足轻重的地位，尤其是改革开放以来，上海作为一个国际文化大都市，在关于积极推动文化产业，加强与国际社会经济与文化方面的交流合作等方面有了突飞猛进的发展，特别是在一些有助于拓展上海在国际社会上优势地位的文化产业领域，如创意设计、影视音乐制作、视觉艺术，以及与这些文化产业相关的各种专业教育和技能培训，塑造高素质、实用型、动手型创意人才及熟悉产品生产、推广销售等专门人才等领域，都取得了极大的突破与发展。但是从目前的情况来看，在机制、政策等方面，对这些领域还存在着较多的限制与制约的因素。这就需要一方面国家在立法以及政策层面上给予上海更多的自主权与"先行先试"权，以使上海的文化产业能够更多地打破现有的许多限制与约束，得到更为快速的突破与发展；另一方面也要求上海能够在自身的立法工作中进一步勇于创新突破，及时制定出一些有别于其他省市以及突破国家上位法的相关内容与条款，以适应上海文化产业迅猛发展的实际需要。

在文化贸易的方面，情况也是如此。目前，上海已经建立了具有重大改革开放意义的自贸区，这是上海逐渐走向国际文化大都市的重要体现。文化服务领域是自贸区扩大开放的六大领域之一，发展文化贸易有利于推进产业结

构的转型升级,带动经济全面协调可持续发展,全面贯彻落实科学发展观。当前,上海文化贸易需要借助自贸试验区建设的重大历史机遇,进一步扩大开放,以"加快国家对外文化贸易基地建设"为契机,勇于打造国家对外文化贸易基地。[①] 同时,上海自贸区企业仍期待新版负面清单推出,更迫切需要一些具有权威性、强制性、有效性的法律的出台,才能更好的规范市场,推动上海文化产业跨越式发展。当前,国家在立法体系上已经开始实行"放、管、服"的宏观政策,同意在特定区域中可以搞试验区,这对于上海来说是一个极好的机遇。上海应当充分利用国家所给予的有利条件,在自贸区中提出更多的自主需求,增加地方权限。如在自贸区中,外资从事文物拍卖、教育、医疗事业经营,可以由国家特别授权实行等。

(五)政府职能逐渐转化,社会化程度日益提高,社会主体日益多元,需要在法律层面上予以更多的支撑

随着政府职能逐渐转化,社会化程度日益提高,社会主体日益多元,比如各种从事社会文化服务的志愿者群体、各种社会团体、行业协会、各种企业、学校,乃至个人等,在社会工作中担当了重要作用,并与政府形成了一种较好的互补势态。这些不同领域的社会主体的出现,一方面为上海城市社会与文化的发展增添了极大的活力;另一方面也对上海的立法工作提出了新的要求。在上海的立法体系中,如何更好地激发这些社会主体的积极性与能动性,使这些社会主体通过法律的形式得到更多的权益保障,这是需要在今后的立法工作中予以充分重视的。因为立法需求主体的多样化以及主体的不断变化,需要在立法体系中更多地考虑这些社会主体的权益,并给予其较多的鼓励与扶持。

在这一方面,美国、英国等一些发达国家的立法具有一定的参考意义。例如美国在其文化经济立法中,有着专门保护各种社会主体的内容,如文化艺术

---

① 刘德艳、汤蕴懿:《上海文化市场政策法规立法和监管研究》,《上海文化发展报告 2015 "十三五"时期上海文化发展研究 = ANNUAL REPORT ON CULTURAL DEVELOPMENT OF SHANGHAI(2015)》,社会科学文献出版社 2015 年版,第 129 页。

赞助法、关于文化艺术团体享受免税待遇法、文艺团体从事非相关营业活动法（如《1965 年国家艺术和人文基金会法》《联邦税收法》）等①。这些法律的制定,对激发社会主体参与文化经营、文化创作、文化保护活动起到了重要的保障作用,十分有利于激发各种社会主体参与文化的积极性。

（六）市民法制观念增强,维权意识提高,需要在法律层面上予以更多的支持与保护

目前,上海市民的法制观念普遍增强,维权意识普遍提高,这就需要在法律层面上予以充分重视,并通过立法的形式对广大市民的正当维权以更多的支持与保护。例如,当前上海虽然在文化市场上已经出台了许多的政策与规定,但是侵犯知识产权的现象仍然屡禁不止。在一些游戏市场上,玩家对山寨游戏见惯不怪,混乱的市场让知识版权意识变得十分淡薄。以手机游戏维权为例,目前就面临版权困境：侵权很容易,维权却很艰难。盛大游戏曾宣布将重点针对市场上的仿传奇手游进行维权救济,已一次性发出约 200 份维权公函,涉及苹果、百度、UC 九游、豌豆荚、同步推等约 20 家被告公司,初步索赔合计达 5 000 万元人民币。② 此次盛大游戏维权方式将变单点维权为批量维权。与点对点维权相比,它能有效震慑相关利益链,并有望以最快的速度遏制侵权作品的传播或销售,以期以最快的速度将侵权损失降到最低。这也是当前著作权维权纠纷中现实"困境"之一,而这在手游版权保护中显得更加突出。当前手游维权的难点问题是：创新难,复制易;侵权易,认定难;抄袭多,赔偿难。因此,手机游戏作品的版权维权更迫切需要"手段市场化""结果货币化",通过兴诉维权遏制侵权,扩大收入来源。但是随着游戏市场的多样化和正规化,相关部门对于游戏版权所有者的保护应该逐步加强。2014 年 11 月 6 日,上海市第一中级人民法院（"一中院"）针对暴雪娱乐有限公司（Blizzard

① 周建平：《新时期中国文艺管理体制研究》,《新时期中国文艺法制建设》,广东高等教育出版社 2005 年版,第 171 页。
② 枣枣：《手游版权困境：为何侵权这么容易　维权就这么难?》,手游网,http：//news. shouyou. com/news/1117204/342244444. 20141129。

Entertainment,Inc.)及网易公司诉上海游易网络科技有限公司不正当竞争纠纷一案做出判决。上海游易网络科技有限公司开发的《卧龙传说——三国名将传》因为整体抄袭了《炉石传说》被判游戏停运,向原告方赔款,在网站公开道歉。2014 年 11 月 18 日,《炉石传说》与《卧龙传说》纠纷的第二个案件著作权侵权案审结,网易和暴雪再次胜诉。① 上海一中院作出第二个支持网易和暴雪的判决,至此,针对暴雪、网易与上海游易之间的知识产权纠纷,一中院已全部做出判决。不过,第二个案件的赔偿金仅为 5 万元。问题是此类手游维权成功的案例尚不多见,而且与著作权案件的赔偿金额相比,企业维权付出的各项成本过大。② 上述事实,都非常需要在法律层面上予以更多的管理与规范。

(七)开放程度日益加大,文化传播渠道日益增多,需要通过立法的形式来维护文化安全

在上海的立法需求中,也包含着维护文化安全方面的内容。具体而言,也就是上海应该从加强国家文化安全的角度出发,本着保护、发展本民族文化,避免发生破坏文化安全行为的精神思想来设计相关立法内容,通过法律形式来更好地捍卫我国的文化安全。

当前,一些西方国家通过各种途径对我国实现文化渗透的现象十分严重。比如,现阶段我国进口的影视作品大多被欧美大片占领,上海青少年的娱乐也西方化,这对保护和发展传统文化是十分不利的。上海在处理这一关系时可以借鉴一些国外都市的做法,比如法国政府自 20 世纪 90 年代初就采取配额的方式保护本土文化,要求在本国发布的作品中必须保证法文作品比重不得低于 40%,针对音乐作品中英语化的倾向,法国立法机关又于 1994 年 2 月 1 日通过第 94—88 号法律,该法律修改了 1986 年 9 月 30 日第 86—1067 号关于

① 孙永立:《〈炉石传说〉版权案暴雪网易再次胜诉 赔偿金 5 万元》,http://tech.heud.com/2014 - 11 - 19,2011129。

② 刘德艳、汤蕴懿:《上海文化市场政策法规立法和监管研究》,《上海文化发展报告 2015 "十三五"时期上海文化发展研究 = ANNUAL REPORT ON CULTURAL DEVELOPMENT OF SHANGHAI(2015)》,社会科学文献出版社 2015 年版,第 129 页。

通信自由权利的法律,决定在歌曲领域开始适用配额制度,规定法国作曲人或表演者所创作和表演的音乐作品必须有 40% 是使用法语。① 上海可以对此进行借鉴。

上海作为国际化前沿的城市,互联网信息安全显得尤为突出。上海的上网服务行业始终是社会关注的热点之一,也是政府监管的重点行业之一。互联网的快速发展在给我们日常工作和生活带来便利的同时,也由于法律制度的空白、行业标准的欠缺,导致一些不良信息的传播,带来一系列负面的影响。近几年,随着新媒体与自媒体的兴起,信息传播渠道更加多元化,但同时也使得信息的真伪性更难以辨别,网络和新媒体发展需要引导和规范。

当前,我国网络安全面临严峻挑战,特别是黑客攻击,已经成为网络安全的严重威胁。有关机构统计显示,2010 年我国遭到近 50 万次黑客攻击,其中接近一半的攻击源来自境外。中国是世界上黑客攻击的主要受害国之一。事实表明,维护网络安全是世界各国的共同责任。要广泛开展网络安全教育,提高公众网络安全意识,增强自我防护能力。推动网站完善信息制作发布流程,建立有害信息预警、发现、处置机制,发挥技术手段防范作用,确保网上信息真实准确、安全有序传播。加大网上个人信息保护力度,建立网络安全评估机制,维护公共利益和国家信息安全。加大网络安全技术攻关力度,加快互联网核心装备技术国产化,构建新一代网络文化平台。加强网络安全国际合作,建立多层次、多渠道合作机制,形成各国共同参与、普遍受益的网络安全体系。

总之,文化安全对于国际文化大都市建设也是不容忽视的一部分,一旦被有心国家利用,其损失将是巨大的,而且不易弥补的。上海想要建成国际文化大都市,引进外来文化和先进事物是必然的,但在这其中必须在保持引进事物多样性的同时,加强监管其他某些国家的内容对本国内容市场的绝对占领,这就需要加强这方面的立法,规范文化市场,保障文化安全和社会稳定。

由此可见,法律保障在国际文化大都市建设的过程中成为重要的一环,法律是管理的规范,法律是社会的准绳,只有规范到位,市场才知道如何发展,只

---

① 蔡彻:《全球化条件下传统文化安全的法律保障》,复旦大学硕士论文,2011 年。

有准绳拉好,社会才知道方向何在。因此,为了规范和推进上海国际文化大都市的建设,保护文化市场相关方的合法利益,惩戒文化社会建设过程中的不利行为,亟须加快相关法律建设,立法需求呼之欲出。

二、当前上海在社会与文化立法上的成绩与问题

自改革开放以来,上海在社会与文化立法的方面一直走在全国的前列,具有起步早、创新性强、成效显著等特点。例如早在 1991 年,上海市政府就颁布了《上海市优秀近代建筑保护管理办法》,这是中国第一部有关近代建筑保护的地方性政府法令,在随后的 10 多年时间中,一直指导和规范着上海历史建筑的保护工作。2002 年 7 月,上海市人大又颁布了《上海市历史文化风貌区和优秀历史建筑保护条例》,使保护工作的法律依据由政府规章上升为地方法规,为保护工作提供了更有力的法律保障。在文化市场方面,1996 年上海市人大就颁布了《上海市文化娱乐市场管理条例》,对上海市文化娱乐市场的健康发展起到了重要的法律保障作用。尤其是进入 21 世纪 10 年代以后,上海的社会文化立法进程有了更快的推进,从其立法的内容与门类来看,也显得更加细化与符合国际大都市的特点。例如在文化立法的方面,上海的立法项目主要可以分为 5 大类型,即 1. 文化市场类法规与规章;2. 公共文化类法规与规章;3. 文化产业类法规与规章;4. 文化遗产类法规与规章;5. 广播影视类法规与规章。其具体的法规包括《上海市图书报刊市场管理条例》《上海市演出市场管理条例》《上海市文化娱乐市场管理条例》《上海市音像制品管理条例》《上海市历史文化风貌区和优秀历史建筑保护条例》《上海市社区公共文化服务规定》《上海市文物保护条例》《上海市非物质文化遗产保护条例》,具体的政府规章包括《上海市文物市场管理办法》《上海市图书报刊管理规定》《上海市文艺演出管理办法》《上海市公共图书馆管理办法》《上海市公共文化馆管理办法》《上海市电影发行放映管理办法》《上海市传统工艺美术保护规定》《上海市文化娱乐市场管理条例实施细则》《上海市文物经营管理办法》等。这些不同类别的法规与规章,主要是根据上海城市文化发展的实际情况以及

立法特点而制定的,具有较强的针对性,对上海城市各种具体的文化部门与文化业态起到了很大的法律保障作用。值得指出的是,上海自改革开放以后,尤其是 21 世纪 10 年代以后所制定的诸多地方法规条例,与国家的上位法都保持着相当的统一性与协调性关系。例如《上海市文物保护条例》是在《中华人民共和国文物法》的基础上形成的,《上海市非物质文化遗产保护条例》是在《中华人民共和国非物质文化遗产法》的基础上形成的,《上海市社区公共文化服务规定》是在《中华人民共和国公共文化保障法》的基础上形成的。这些法规条例的出台与实施,一方面体现了我国上位法的精神与原则,另一方面又体现了上海作为一个国际性大都市的自身个性与特点,较好地起到了国家上位法与地方立法之间的衔接与承继关系。

但是另一方面也必须看到,上海的社会文化立法与我国社会经济的快速发展以及上海作为一个文化大都市所应该具备的立法需求相比还有一定的距离,还不能够在立法的理念、内容、机制等方面充分体现上海都市社会快速发展的社会特点与多元诉求。具体而言,这些问题主要表现在如下几个方面:

（一）立法进程较为缓慢,立法项目数量偏少,空白点多,立法层次低

上海在社会文化的立法上目前还存在着项目数量偏少,空白点多,层次不高、规模有限的问题,这与我们整个国家在文化立法领域起步晚,体系庞杂,相对滞后等特点有着密切关系。

对我国而言,文化立法有其特殊性,相较于其他领域的立法起步较晚,与我国的政治建设、经济建设、社会建设都初步形成了相应的法律框架相比较,我国文化建设尚未进入完善的制度化建设阶段;同时由于经济及科技的迅猛发展,文化形式和文化主体的多样性又给立法机制的确立造成了新的困难。据我国文化部网站信息,到目前为止,我国关于文化方面的全国性政策法规共489 件,国际公约 5 件,法律 17 件,法规 27 件,规章 50 件,发展规划 3 件,规范性文件 359 件,以及政策法规的权威解释 28 件,这与我国文化建设的需求是不匹配的。

在上海这样一个国际文化大都市中,文化立法项目数量偏少,空白点较多的问题同样十分突出。近10年来,上海虽然加快了制定文化方面的法律的步伐,但与欧美一些国家的城市相比,其文化立法的数量还是偏少。世界上许多国际文化大都市,诸如纽约、伦敦等,其文化基础法、文化特别法数量多,涉及范围广,与欧美一些国家相比,上海还有较大的差距。我们知道,文化基本法、文化特别法是由国家最高权力机关制定,在文化法律体系中具有最高的法律效力,可以指导全国范围内的文化工作,并对地方进行地方性法规、地方性规章建设具有指导意义,上海在这方面应该引起足够的重视。

在上海现行的文化法律体系中,主要包括了公共文化服务保障法、非物质文化遗产法、网络安全法、公共图书馆法、电影产业促进法、文物保护法等门类。这些法律基本确立了文化立法的基本架构。但针对每个门类,这些法律仅仅是做了较为笼统的规定,多为原则性的条款,这就使得下位法在创设时有更大的发挥余地。上海作为全国的先行者,在文化领域的多个方面贡献了较多的规章、规范性文件。在文化市场、文化产业方面,上海对立法需求越来越大,如志愿者服务、公益广告、街头艺人等方面,但至今仍然没有制定专门的文化法规予以规范的管理。

以私人影吧为例,现行法规暂未规定开设此类影吧必须具备哪些证件,首先是网络文化经营许可证。根据现行法规,获取信息网络传播权必须拥有《信息网络传播视听节目许可证》或《网络文化经营许可证》,但目前上海的私人影吧行业仅有很小一部分的影吧办理了此类证件。除此以外,根据相关规定影吧营业还要根据经营范围的不同,办理工商、消防、卫生等许可证。但现存的上海私人影吧中却有相当一部分没有这些证件。诸多的法律空白给执法部门造成了"无法可依"的困境,因此,尽快出台相关法律法规成为亟待解决的问题。

又如近年来上海的户外广告日益增多,它们为繁荣经济,美化城市空间环境起了重要作用。但是另一方面,随着户外广告的大量涌现和管理上的滞后、混乱,造成市区商业繁华地段广告杂乱无章,形成视觉污染;人行道上的立杆式广告,既与行人抢道,又给交通安全带来隐患。同时广告费的层层加码,加重了企业的负担。上海市人大代表在议案中提出,造成户外广告失控的主要原因是,审批户外广告的政府机关或者下属单位自办广告公司搞创收,存在以权谋私行为,造成不正当竞争。但是目前全国尚未形成专门针对公益广告的立法,上海也缺少这方面的相应地方法规,往往只是发布一些指导意见(俗称"红头文件")对公益公告予以规范,却缺少更具有法律意义的法规的约束。

除了立法项目数量偏少的问题以外,立法层次较低的情况也较为突出。上海作为全国的先行者,在文化领域的多个方面贡献了较多的规章、规范性文件。但作为文化领域的法律法规整体呈现的状态仍是数量少,当前上海的文化立法还普遍存在层级较低,大多还是政策规章,而缺乏法律法规的现象。无论是在公共文化还是文化产业领域,无法可依、无规可循的状况仍比较突出。例如游戏动漫、网络视听、艺术品经营等领域,只能依靠规章甚至是规范性文件来填补,这种状况也导致实践中造成了不少矛盾和问题。很多规章、规范性文件中对于文化主体义务性、行政审批性质的条款在上位法中无对应设置。

又如在对电影、广播电视、文艺演出等一些文化产业的管理领域,上海目前仍停留在行政法规或者部门规章的层次,直接影响了管理的权威性和有效性。一些管理规范尚停留在政策文件管理层次上,一些行之有效的政策尚未以法律法规的形式确定。

另如在互联网领域,上海目前也只有一些规章(属部门立法,偏向部门利益),连法规(政府立法)都不是,更不用提法律(人大立法)了。这样的局面就造成了立法脱节、合法权益得不到保护等种种问题,最终导致社会建设矛盾突出,不利于推进上海国际文化大都市的建设,甚至还会对上海在国际上的声誉和影响力产生影响。

(二)立法内容滞后,禁锢限制较多,缺乏开拓性与前瞻性,无法适应新形势的需求

当前上海文化的发展速度非常快,但现行立法的涵盖面不够广,无法与日新月异的文化发展相适应,对文化领域的新情况、新问题难以跟上,特别是在文化的主体地位和权利义务的认定等问题上缺少法律依据,从而造成法律的真空地带。部分现有法规由于缺乏开拓性与前瞻性,还对上海城市文化市场

与文化产业的发展造成了一定阻力。

例如自 20 世纪 80 年代以来,上海市文化领域相继出台了涉及演出、娱乐、音像、电影、电视等各个方面的法规规章。先后出台了《上海市录像放映管理规定》《上海市营业演出管理办法》等规章;90 年代以后,又相继出台了《上海市音像制品管理条例》《上海市营业性演出场所和营业性电影放映场所管理暂行办法》《上海市有线电视管理办法》《上海市公共图书馆管理办法》等多部法规规章。有几部法规和政府规章由于制订时间较早,或不适应目前社会情况,或与上位法有较大抵触,现在相继被废止。有些现行法规中仍存在与上位法相违背的例子,如根据《上海市文化娱乐市场管理条例》规定,本市娱乐场所审批权限由市级文化主管部门行使,而国务院《娱乐场所管理条例》则规定除涉及外资的娱乐场所,其他娱乐场所均由县级文化主管部门负责审批。

也有部分法规由于立法时间较早,受当时立法观念的局限,因此在法规规章内容中多注重审批和解决实际存在的问题,而较少考虑繁荣、发展问题。而实际上近 10 多年来随着中央不断推进"放、管、服"改革,推动政府职能转变,文化领域的法规也需不断适应市场需求:一是简化程序,进一步减少行政许可事项,必需的行政许可事项也应当进一步放宽准入条件;二是注重内容,充分贯彻内容管理的原则,尽量减少把注意力放在诸如场地面积、注册资金、从业人员数量等要求上。这些精神思想,在目前上海的一些立法文件中,还没有能够得到及时体现。如街头艺人表演本是上海城市的一道风景线,但是囿于新的城市公共秩序管理新规定,正常的街头艺人表演空间受到很大限制,难以形成良好的生存发展生态。在原订的《上海市轨道交通管理条例》第 31 条第 7 项规定,禁止在地铁内擅自设摊、卖艺或者从事销售活动,这给街头艺人表演这种城市独特的演艺形式的发展带来了很大的阻力。

在文化产业方面,这种情况更为突出明显。从全国看,由于我国文化产业立法起步较晚,基础薄弱,因此至今尚未形成文化产业法规的基本框架,现有文化产业法规的数量、层次已远不能满足文化产业快速发展的需要。上海作为一个具有都市特色的国际城市,在文化产业方面的立法滞后问题尤为明显。

比如在创新产业发展活力方面，上海自贸区文化企业的负面清单虽然为解决意识形态壁垒等问题创造出了更加宽广的发展土壤和实践机会，但原《外商投资产业指导目录》中，涉及文化方面的限制、禁止类的许多条款，是以负面清单的形式予以体现的，目前得到开放的内容也仅限于游戏机生产和销售、演艺经纪、娱乐场所等三项，业界期待的更多开放政策仍不足，更不用说这方面的法律规范，更是少之又少。

（三）立法部门条线分割现象严重，缺乏宏观性与体系性

由于立法部门条线分割现象严重，造成目前上海在立法项目与内容上单项立法项目较多，缺乏综合性、宏观性的法规与规章，立法散乱不成体系，缺乏长远眼光，统筹全局的立法规则，无法从整体上对文化立法进行指导。

长期以来，我国的文化法律、法规的制定多是"因事立法"，具有较强的应急性与个别性。由于立法政出多门，因此在立法时各部门、各地方往往难免会从本部门、本地方的利益出发，甚至与中央制定的文化法律、法规存在重复多，或者相互矛盾现象。

从上海的具体情况来看也是入戏。目前上海的一些文化立法尚未区别立法项目的轻重缓急，也没有以文化建设的整体思路构建我国文化立法的项目及其实施方案。面对现阶段的困境，目前采用的主要还是"一事一法"的立法思路，尚未形成从保障文化权利到确立文化责任义务，从个人到企业的全方位、多角度的文化立法体系。例如上海市近两年实行的"上海街头艺人演出立法研究"。虽然 能够弥补文化领域的部分空缺，但毕竟做到的仅是点到点的弥补，而酝酿已久的《文化产业促进法》至今仍未出台。这就有待于在文化立法上由中央进一步统筹布局，在创新立法思路和完善立法框架上，逐渐形成点、线、面的全方位布局。

另外，由于部门利益法制化造成有些法规规章相互交叉，有些部门偏重于通过立法为本部门设定甚至超范围设定各种审批权、管理权、处罚权，带来多头审批、多头执法、交叉处罚等问题。这些都是推进上海国际文化大都市建设过程中亟待在法制范围内亟待规范和解决的。

例如在新媒体领域,由于涉及多部门监管,因此管理体制难以理顺。新媒体以网络为载体,内容涉及广播影视、新闻出版、文化艺术等领域,如针对直播平台乱象,内容违规属于版权局的管理范围,传播过程中的违规由文化部门管理,如果运用电影和电视的审查机制,则由广电总局监管,关于直播资质和违法行为则牵涉到工信、公安等部门。在实际管理中存在多头管理,且管理职权容易交叉,管理体制不顺。

(四)权利意识薄弱,保障和服务意识不强

上海目前现有的立法项目,在立法理念上还存在着重审批管理,轻权利保障的倾向。文化立法更多的是被作为管理、规制文化事务的手段,而从立法层面对保障公民文化权利的制度设计相对较少,缺乏对公民文化权利保障的应有关注,表现出"重管理,轻权利"的特点。

例如在文化产业方面,许多文化产业法规虽然出台较早,但是还带有计划经济体制的痕迹,偏重于管理、限制、义务和处罚内容的没定,权利意识薄弱,发展、保障和服务的思想体现得还不够;在公共文化服务保障方面,我国国家层面的基本大法《中华人民共和国公共文化服务保障法》已由中华人民共和国第十二届全国人民代表大会常务委员会第二十五次会议于 2016 年 12 月 25 日通过,自 2017 年 3 月 1 日起施行。在广东省,早在全国《公共文化服务保障法》之前已经颁布了《广东省公共文化服务促进条例》,包括总则、公共文化服务提供、基层公共文化设施建设、激励与保障、法律责任、附则,共 6 章 46 条。综观整个条例,条文规定详尽,从内容上尽可能满足基层各方面民众的文化需求。与此相比,上海只有在 2012 年出台了《上海市社区公共文化服务规定》,其特色是以社区公共文化服务保障为抓手,条例并未划分章节,共 33 条。但没有后续条例的制定,也没有出台更为宏观层面的、适应上海城市公共文化实际需要的《上海市公共文化服务条例》。

(五)法制体系不够完善,监督管理缺乏规范,正当维权较为艰难

随着中央"放、管、服"政策的推进,如何调和文化产业繁荣发展与有序管

理之间的矛盾,给立法工作带来了新的课题。李克强总理在《政府工作报告》中提出,政府部门要持续推进简政放权、放管结合、优化服务,不断提高政府效能。既要"管的好",又不能"管的死"。当前上海在法制体系建设上还显得不够完善,监督管理缺乏规范,正当维权较为艰难。

以当前上海的文物拍卖市场为例,上海的文物市场既生机勃勃,又乱象丛生。艺术品甚至是仿制品时常和文物经营混杂在一起。现行的《文物拍卖标的审核办法》中明确规定:"文物拍卖标的由省、自治区、直辖市人民政府文物行政部门负责审核。"确立了文物管理部门在文物拍卖前的审核义务。为了促进文物市场的蓬勃发展,上海结合工作实际,以"告知承诺制"替代了"行政审批制",一定程度上放宽了行政管理,降低了拍卖机构的运作成本,提高了文物流通的效率,但随之而来的就是不法人员偷钻制度的空子。拍卖企业被举报以仿品冒充文物,而此时行政管理部门仅能依靠事后监管给企业敲警钟。何以管,何以放? 这需要在贯彻落实中不断调整。文化市场的立法需要以实践探索完善理论建构,以实际操作反观立法合理性,通过不断的修缮和更新逐步形成自上而下的、完善合理的法律体系。

文物部门虽然名义上是文物经营活动和文物市场的行政主管部门,但实际上只有审批权而无执法权,相关执法活动由工商部门、文化综合执法机构按照法定职责分别实施。这就导致在实践中,文物部门虽然具有专业人员和专业能力,但不直接参与文物市场监管,而工商部门、文化综合执法机构虽然具有文物市场监管执法权力,但因缺乏专业人员和专业能力,难以对非法文物经营活动进行及时、有效的监管。

又如在上海部分地区的上网服务行业中,存在着整体形象和社会评价较差、部分场所环境昏暗杂乱、违规接纳未成年人、无证照场所违规经营,以及经营业态和消费人群单一等突出问题。这些问题实际上是该行业多年以来一直存在的老问题。上海的上网服务业在全国虽然属于监管得比较好的,但是信息安全依然不容忽视。由于渠道多元化和主体多元化,导致虚假信息传播,造成新闻公信力缺失,以及错误的舆论导向,甚至被不法分子利用。

再如在对于街头艺人的管理方面,上海现有的立法体系中也依然存在一些不够细化,或者不够到位的情况,给城市管理带来了新困扰。例如一些"伪街头艺术"行为,一些借表演之名进行欺诈、乞讨行为,以及一些"强行售卖工艺品"等行为,在上海的街头还经常可以见到。

(六)部分法规、政策实效性差,难以落实执行

当前上海虽然在文化市场、社会管理、公共文化服务等领域出台了一系列的法规与政策,但是部分现有法规、政策执行力相对较低,目标期望值与实际运行效果差距较大。一些文化产业政策的规定过于原则化,政策制定不严谨,没有配套措施,缺乏科学合理的实施机制,在监管和执法上缺乏可操作性,导致政策执行效果不好。

上海的志愿者服务是上海城市的一个新兴的社会文化现象。2009 年,上海首先出台了《上海志愿者条例》,对志愿者的工作起到了一定作用。但在具体的推进中,各个区县不平衡,执行不一定好,如在经费、人员队伍、管理等方面,依然较为困难。一方面资金短缺现象较为严重;另一方面则由于严格的财政制度,使得政府的资金又难以进入这些志愿者社团。所以必须进行修订完善。立法要充分反映上海的国际文化大都市推进的迫切需求,推动形成志愿者的良好氛围,从而更好的向全国推广这一法律内容。

三、推进上海文化大都市立法工作的
总体理念与具体对策

针对上海目前在社会文化立法方面所取得的成绩以及存在的不足与问题,我们提出以下一些精神理念与对策建议:

总的精神理念是:

1. 开拓创新,支持与鼓励各种新的文化业态、文化机制(如自贸区、主体,如社团组织)健康发展。

2. 加强保障,强调立法思想中的权利保障、制度保障、文化安全保障意识。

3. 规范管理,建立健康完善的文化产业与文化市场管理秩序。

4. 综合统筹,形成国家与地方,政府与社会,部门与部门之间的立法协调机制。

具体对策是:

(一)加快法规制定,提高立法层级。在条件成熟时,将已有的法规、规章法律化,不同层次的立法之间应尽量相互协调

通过各种法规规章的出台,规范文化产业与文化市场,有效保护上海的文化独立性和增强民族文化认同感,改善上海文化产业与文化市场的生存状况和生态环境。

(二)转变立法理念,加强保障性规范的制定,坚持以人为本,合理界定管理部门的文化权限,明确管理职责,切实保障公民的文化权利

针对现有立法体系中"重管理、轻权利"的倾向,要加强保障、服务意识,维护人的基本权利。针对不同的文化领域制定具有不同侧重点的法规、规章与政策,特别是要加强对于权利保障性内立法内容的制定,为推动上海城市文化与社会的发展,在财政、税收、人才、服务等方面提供更多的法律保障。

(三)完善促进文化繁荣发展的法律制度,通过立法形式来完善、促进文化市场与文化产业的发展,在充分尊重市场的调节配置功能和文化产业自身发展规律的情况下,不断解放与发展文化艺术生产力

积极创新上海的文化产业管理体制,敢为人先,大胆进行深化文化行政管理的体制改革,加快上海各级政府在文化市场上政府职能的转变,进一步通过加强立法来提高上海文化市场管理的法制化水平,出台新的政策法规去调节文化市场的新变化。

（四）改进立法机制，逐步打破各个部门"各自为政"的传统立法模式，建立综合性、宏观性、整体性较强的立法体系

搭建立法协调平台，提高立法效率和质量的有效途径。加强立法相关部门协调，发挥人大在地方立法中的主导作用，建立立法工作联席会议制度，及时沟通信息，磋商问题。

（五）注重上海地方立法的自身特色，凸显上海地方立法的个性原则，形成上海地方立法与国家立法的协调机制

按照既要遵循中央文化立法的共性，又要体现上海都市文化立法的个性的原则，建立起领导有力、责任明确、运行有序、决策科学的地方文化立法体系，形成上海文化立法完整的工作机制，着力提高上海文化都市活动的质量和实效，切实维护国家法制统一。

在不与宪法、法律和行政法规相抵触的前提下，大胆开展创制性立法，使上海文化都市立法体系更好地彰显个性、体现特殊性、突出差异性，更富有创新性和生命力。

（六）提高规范、管理能力，加强对文化市场管理的规范

通过立法，对新媒体进行分类规制，并且规定创办商业传媒的条件，用法律手段规范商业传媒的经营行为。

应尽快出台适应上海城市发展实际的街头艺人表演活动的管理条例，就上海这座国际大都市需要什么样的街头艺人、街头艺人需要怎样的表演舞台与生存空间、该如何有效地管理好街头艺术表演活动、街头艺人依据宪法法律享有怎样的权利及义务、权利受损时如何救济等系列问题提出有效解决方案。

（七）重视与扶持社会主体力量，通过立法形式充分发挥各种社会主体在社会文化管理程序中的积极作用

通过立法的形式加强社会组织与行业协会的作用，与政府管理形成优势

互补、良性互动,加强对行业的监督机制。

通过立法的形式改变现有的税收政策,提高对从事文化保护、文化经营企业的扶持力度,对于那些承担文化项目保护责任的企事业单位,应当通过立法形式来实行税收优惠政策,根据其在承担非遗项目保护方面的重要程度以及责任大小,减少或者免除其营业税收,为文化项目的保护与发展的企事业单位提供各种有利的条件。

(八)加强立法的操作性,细化立法的具体内容,提高立法的具体实效,使立法更符合社会实情

在立法条款的具体设立上,要坚持以质量为导向与以问题为导向,把重点放在法规核心制度、关键条款的设计上,尽可能做到实现精细化,针对需要解决的问题,立足上海地方实际,认真总结实践经验,确保每一项法规制度具有较强的可操作性及可执行性。

(九)引入新媒体、互联网等新型科技手段,营造和谐、良好、互动的立法环境

随着信息化的深入发展,迫切需要将互联网和法治工作深度融合,通过互联网大数据推动地方立法,提高地方立法的科学化、智能化。逐步建立"互联网+法治政府"的社会运作模式,将原有的"以行政权为中心""以管理为中心"的组织结构体系,转变成为"以相对人为中心""以服务为中心"的组织结构体系。形成一种多元参与、协同共治的治理模式。

5

上海文化资源与创新发展路径

朱鸿召*

提　要　江南文化赋予了上海文化之中国心,海派文化塑造了上海文化之肉
身,红色文化升华了上海文化之灵魂。这是历史逻辑、生活逻辑、思
想逻辑风云际会的产物,共同创造了上海城市文化过去的苦难与辉
煌,黯淡与璀璨,屈辱与崇高。转变文化观念,区别对待文化的意识
形态属性与文化产业属性、文化民生属性,创新文化治理体制机制,
试行文化"负面清单"与"正面榜单"制度,提高城市文化治理水平,
增进城市文化认同,实施长三角区域一体化发展文化先行战略,是新
时代上海城市文化创新发展的路径选择。

关键词　江南文化　海派文化　红色文化　上海文化　长三角区域一体化

　　无文化,不卓越。新时代,上海建设卓越的全球城市,文化是更基本、更深
沉、更持久的力量。文化在提高城市生活品质,提升市民文明素养,增进社会
价值认同,增强城市软实力等方面都具有不可或缺的功能作用。文化是卓越
的全球城市建设中更基础、更广泛、更深厚的精神资源。在上海的历史发展进
程中,逐渐形成了精彩丰富复杂的江南文化、海派文化、红色文化资源。建设
与卓越的全球城市相匹配的卓越的上海文化,需要化资源优势为创新发展优
势,实现上海文化创新性发展、创造性转化,选择新时代中国特色社会主义现
代化建设新形势下上海城市文化创新发展的有效路径,需要深刻的理性认识

---

　*　朱鸿召,上海社会科学院文学研究所副所长。

和有力的理论支撑。本文尝试对上海三种文化资源之间的逻辑关系，以及文化创新发展路径选择问题，略抒己见，供有关方面参考。

一、江南文化赋予了上海文化之中国心

城市是人类文明进化的产物，是文化的码头，也是文化的源头。上海，是在江南文化的怀抱里孕育成长起来的港口城市，江南文化历史地赋予了上海文化一颗永远澎湃着的中国心。

上海位于亚洲最长最大的河流长江出海口，自古以来就是一片不断生长着的开放土地。从考古发现上看，最初的马家浜文化，过渡到崧泽文化，再到良渚文化、马桥文化，兼容并蓄，共存共荣，创新发展，精益求精，是这片土地上的先民们大体相同的文化性格特征和生存智慧。开埠以前的千百年间，从沪渎渔村到春申君封邑，从华亭县治到云间繁华，从海上丝绸之路重镇的青龙港，到江海通津、东南都会的上海港，上海由水而起，因港而兴，吴越文化和江南文化的刚健与雅致，开放与包容，务实与创新，为海派文化形成提供了丰厚的中华优秀传统文化资源。

江南文化，是站在中原文化的立场上来称谓的。从考古发现到确切文字历史纪年，吴越文化属于一种地方文化，是江南文化的前身。江南文化真正发展成中华优秀传统文化的一种繁华样本，是从魏晋南北朝时期开始的。西晋历史主要发生在长江以北，到东晋时期，北方连年战乱，原来中原地区的世家旺族迁移过江，集聚南京，凭借长江天险，创造了第一个江南繁华的城市——南京（建康）。到隋唐时期，大运河开凿通航，带来了江南开发过程中第二个繁华的城市——扬州。北宋灭亡以后，宋王朝南渡长江，在杭州（临安）建立了南宋政权，带来了第三个江南繁华的城市——杭州。明清时期，江南地区经济社会高度发达，以太湖为中心，以苏州为重点，形成了整个江南地区一系列城市集镇的发展繁荣。此时，江南和江南文化概念真正形成了。

江南文化在其历史的形成过程中，儒家思想与工商精神的结合，形成了从传统文化"士农工商"到江南文化"士商农工"的变化，实现了中华传统文化观念的一次创造性转化和创新性发展。

南宋政权是从中原地区逃亡来到江南的,为了增加其政权统治的合法性基础,将孔子世家从山东曲阜搬迁到浙江衢州,史称"南孔"。待到元朝定都北京,要孔氏后裔迁回曲阜,其后人有不从命者,就留在江南地区坚持民间讲学,形成江南书院文化传统。"宋明理学实际上是要恢复皇朝文化的意识形态,关注度是在新的历史时期怎么把正统的东西恢复起来。王阳明的心学是江南孔家和书院结合起来,实际上它更多的是为农耕社会提供道德伦理规范。"①从宋明理学到阳明心学,不仅是为江南农耕社会,更多的是为江南商业社会提供道德伦理规范。在商业与文化的相互推进策应下,江南文化创造了中华传统文化空前的繁荣发达。据估计,南宋以后中国社会80%的思想家都出生在江南,85%的文学创作都结缘江南,90%的美术作品都出现在江南。

江南文化的生活特征,是精细农业,诚信商业,崇尚文化。

江南文化的审美特征,是温婉作风、典雅生活、务求实效、家国情怀。

江南文化的学理逻辑,是中华传统文化发展中心从中原地区的麦作文化,转移到长江三角洲江南地区的稻作文化后,形成的一种高度发达阶段的文化形态,是农耕文明融汇了商业文明发展的最高境界。汉字、家国、阴阳五行、天下观念、士商农工,是其典型特征。其中有手工业、有商业、有城市,但是都纳入农业社会治理体系。这是一种具有中国特色的现代文明雏形,不属于西方现代文明范畴。其基本范畴是对己(自己,个体生命)修身诚心,对人(他人、社会)友爱仁义,对物(生态、自然)诚敬慈善。"刚柔交错,天文也;文明以止,人文也。观乎天文以察时变,观乎人文以化成天下。"(《易经·贲卦》)其最高境界是天地人和,人间天堂,福寿绵延,寿终正寝。

所以,小桥流水,粉墙黛瓦,是江南文化的外在形态特征,其本质特征是温婉典雅的审美风范和务实爱国的精神风骨。特别是其中的家国情怀,从苏州人范仲淹的"先天下之忧而忧,后天下之乐而乐",到昆山人顾炎武的"天下兴

---

① 王战:《世界与中国》,见陈圣来主编《向世界讲好中国故事》,第100页。上海:上海社会科学院出版社,2016年8月第1版。

亡,匹夫有责",以及"扬州十日""嘉定三屠"等灾难浩劫中仁人志士们所表现出的刚毅不屈的精神气节,以维护好发展好中华民族根本利益、长远利益、整体利益为己任,是中华优秀传统文化的精髓,是江南文化的钢筋铁骨,为上海文化发展预设了一颗红色的中国心。

二、海派文化塑造了上海文化之肉身

城市是文明进化的产物,是现代文化的载体。随着中西方文化交流和商贸往来交易,上海从一个渔村集镇,到县城港口,发展成为现代大都市。海派文化,是江南文化与西方文化碰撞交融,上海人秉持开放包容、为我所用,唯新所驱、唯优是从的心态,创造出具有时代特色、上海特点的一种生活方式和处世方法,以及审美特征和文化风格。

明清之际,上海人徐光启与意大利传教士利玛窦在双方平等友善基础上,进行中西文化交流,首开合作互鉴,取长补短,求真务实的先河。遗憾的是,历史发展没有沿着这个理想的方向走下去,而是在闭关锁国与船坚炮利的矛盾冲突中,在血与火的刀光剑影里,在割地赔款的耻辱中,进入中国近现代社会历史进程。鸦片战争后,上海是按照《南京条约》及其附约规定,作为"五口通商"城市之一而被迫对外开放的。深厚的历史文化资源,开放包容的文化性格,使得上海在广州、厦门、福州与宁波等通商口岸中迅速脱颖而出。

当英国领事巴富尔(George Balfour)一行在上海登岸,刚开始被上海道台安排在城里住宿,上海人接待他们的,是不排外、不惧外的好奇心、利益心,相谋于利,相处于义。这些洋人身材高大,鼻子挺直,头发是黄的,眼睛是蓝的,吃一顿饭要有那么多餐具与程序,还要喝奶? 有市民不请自进,到房间里东张张西望望,相当于参观博物馆。更有甚者,还有市民在英国人住处附近收起了门票,就地生财,相当于开设动物园。巴富尔发现其中奥妙后,怒不可遏,无论如何也要搬出县城。于是,上海出现了租界。几经扩张变迁,逐渐形成英美公共租界、法租界和华界三家分治的城市格局。

人是文化最鲜活的资源。近代中国战乱频仍,上海因租界而相对安全。

大量逃荒避难人口涌入上海,世界各地的投资冒险者来到上海,促使租界从华洋分处转变成华洋混住,五方杂处。上海城市人口开埠时不到 20 万,1900 年达到 100 万,成为中国最大城市。1919 年上海人口 240 万,已是中国超大城市。1949 年上海人口 546 万,跻身世界特大城市行列。移民人口居多,英雄不问出处,做别人做不了的事,做比别人做得更好的事,是上海人在激烈竞争市场环境下的生存之道和为人处世原则。

在形而下的生活层面,五湖四海,相互兼容,取长补短,唯新所趋,唯优是从,这是海派文化,塑造了上海城市体貌特征,形成上海市民品质生活特色。他们从实用、实惠、有效、习惯出发,以适宜、适意、乐活、惬意为尺度,在西风东渐的大都市里仿效学习西方,也保留延续传统。"人们固守一些旧的生活方式,不是出于保存传统的严肃考虑,更少考虑到爱国主义,仅仅是因为旧的生活方式使他们觉得舒适,或者说这样做在经济上有利可图。只要有实际需要,人们都会毫不犹豫地抛弃旧的而采用新的生活方式。或者说,更为常见的是,人们乐于采用或吸收凡是他们感到对他们有益的东西,为的是创造出多种多样的生活方式。"①无论是欧风美雨,异域时尚,还是汉唐遗风,江南习俗,上海人采取生活实用主义态度,从容待之,为我所用,表现出上善若水,海纳百川的海派风格。

在形而上的精神层面,救亡图存,建立完全独立主权国家,成为近代历史以来先进的中国人追求的崇高社会理想信念。在以民族国家为政治单位的世界现代化历史进程中,租界是一个民族国家脸上耻辱的伤疤。正视租界,认识租界,利用租界,消灭租界,是摆在优秀中国人面前一道必须破解的难题。从康有为、梁启超的戊戌变法,到孙中山领导的同盟会,再到国民党建立的中华民国政权,都没有及时有效地处理好这个问题,最后是中国共产党人完成了这份历史答卷。

海派文化有丰腴的体态,更有强健的筋骨,那是江南文化所传承的中华民

---

① [美]卢汉超:《霓虹灯外——20 世纪初日常生活中的上海》,第 274 页。段炼等译。上海:上海古籍出版社,2004 年 12 月第 1 版。

族优秀传统文化精神。为了生存和发展，上海人表现出顽强的柔韧性、包容性和创造能力。"也正是这种能力，使他们能够接受西方人带来的思维和形式，把它们吸收消化，并转化成具有中国特色的现代化。"洋泾浜英语，上海话里的音译词汇，就生动地记载着上海人超强的文化吸收能力和创造能力。"在这里，古老的中华文明和西方的现代文化的相撞是以实用主义的方式来达到平衡的。因为这里涉及的主要对象是中外双方的商人和冒险家，它们希望的只是尽快地把各自的谋生手段合法化。不可忽视的是，在这些接连不断的撞击中，上海的本质也发生了变化，现代性逐渐融入了她的肌体。"①把上海文化发展放在世界文明进程中去审视，我们可以说，海派文化是洋为中用、古为今用、雅为俗用、官为民用的一个成功典型。海派文化赋予了上海人海纳百川、追求卓越的精神情怀。

三、红色文化升华了上海文化之灵魂

如果说海派文化是在中国传统江南文化基础上，充分学习借鉴欧美近现代工业文明，同时融会贯通、博取众长了中国各地，以及中国周边国家和地区的优秀文明成果，逐渐形成开放、多元，求新、务实，崇尚理性，讲求审美人性的上海城市文化现象；那么，挽救民族危亡，建立完全独立主权国家，实现中华民族伟大复兴，追求人类世界的共同富裕与和平正义的社会理想，则是红色文化精神之所在。

1921年7月，中国共产党在上海宣告成立，中共中央机关在这里驻守12年之久。中共一大、二大、四大相继在这里召开。1935年5月，抗日烽火燃遍北部中国，田汉、聂耳在上海完成《义勇军进行曲》创作，后来成为新中国国歌。1949年7月，曾联松在上海设计五星红旗，后来成为新中国国旗。红色文化是革命文化，更是现代文化，是面向现代化、面向世界、面向未来的中国现代革命

---

① 张仲礼：《〈上海史：走向现代之路〉序言》，白吉儿《上海史：走向现代之路》，王菊、赵念国译，上海社会科学院出版社2005年版，第3页。

文化。

海派文化大俗大雅,孕育诞生了红色文化。红色文化大雅大俗,大音稀声,润物无声,通过形而下的海派文化,追求形而上的红色文化,交相辉映,相得益彰,是上海文化的鲜明特色,是上海城市精神的生命灵魂。

上海是一座拥有丰富红色文化资源的城市。中国共产党人为实现共产主义理想,带领中国人民从站起来、富起来到强起来而创造的红色文化,振奋了民族精神,提高了城市品质,引领着上海城市精神。海纳百川,追求卓越;大气谦和,开明睿智。上海城市精神是平凡而又非凡的上海人的精神,中国共产党人创造的红色文化不断提升着上海城市精神的高度。

1921 年 7 月 23 日,中共一大召开时,与会代表 15 人,其中国内代表 13人,代表全国党员 58 人。按学历统计:留学生 18 人,大学生 25 人,中学生 13人,共计 56 人;按职业统计:教师 19 人,学生 24 人,新闻工作和职员 10 人,产业工人 4 人,共计 57 人。学历可以看出家庭出身,职业可以看出经济状况,这些早期中共党员都是中产以上家庭子弟。他们发起组织成立这个政党组织的初心,不是为了个人穿衣吃饭,而是为了挽救民族危亡,实现中华民族伟大复兴。这是中国共产党人的"初心"与"使命",也是上海城市精神的最可宝贵的思想文化资源。

中国共产党成立之初,是共产国际的一个支部,其名称、章程、组织、经费等,基本上都是按照上级党组织规定而来的。在社会属性上,中国共产党属于现代社会政党,以政治信仰为宗旨和纽带,不同于先秦的乡党,唐宋的朋党,不同于孙中山发起的兴中会、同盟会等社会组织;也不同于西方资本主义国家的议会政党(the Party)所代表的是社会一小部分人(the party)利益,而是代表中华民族的根本利益和中国人民的全体利益与长远利益。这是由中国近代社会现实与历史文化传统形成的一种客观历史必然。在内忧外患、风雨飘摇的国家命运危亡之际,中国新式知识分子作为中国工人阶级的特殊组成部分,接受马克思主义思想理论,"铁肩担道义,妙手著文章",他们站到时代的最前沿,承担起为民族思考出路,为国家挽救危亡,为人民谋求幸福的社会责任和历史使命。这些新式知识分子,他们走与工农大众相结合的道路,读有字的书,更读无字的书。建党之初,他们以上海为革命思想的大本营、红色文化的集散地。建国之后,在共产党领导下,上海成为社会主义工业经济建设的"擎天柱",支援全国经济建设的"老大哥",成为改革开放排头兵、创新发展先行者。红色文化,拓展了上海城市精神的宽度和广度,提升了上海城市精神的标高和境界。

1843年上海被迫对外开放,是以英国为首的西方资本主义列强对中国国家主权的侵犯。1949年后上海被迫关闭城门,是以美国为首的西方国家借联合国的名义对中国进行军事制裁和经济封锁,同样是对中国国家主权的侵犯。无论是对外开放,还是对内发展,上海人都表现出最出色的上海城市精神。

在"全国支援上海,上海支援全国",全国一盘棋的精神感召下,上海广大干部群众积极响应共产党的号召,全力支持国家重点经济建设。1953年至1957年第一个五年计划期间,上海大量工业企业,以及商业、高校科研机构迁往内地,支援当地经济建设。据不完全统计,"一五"期间,上海支援内地建设的企业干部员工21万余人,其中技术人员5 400余人,技术工人63 000余人。1959年至1961年国家经济困难时期,为了减轻城镇人口压力,上海精简41.5万人,到江苏、浙江、安徽等地务农。1966年至1976年,上海城镇知识青年到全国各地上山下乡108万人,同时大量工程技术人员参加"大三线""小三线"建设,等等。汇聚是大海,溢出是小溪,此水此河,与海相连。每一位从上海迁出的上海人,都把上海城市精神带到自己的工作岗位,都把城市现代文明生活带到全国各地。

在计划经济时代,上海从商业为主、商工并重的多功能经济文化中心城市,逐步转型为工业为主、商业为辅的经济中心城市。冶金、化工、机电、电力、交通运输等重大工业基地和项目设施建设,以及运载火箭、人造卫星等重大科技攻关项目,都在封闭环境下的上海人手中变为现实。改革开放之前的近30年,上海以全国1/1 500的土地,1/100的人口,提供了全国1/6的财政收入。[1]从万吨水压机到上海牌手表,从永久牌自行车到中华牌牙膏,从生产到生活,

---

① 熊月之:《当代上海城市特点(1949~1978)》,《千江集》,上海人民出版社2011年版,第45、48页。

从国防到民生,上海创造了无以数计的名牌产品,满足了计划经济时代人民群众不断增长的经济文化生活需要。无论是海纳百川,还是相忘江湖,上海人追求卓越的创造精神是始终如一的。

改革开放新时期,特别是浦东开发开放,上海在建设国际经济、金融、贸易、航运"四个中心"过程中,归纳提炼出"海纳百川,追求卓越;大气谦和,开明睿智"的上海城市精神。改革开放40年来,上海人摈弃了计划经济的短处,发扬了计划经济的长处;吸收了市场经济的长处,规避了市场经济的短处,实现了城市经济社会转型发展。上海城市规模从内环线扩展到外环线与郊环线之间,城市人口从558万余人增长到2 415万余人,城市品质从中国经济中心城市发展为国际经济中心城市,城市形象发生凤凰涅槃式华丽转身。大飞机、小卫星、上海光源、量子通讯、工业机器人等,正成为新的上海高科技品牌。新时代上海计划在2020年基本建成"四个中心"基础上,到2035年建设成为卓越的全球城市,令人向往的创新之城、人文之城、生态之城,具有世界影响力的社会主义现代化国际大都市。

经历了全国一盘棋的社会主义建设热潮,经历了对口援建四川、青海等地震灾区,经历着对口支援老少边穷贫困地区,实实在在地提升了上海人的精神境界。玫瑰送人,馨香在心。今天,上海正发挥着长三角城市集群龙头城市、长江经济带龙头城市,"一带一路"桥头堡城市等国家战略使命。因为红色文化基因,大上海不再小市民。

四、上海文化创新发展的路径选择

丰富的红色文化、海派文化、江南文化是上海文化的重要组成和宝贵资源。这三种文化资源不是矛盾对立的,而是相互关联,彼此共生,融会贯通的,深深地植根在上海城市日常生活中,植根在上海城市市民性格中,百姓日用而不知,周而复始,不断积累进化升华,成为现代上海文化。如果说一座城市就是一个生命的有机体,那么,江南文化赋予了上海文化之中国心,海派文化塑造了上海文化之肉身,红色文化升华了上海文化之灵魂。

建设卓越的全球城市,目标已经锁定。江南文化、海派文化、红色文化,三种文化资源已经梳理清楚。以目标为导向,把文化资源优势妥善转化为创新发展优势,实现上海文化创新性发展、创造性转化,研究探索新时代上海城市文化创新发展的有效路径,需要解决下列三个问题:

其一,转变文化观念,区别对待文化意识形态属性与文化产业属性与文化民生属性。文化具有意识形态属性,同时具有产业属性和民生属性,二者功能咬合,交织交融。文化意识形态属性,关系着国家政权合法性和主权独立与完整。从资本主义社会到社会主义社会,只要民族国家还存在,文化就被赋予维护国家主权利益的职责与使命。意识形态关乎旗帜、关乎道路、关乎国家政治安全。党的十八大以来,习近平总书记就意识形态领域的方向性、根本性、全局性问题作出一系列重要论述和重大部署,多次强调,"意识形态决定文化前进方向和发展道路",必须"牢牢掌握意识形态工作领导权"。中国特色社会主义文化在意识形态领域的鲜明主题和使命担当,"就是以马克思主义为指导,坚守中华文化立场,立足当代中国现实,结合当今时代条件,发展面向现代化、面向世界、面向未来的,民族的科学的大众的社会主义文化,推动社会主义精神文明和物质文明协调发展"。① 维护国家和平稳定,促进社会文明进步,是坚持新时代中国特色社会主义文化意识形态属性的基本要求。与此同时,随着中国社会发展从中国人民站起来、富起来到强起来,数字技术正越来越多地改变着人们的生产和生活方式,文化与其他经济领域的边界被日渐消解,文化创意产业作为一门新兴经济门类,已经成为后现代社会国家的经济支柱产业。在中国特色社会主义进入新时代,社会主要矛盾已经转化为人民日益增长的美好生活需要和不平衡不充分发展之间的矛盾,文化民生成为日益凸显的社会发展问题。党的十九大报告提出,"满足人民过上美好生活的新期待,必须提供丰富的精神食粮"。给予不同文化需求的人们以同等满足的机会和有效供给,是新时代文化民生的基本准则。大力发展文化产业,充分繁荣文化民

---

① 习近平:《决胜全面建成小康社会,夺取新时代中国特色社会主义伟大顺利——在中国共产党第十九次全国代表大会上的报告》,人民出版社 2017 年版,第 41 页。

生,需要研究探索区别对待文化的意识形态属性与文化产业属性和文化民生属性之间的边界线,既不因为意识形态管理过度而制约了文化产业发展和文化民生满足,也不要强调文化产业发展和文化民生满足而放松了意识形态管理。可以借鉴改革开放发展社会主义市场经济过程中,区分土地所有权、使用权、经营权的经验做法。最重要的是解放思想,转变观念,在民族国家与人类命运共同体之间,寻找可以兼顾各国根本利益,尊重各自主权独立与领土完整,又能增进世界文化认同,推进人类文明进程的思想文化主张,让上海文化产业发展不仅充分满足国内文化民生需求,而且最大限度地满足国外民众的精神文化需求。

其二,创新文化治理,探索建立文化"负面清单"与文化"正面榜单"制度。在严格区别对待文化的意识形态属性与文化产业属性和文化民生属性基础上,明确意识形态底线,用制度化方式确保其贯彻落实,然后释放出文化产业创新和文化民生发展的最大空间。物质贫穷不是社会主义,文化贫乏也不是社会主义。建设国际文化大都市和卓越的全球城市,上海文化创新发展繁荣的使命,是为满足市民群众日益增长的美好生活需要,为实现中华民族伟大复兴中国梦的国家战略做出上海的文化贡献。"负面清单"与"正面榜单",是相辅相成的创新文化治理的两种方式方法。参照意识形态责任制管理条例,结合文化产业和文化民生领域创新发展实际,拟订出文化产业意识形态管理责任制"负面清单"和文化民生意识形态责任制"负面清单",避免意识形态管理人为因素过重倾向,增加文化治理策略的信任度和接受度,创造更加透明的文化治理环境。当"负面清单"简之又简,被普遍接受后,文化治理的意识形态底线可以融入行业自律和职业岗位职责,以劳动合同条款的形式,化有形为无形地有效贯彻落实。"正面榜单"是拟订出一整套文化荣誉制度体系,让文化从业者和广大市民群众知道自己不能做什么,不能触碰底线边界,更知道自己可以做什么,应该做什么,需要做什么。政府部门在文化治理过程中,最需要扮演的是文化"店小二"角色,有求必应,无事勿扰。

其三,搭建新平台,尽快启动长三角区域一体化发展文化先行战略。天相通,地相连,人情相亲相近,长三角地区具有文化一体化的自然属性。远古同根同源,近代同盛同衰,长三角地区具有文化一体化的历史属性。从吴越稻作文化开始,到魏晋南北朝以后,在共同的自然地理环境下,长三角地区逐渐形成共同的文化形态。以南京、扬州、杭州、苏州、上海为中心,逐渐发展成为中国古代社会中后期经济文化最发达区域,江南文化、海派文化、红色文化逐渐成为长三角区域文化的共同特征和主要特色。改革开放四十年,尤其是文化体制改革以来,江浙沪两省一市依托经济社会发展的强有力支撑,相继完成文化体制机制改革任务,建立起比较完备的公共文化服务体系、文化产业体系、文化市场体系,以及文化政策体系、文化人才体系、文化金融体系,形成了与社会主义现代化经济体系相适应的文化创新体制机制。相对于"经济基础"领域,文化属于"上层建筑"范畴,具有某种超越性、共通性,在长三角区域一体化发展升格为国家战略的新形势下,需要及时启动长三角区域一体化发展文化先行战略,承担文化国家团队使命。

在宏观层面上,建议上海牵头,主动联系苏浙,兼顾皖赣,加强学术理论研究,共同谋划长三角文化一体化发展战略,按照 2020 年、2035 年、2050 年三个时间段,提出全面建成小康社会、基本实现社会主义现代化强国、全面建成社会主义现代化强国的长三角一体化发展文化愿景规划,相关实施路径,重大项目部署。

在中观层面,搭建长三角一体化发展文化联动平台机制,平稳有序实现长三角区域公共文化事业、文化产业、文化市场、文化人才、文化金融等专业联动平台,建立文化专项联动机制,把宏观规划转化为可以实施的制度建构和机制设置,以目标为导向,寻找有效路径。以问题为导向,化解痛点和难点。通过文化平台机制,实现长三角区域文化协同发展战略,避免同质化竞争,避免重复浪费。

在微观层面,启动具体文化研究、文化开发、文化保护、文化创新等等一系列工程项目,整合江浙沪皖文化资源,形成文化合力,承担提升国家文化软实力的使命。比如,红色文化资源,上海与嘉兴之间在党的诞生地问题上,要改变文化思路,走共同研究、联动发展的道路;杭州宋城演艺集团,在全国开设多个分会场,积累比较丰富的演艺市场经验的基础上,将进入上海开设分中心,要充分考虑对标迪士尼演艺中心,共同研究探索建立以中华文化为依托、以现代科技为手段的主题演艺娱乐项目;横店影视制作产业已经形成完整的产业链和产业集群,要谋划上海影视产业发展如何协同对接,相互策应,形成合力,发挥国家队的功能和作用,共同打造亚洲影视产业中心和世界影视产业中心,参与国际文化市场竞争,为实现中华民族伟大复兴中国梦创造文化品牌。

6

持续激发上海城市文化活力

胡恩同　徐　晔　陈奕奕*

提　要　面对习近平总书记提出的上海要当好排头兵和先行者的要求,以及
上海城市文化活力相对不足的短板,基于上海市文化市场的现状,上
海文化主管部门要更好地培育城市文化活力基因,持续拓展活力源
头,快速集聚活力资源,改善优化活力环境,加快释放活力效能,推动
形成上海城市文化活力元素持续涌流、活力全面迸发崭新格局,这是
文化改革发展面临的一项重要课题。本文从催生核心价值引领活
力,释放文化民生保障活力,增强文化产业发展活力,开拓城市文脉
传承活力,集聚文化融合发展活力,打造文化开放包容活力,撬动文
化治理内在活力,激发文化改革发展活力八个方面出发,详尽的阐述
了激发上海城市文化活力的具体举措。

关键词　文化活力　上海　文化治理　改革

　　上海是一座令世人瞩目的活力勃发的城市,开放包容的环境让传统文化
与现代文化、高雅文化与通俗文化、外来文化与本土文化、一元文化与多元文
化等千姿百态的文化在这里集聚和释放,形成了上海独有的历史文脉与活力。
文化活力作为城市文化发达的标识元素、文化形象的生动演绎、文化软实力的
重要指标,日益受到世界的关注。所谓文化活力,概括地讲,是指一个城市在

---

*　胡恩同,上海市文化和旅游局处长;徐晔,上海市文化和旅游局主任科员;陈奕奕,上海市文化
和旅游局副主任科员。

非物质层面表现出的对内向心力、融合力、凝聚力以及对外亲和力、吸引力和影响力。

一、催生核心价值引领活力

价值观是文化的灵魂,在文化中居于统摄和支配地位,决定文化的性质和方向。增强文化活力,最根本的就是要赋予文化正确的价值导向,将核心价值观融入文化发展全过程,对弘扬核心价值观从指标化、项目化、制度化上作出安排,使核心价值观的影响像空气一样无所不在、无时不有。

核心价值观应着力体现在丰富的文化内涵建设中,通过政策创新和制度安排,使核心价值观的"二十四字"要求在电影创作、广电节目、舞台艺术、美术作品、各类文化活动中得到充分凸显。主旋律作品特别是面向青少年的作品,在核心价值观引领中具有特别重大的责任,对主旋律作品,必须要有核心价值观的刚性内容要求。文化名品、新品、精品的界定与评估,要将核心价值观内涵禀赋作为重点权衡砝码。网络在传播核心价值观上具有速度快、信息广、影响大特点,要以核心价值观为标尺,加强对网络文化内容生产的引导,对有违核心价值观的网络文化内容,要加强整治,铲除土壤。文化原创体现文化活力,要正视上海文化原创不足的现状,确立打造全国乃至全球原创中心的目标,集聚全市、全国、全球更广泛创作力量,重推一批弘扬社会主义核心价值观为主题的思想性、艺术性、观赏性相统一的原创文艺作品。在电影院线系统、农村电影放映、城市户外公共放映点、微电影、微视频中,推荐放映一批社会主义核心价值观题材的影视作品。

核心价值观应充分体现在多元文化样式中,善于运用媒体、影视、戏剧、戏曲、舞蹈、音乐、街头艺术、博客、微博、微信、动漫等群众所喜闻乐见的样式向社会广泛传播核心价值观,让核心价值观真正内化于心、外化于行、固化为制。

核心价值观的构建,要充分依托各种文化设施、场所和社区文化活动中心的功能作用。百老汇有 39 家剧院,伦敦西区有 49 家剧院,上海中心区域剧场数量与他们相当。在上海,以黄浦、静安为中心,涉及虹口和徐汇边缘区域,有近百个影剧场,已经构成事实上的文化集聚态势。上海的夜总会、迪斯科、舞厅以及餐饮场所位居世界第二。要赋予这些文化设施、场所更多的核心价值宣传引导的重任,以建立全球一流图书馆、一流美术馆、一流博物馆、一流剧场集群、一流社区文化活动中心为导向,让每一座文化设施、场所都自觉坚守核心价值观宗旨,努力成为传播核心价值观的人文窗口。

核心价值观的构建还要依附于良好的环境,环境能影响人、同化人。要加强核心价值观体系构建的上海目标设计,研究制定核心价值观构建的上海文化指导目录、实施意见、重点项目、工作规划和三年行动计划以及推进举措,使核心价值观落细、落小、落实。

二、释放文化民生保障活力

良好的文化民生保障是城市文化活力的基础,富于生命力的接地气的文化才是最具活力的文化。20 世纪 90 年代以来,欧美的一些著名国际大都市相继提出各自的城市发展战略计划,并且不约而同地将文化民生置于城市发展的灵魂地位,将发展文化事业保障人民的文化权益作为现代城市政府义不容辞的职责。

上海以文化民生为出发点和落脚点,一直致力于设施一流、供给一流、保障一流、队伍一流的公共文化服务体系建设。设施布局不断优化,在人均文化设施享有面积等指标上接近国际文化大都市标准。根据《2012 年中国公共文化服务发展报告》显示,上海公共文化服务综合指标人均排名分达到 92.06分,位居全国各省市首位,但机构数还有很大发展空间。根据国际图联制定的标准,半径 1.5 公里内或两万人左右就需要设置一家图书馆,而目前上海的水平远未达到。

建设民生文化,需要进一步完善体现市级功能性、区域影响性、区县节点性、街镇(社区)均等性四级文化设施布局,推动大型居住区、临港新城、陆家嘴产业集聚区的文化设施配套,加强苏州河以北地区、远郊地区文化设施布局优化和拾遗补阙。上海中华艺术宫等标志性文化设施的建成使用,将上海文化设施的能级带入了世界视野,关键是如何加强中低档设施的布局和建设。

建设民生文化,还要重视优化公共文化内容配送,整合东方系列配送体系,建设全市公共资源数字化管理、集中式配送平台,完善市、区县、街镇公共文化内容配送网络,优化配送结构,丰富配送内容,推广公共文化云试点经验,启动文化上海云门户网站,充分依靠各类社会主体参与内容供给。探索全市"1+16"公共文化资源联动机制,以政府保障标准化、设施建设标准化、管理和服务标准化为重点,研究建立城乡一体的基本公共文化服务设施和人员的配置标准,探索提出不同区域内基本公共文化服务设施的功能差异和与之相适应的建设内容。

民生文化建设,尤其要坚持以城乡文化一体化为目标,加强公共文化服务均衡发展顶层设计。针对城区郊区间、郊区之间在设施布局、功能拓展、内容供给、财政投入等方面存在的不均衡现象,加强各级政府文化主管部门均衡规划、均衡布局、均衡服务、均衡保障思维与工作方式的重构,整体研究制定全市文化发展方略。创新文化均衡扶持政策,推动制定针对郊区特别是远郊的文化重点投入政策、区别对待的税收优惠政策,赋予郊区政府一定的地方税收减免权限。坚持郊区优先发展政策导向,坚持优质文化资源优先向郊区配给,坚持城区对郊区文化建设的帮扶引导,合理配置城乡文化资源。建立文化均衡支持平台,采取更加多元的激励措施,吸引和鼓励各类资本支持郊区文化发展,动员组织社会力量积极为郊区提供公共文化服务。

三、增强文化产业发展活力

文化活力来自文化产业实力,文化产业实力体现文化活力。通过对世界大都市的文化产业实力研究发现,国际化程度越高的城市,他们的实力不仅体现在经济、科技等硬实力上,更体现在文化等软实力上,而文化发展成为城市实力的突破口。除世界公认的纽约、伦敦、巴黎、东京这些全球性大都市外,还有一些区域性的大都市如洛杉矶、法兰克福、多伦多及新崛起的大都市如香港、新加坡、台北、首尔等,在过去的十几年中为增强城市实力而相互竞争,文化实力的竞争是其中的核心部分。

上海的演艺业、影视业、动漫业、娱乐业等八大文化产业在深入调研、分类规划、积极推动中，呈现出整体实力不断增强局面，文化创意产业增长比全市生产总值增长持续高出5个点左右，近年上海文化创意产业总产出每年都在8千亿元左右，增加值2千多亿元。但总体来说，文化产业的整体实力还不够强。

发展上海文化产业，战略定位至关重要，要围绕建立全球文化创意产业资源集聚中心、电影拍片制片中心和华人时尚休闲文化中心、亚洲演艺中心、文化装备业制造中心、新媒体发展中心、动漫制作营销中心、娱乐业内容生产与推介中心及全国广电制作又一中心等目标，进一步梳理细化重点文化产业发展目录，优化发展路线图和推动主体，明确优先发展、重点发展、外向发展、链式发展、品牌发展战略，确定产业布局、产业结构、发展方式和发展能级。

发展文化产业，要着眼于提高文化企业核心竞争力，既要促进国有文化企业的改革发展、创新转型，又要鼓励、支持、培育、发展多种所有制新型文化产业主体；既要聚集传媒业、演艺业、娱乐业、动漫业等优势领域和重点文化企业，依托迪士尼、西岸传媒港、临港文化装备产业集聚区等外向型产业主体，兼并、重组、培育一批有核心竞争力能走出去的文化企业集团，又要扶持培育各种小微文化企业，特别是大力扶持创新创意类的文化中小型企业，促进中小文化企业、大企业和骨干企业协同发展。

发展文化产业，务必要加强对文化市场的管理，文化市场是文化活力的源泉，政府加强市场管理，但绝不能主导市场的资源配置和流动，应将市场的资源配置权、微观经营权、产品生产权真正交给市场，构建统一开放竞争有序的现代文化市场体系，推动传统文化市场业态转型升级，发展连锁经营、混合经营、超市经营、物流配送、电子商务等现代文化产品物流方式，提高上海文化市场产品的首发率、落地率、覆盖率。重视市场主体发育环境尤其是消费环境的营造，加强对符合上海特大型城市特点的文化消费模式设计、加强政府对文化消费市场的引导和消费秩序的维护、建立市民文化消费导览和引导消费目录等。

文化产业能否发展、文化市场能否繁荣,在很大程度上取决于政策。要不断完善文化经济政策,适应文化产业和文化市场规模化、集约化、专业化发展趋势,进一步扩大开放,放宽准入,依托自贸区平台,创新和完善文化贸易政策、文化融合政策、文化金融政策、文化装备业政策、电影完片担保政策、电影促进政策等各类产业和市场配套支持政策。

发展经营性文化产业和文化市场,还要处理好与发展公益性文化事业的关系,科学区分事业产业边界,研究制定事业产业目录,创新确定事业产业不同支持政策,确保事业产业两轮驱动、两翼齐飞。

四、开拓城市文脉传承活力

文化是城市的灵魂和命脉,城市文化活力取决于城市文化记忆力。任何一个国家、一个民族的文化都是历史的产物。文化的魅力既在于历经千百年积淀所散发出的醇香厚韵,也在于立足传统的开拓创新。对于优秀传统文化的接受、吸纳、传承和创新,直接决定了文化创造的活力。伦敦文化战略的一个重要特点就是历史文化得到保存,颂扬伦敦的传统和生活遗产的多元性,并且进一步促进城市文化的多元性。在西班牙巴塞罗那文化——知识城市的发动机战略中,也明确提出要动态保存文化遗产。

上海城市文化底蕴深厚,内涵丰富,尤其是海派文化以其独特的开放包容特性名扬海外,关键在于怎样更好地去挖掘、传承和弘扬。

首先是挖掘,传统文化资源在现代城市开发中要想得到更好的保护,就必须进行针对性挖掘,应动员全市上下形成传统文化保护网络,组织保护队伍,像挖掘金矿一样挖掘传统文化,开展传统文化抢救工程,梳理和建立富有上海特质的红色文化、非遗文化、浦江文化、景观文化、市民文化等传统文化资源库,让收藏文物、陈列遗产和古籍典藏真正走出来、活起来。

其次是传承,上海传统文化宝库中,需要传承的内容很多,涉及面很广,但当前究竟需要传承什么、怎样传承,要建立上海传统文化传承目录清单,明晰传承主体,建立传承责任机制,使海派文化最基本的文化基因与当代文化相适应、与现代社会相协调，以人们喜闻乐见、具有广泛参与性的方式推广开来、传承下去。

再次是弘扬，挖掘是前提，传承是手段，弘扬是目的，要充分利用各种载体加强对传统文化的宣扬造势，让保护和利用传统文化成为每个人的自觉行动。要创新传统文化弘扬机制，推动传统文化进机关、进企业、进社区、进农村、进家庭、进学校、进入城市的方方面面和角角落落。要坚持用传统文化教育提升市民、引领社会思潮、美化人们心灵、促进社会和谐。文化是静态的又是动态的、是凝固的又是流动的、是传统的又是现代的，过去的文化是当今的传统文化，而现代的文化又将是未来的传统文化，要推动城市传统文化与现代文化有机衔接、联动发展。

保护、利用和弘扬传统文化，最根本的是加强立法。近年来，随着城市发展的加快，城市开发与传统文化保护的矛盾日趋突出，一些为市民所熟悉和喜爱的传统文化痕迹在高大的城市钢筋水泥建筑中湮灭了，加强保护传承城市历史文化立法比过去任何时候都显得迫切。这几年，我们加快了文化立法步伐，文物保护法、非遗保护法相继出台，关键是要强化全社会的法律意识，用法律等多种手段推动新出台的两部法落到实处。

五、集聚文化融合发展活力

文化跨界融合发展是世界潮流，文化跨界融合为城市文化活力的产生和释放创设了前所未有的条件与空间。未来五年内中国会有 4 亿人到海外，中国的文化利益遍布全球，上海在与世界文化融合中大有可为。融合不仅可拓展市民文化空间，而且可让市民享受到更多文化融合成果。

许多世界城市的文化发展经验表明，文化融合是城市宽容精神的表现，也是城市活力的来源。台北文化政策白皮书指出，文化与产业、社会与教育相结合，呈现更丰富的文化内容和生活品质，这是使台北维持世界级的竞争力，打造都市化、多元化、国际化魅力台北文化城所必不可少的一环。

上海在文科、文教、文旅、文商、文创、文金、文信等方面已具有良好的融合发展基础,其中文科、文教、文商等方面的融合发展走在全国前列,在全国形成示范效应。关键是要在已有融合领域的基础上,进一步拓展融合发展空间、丰富融合发展内涵、创新融合发展方式、完善融合发展政策、务求融合发展实效。

要着力在文化氛围营造中开展广泛融合,城市文化氛围营造为文化跨界融合提供了更广阔空间,要联手各区、动员社会、依靠群众,继续实施剧场、影院、影像、广场、地铁、商圈、集市、街头、机场、市民文化十进工程,梳理完善营造目录,建立文化氛围营造长效机制,定型和创新市民文化节以及各类国家级、市级重大文化活动举手参与、项目竞争、购买服务机制,推动上海办节经验在全国形成更广泛影响。

要着力在促进传统媒体与新媒体融合、创建上海电影完片担保体系、中外电影合作办学、公共文化万人培训、文博进校园课堂、构建校外文化教育网络等看得见摸得着受益快的融合项目上聚焦突破。

要适应新一轮文化改革发展的要求,在更新更高的起点上,完善和优化融合发展顶层设计,研究制定融合发展近期、中期、长期规划和三年行动计划,明确和细化文化与科技、文化与教育、文化与旅游、文化与金融、文化与商业、文化与贸易等10方面融合发展目录。

在未来文化发展中,上海文化究竟融合什么、怎样融合,要聚焦重点,力求在文科、文金、文教、文商等重点领域继续取得突破。要立足融合取向,探索建立项目化、平台化、制度化、规范化的融合发展长效机制,融合成果认定和评估激励机制,融合成果互惠互利及市民共享机制,融合发展人才特殊政策引领和重点培育机制。

六、打造文化开放包容活力

开放包容,是文化活力的命门,是文化活力迸发的必要条件。一座思想僵化、自我封闭的城市,注定是缺乏活力的城市。上海是一座地处改革前沿、面向全球、高度开放的国际化城市。立足国际国内两个市场,利用好国际国内两种资源,是激发上海文化活力的必然要求。

考量世界文化城市,大多是文化包容性极强的城市。在伦敦市长办公室颁布的《世界城市文化报告》中,纽约两度成为首选的文化城市。纽约的崛起与长盛不衰,与纽约人不断创造和积淀的文化包容密切相关,与纽约人的文化理想和文化品格密不可分,那就是对自由的追求、对多元的包容、对活力的崇仰。

自开埠以来,上海文化中就融入了开放与包容的基因,发展本土文化但不排斥外来优秀文化,引进外来优秀文化但不弱化本土文化,两种文化在互相碰撞中取长补短,相依共存,造就了上海海派文化的独有品格。上海应顺应建设卓越全球城市的大势,不断加大文化开放力度,在开放中促进本土与外来文化的包容发展,在开放中塑造上海文化的崭新形象。

包容是境界,应特别强调坚持马列主义对文化的指导地位,用主流文化反映、体现、包容多元文化,形成文化追求多层多元、文化取向多面多向、文化样式百花齐放、文化供给各取所需、文化格调高尚雅致的城市文化繁荣格局。值得思考的是,在自贸区更为开放的制度效应下,上海对影视作品、舞台艺术作品、美术作品的审查和管控,究竟怎样既强调一元主导又体现包容、宽容。在对产品、人才的包容乃至宽容上,怎样像纽约等世界城市一样发挥城市"人才价值命题"力量,用宽松的环境驱动城市成为人才磁场。

文化包容,不仅要体现在理念、胸怀和方式上,更要通过具体的文化行为去支撑。伦敦是文化包容最为广泛的城市之一,几个世纪以来就有大量的犹太、东欧移民和非洲、亚洲定居者来到伦敦。伦敦为使自己成为典型的高度开放、容忍的多元文化并存的世界大都市,大力发展文化合作者组织,开展非裔、亚裔和少数民族文化组织的能力建设和支持计划,鼓励在少数族裔中产生艺术家,设立非裔和亚裔文化遗产委员会来开发和保护文化遗产,制定针对异种文化包容性举措等。

上海应致力于包容举措创新,实施上海引进文化人才优才计划,在文艺作品生产、传播与展览、展演、展示中,大力倡导讲包容、写包容、唱包容、画包容、演包容、弘扬包容、演绎和发展包容的价值取向,让包容成为上海这座城市的时尚名片。

文化包容,至关重要的是政策导向。一些文化名人、明星、名师朝北漂而不向海漂,有的上海本土人才甚至往外漂,为什么?这应更多地从政策活力上去解读。文化部一名领导在《文化热点面对面》一书中指出,行政权力对艺术的发展不要过多干预,才能促使文艺大师的涌现。上海应借鉴香港的优才经验,突破传统的让人才愿意来、愿作为、愿留下的瓶颈,从政策制度层面真正为文化的包容提供空间。

七、撬动文化治理内在活力

文化治理产生文化活力,文化活力是文化治理的结果。高效的文化行政治理方式是政府治理能力和水平的集中体现,是国家治理体系和治理能力现代化的重要方面。在文化治理的基础上,文化活力的释放才能更好地体现正能量的取向。

上海应着力探索新时期政府治理文化治理什么和怎么治理的新思路、新举措,有效推动上海文化治理理念从传统政府主导型向现代社会参与型的转变、治理空间从脚下向天下的延伸、治理方式从单一性向多元性的拓展、治理手段从粗放型向精细和人文型的转型。

构建符合文化发展内在规律的现代文化发展治理体系,关键是要用改革的杠杆撬动文化治理顶层设计,将公共文化、文化产业、文化市场三个体系建设纳入制度化、规范化、程序化轨道。核心是要明确文化治理内涵,确定文化治理边界,建立文化治理目录和清单,创新文化治理成效社会化评估机制。

文化治理,最为重要的是十个方面的治理,即文化规划调控治理、文化法治保障治理、文化内容净化治理、文化需求导向治理、文化产业撬动治理、文化市场秩序治理、文化融合取向治理、社会主体丰富治理、文化氛围营造治理、文化资源优化治理。

文化治理,其重心必须落到基层,基层的文化治理能力强了,整个文化治理就具备了坚实基础。要加强文化治理的市、区、社区的网格化建设,建立有效的三级文化治理互动、驱动、联动平台,提升文化治理效能。

要综合运用行政的、法治的、社会的、市场的、科技的、人文的手段开展文化治理。文化治理是手段,其目的在于推动文化更快更好地发展。要善于用文化的方式、艺术的手段开展文化治理。一是参与式治理,让社会主体更多地参与文化发展规划的修订、文化设施的建设、文化场馆的运营管理、文化活动的承办、文化内容生产与供给、文化市场巡查监管。二是结合式治理,坚持治理力量的条块结合、治理要素的软硬结合、治理空间的内外结合、治理路径的长短结合、治理手段的虚实结合、治理主客体的互通结合,有效形成治理合力。三是渗透式治理,通过慢文化、流文化、细文化、柔文化等独特的文化形态,让文化在悄无声息中广泛渗透于社会各个领域、各行各业、各类人群、各种载体,最终实现以文化人、以文育人、以文悦人、以文施治的目的。

八、激发文化改革发展活力

改革是活力的助推器,没有改革就不可能有活力。纵观世界文化发展史,大凡世界文化强国或强市,都是具有文化活力的国度或城市。到伦敦、纽约,会让你因文化活力再三流连,人们会为一场音乐会、一部音乐剧从世界各地赶来。这在客观上要求上海比以往任何时候都更加重视增强城市文化活力。文化活力的根本性激发,在于改革。

深化改革,前提是树立改革思维,改变为改革而改革的思维方式,从改革促进活力生成的全局谋划改革;改变就改革抓改革的思维方式,从改革释放活力的视角推动改革;改变局部改局部的思维方式,用系统理念引领大活力观改革;改变被动改坐等改的思维方式,用制约活力瓶颈问题倒逼改革。

深化改革,核心是以活力为导向深化政府职能转变,完善和优化政府职能,进一步简政放权,科学界定政府权力边界,编制政府转移职能目录、权力目录清单,梳理和重构政府和社会、市场、行业和企业的关系,从政策制度层面明确各类社会主体参与文化建设的范围、领域、项目及活动,制定政府购买服务目录、具备承接购买服务资质的社会组织目录,出台购买服务政策。

深化改革,关键是以放活为基本取向,用好自贸区先行先试机遇,推进文物拍卖、影视制作发行放映等试点政策落地自贸区。开放文化项目和设施,发布购买服务的试点清单,健全购买服务制度。支持民营机构承办节庆、赛事、展会、演出等文化活动,引入社会力量管理社区文化活动中心,支持公共文化设施为社会提供演出场地。推动上海图书馆、上海博物馆理事会组建试点,推动中华艺术宫、上海当代艺术博物馆、中国上海国际艺术节中心创新法人治理结构,推动上海交响乐团巩固扩大理事会建立成果。

深化改革,根本是集聚活力元素优化开放型政府文化规划职能,城市文化活力的激发离不开科学的规划,纽约的多元文化、伦敦的创意文化、巴黎的经典文化闻名天下,无不得益于政府的规划。要集聚全市文化规划优质资源,形成全市统筹协调的未来文化规划修订完善机制,更好地发挥规划在城市文化活力创造中的统领与调控作用。

总之,文化活力,是城市的新发力点。让文化活起来,是实现上海由世界文化大市向世界文化强市目标转换的战略选择,是让市民更充分获取文化体验、感知文化美好、成就文化梦想的需要。文化活力从何而来,前提在于盘活文化资源,核心在于用活文化人才,根本在于激活文化基因。一座城市是否具有文化活力,最终要体现在高效的体制机制中、丰富的文化产品中、优质的文化品牌中、一流的公共服务中、浓郁的文化氛围中、包容的文化环境中、开放的人才高地中和美好的文化体验中。文化活力,至关重要的在人,人是文化活力中的第一要素。必须特别重视加强对高素质文化活力创造人才的开发、引进、培养和使用,营造更加宽松、生态、宜人的有利于各类国际、国内文化人才集聚、成长和作为的环境。文化活力有赖于财力,目前,文化投入短板突出,社会力量进入文化领域投资渠道不畅,政府投入为主、社会力量参与的多元化投入机制尚未形成。要像经济、教育、体育等硬投入那样加强文化投入。文化活力如何,百姓最有发言权,要建立文化活力指标统计、结果评估百姓参与机制。文化让每座城市与众不同,上海要成为真正富有文化活力的城市,还要处理好一元主导与多元并存的关系、社会效益与经济效益的关系、严格管理与以人为本的关系。文化活力给力城市发展,在活力效应下,上海一定能以活力城市的新形象展现在世人面前。

文 化 品 牌

7

新全球经济背景下的上海广告业
与上海国际广告节

许正林*

提　要　当前世界经济发展重心向东方转移,新媒体技术和创意产业中心也
在转向中国。中国也成为世界第二大广告市场,上海又是中国第二
大广告市场。在国际国内广告发展日新月异的背景下,打造一个具
有国际影响力的上海国际广告节已经具备天时、地利、人和的绝佳条
件,举办上海国际广告节负有重要的历史使命。本文主要介绍了世
界公认的国际三大广告节为戛纳国际创意节、伦敦国际广告节、纽约
国际广告节概况,中国与上海广告产业的现状与存在的问题,创办上
海国际广告节的意义、条件、宗旨与内容架构和远大目标,2018 年首

*　许正林,上海大学教授、博士生导师,国家社科重大课题《当代中国文化国际影响力的生成研
究》首席专家,教育部"马工程"建设项目《新闻编辑》首席专家,上海市新闻传播学专业教学
指导委员会副主任,中国广告学术委员会常务理事,中国广告教育研究会副会长,广告教育专
业委员会常务理事,中国老舍研究会常务理事。

届上海国际广告节的概况。

关键词　新全球经济　广告产业　国际广告节

所谓"全球化"是指"二战"之后逐步建立起来的国际主流价值体系与国际经济秩序。国际经济秩序是指以 1946 年布雷顿森林会议上签订的《国际货币基金协定》《国际复兴开发银行协定》以及后来产生的《关税与贸易总协定》这三大协定为基本法律框架所形成的、主要反映了以美英为首的发达国家的利益和要求在国际贸易与国际金融领域国际性的制度安排。所以,确切地说,旧的"全球化"就是"欧美化"。新全球经济首先表现为以美国为主导的"去全球化"与以中国为主导的寻求全球化的力量博弈,也表现为地区主义与全球化、单边主义与多边主义共存态势,也表现为亚洲经济、东方经济成为推动世界经济增长的重要力量,也表现为数字经济成为加速世界经济融合与发展的新生力量。

当前世界经济发展重心向东方转移,新媒体技术和创意产业中心也在转向中国。中国也成为世界第二大广告市场,上海又是中国第二大广告市场。国家"一带一路"倡议是中国企业、中国品牌、中国文化"走出去"的难得机遇。但目前国内企业对国际贸易环境、规划和市场趋势,广告营销策略等都知之甚少,急需一个高端又专业的平台来提供信息与服务,中国广告本身也需要世界了解、也需要走向世界,上海国际广告节正好对接这一多重市场需求。在国际国内广告发展日新月异的背景下,打造一个具有国际影响力的上海国际广告节已经具备天时、地利、人和的绝佳条件,举办上海国际广告节负有重要的历史使命。

一、新全球经济背景与国际三大广告节

世界公认的国际三大广告节为戛纳国际创意节、伦敦国际广告节、纽约国际广告节。

戛纳国际创意节最开始叫作 International Advertising Festival（国际广告节），而创意节的创立说起来还要感谢在同一城市举办的电影节。正是受到了戛纳国际电影节的在全世界的影响，在 1954 年的威尼斯，广告界人士决定模仿电影节，集结世界上最好的广告创作者们来一场广告节。1954 年 9 月，第一届威尼斯国际广告节就这么诞生了。当时一共有来自 14 个国家的 187 支创意广告入围评选，而创意节经典的狮子奖杯灵感则来自威尼斯著名的 Piazza San Marco（圣马可广场）中的守护飞狮。在威尼斯的第一届顺利举行后，第二届创意节决定在摩纳哥的蒙特卡洛举办。第三届才移到了戛纳，随后当时的国际广告节一直在戛纳和维纳斯轮流举办，直至 1984 年才缘定戛纳。而为了体现这个节日多元化的色彩，国际广告节在 2010 年 11 月正式更名为" Cannes Lions International Festival of Creativity"（戛纳国际创意节）。

自 1954 年首次出发以来，戛纳国际创意节每年都会将创意传播业聚集在一起，是戛纳独一无二的学习，互联和庆祝活动。活动在每年六月下举办，六月的节日标志着创意年的高潮和开始，戛纳狮子国际团体由世界上最有创造力，有才华和有创意的人士组成，旨在确定未来一年的工作议程。并且戛纳国际创意节也是世界五大广告节中唯一有现场颁奖的广告节。戛纳国际创意节的使命：戛纳国际创意节认为创造力是企业变革，在全球保持良好态势的强大驱动力。通过广告节、奖励、小型活动、培训课程和数字工具的全年计划，并且通过官方代表的全球官方网站。目标是激发，挑战和推动广告行业的向前发展。

随着专业性的增强和参与主体的多元化，戛纳创意节从形式上和数量上都呈现出逐年增加的趋势。在相同时间里，戛纳国际创意节另增加演讲场地，丰富论坛形式，包括主题演讲、多人主持、观点讨论、大师课堂、现场互动和社交等多种形式。参与举办主题论坛的广告行业主体增多。所有论坛都由不同的广告活动主体完成，几乎没有重合。参与到戛纳论坛方面的主体来看，传统广告活动主体格局已经被颠覆，行业主体不再局限在世界大型广告代理公司。除了 Google，Facebook，Twitter 等大型互联网公司和奥美、HBO、阳狮、DDB、智威汤逊等国际知名广告公司,可口可乐、路易威登和喜力啤酒等国际品牌也参与进来。同时创意节有更多的区域性团队加入进来分享各地独特的区域文化和市场氛围。

广告活动主体的范围已不单纯局限在广告公司、广告主和广告媒体,这三者的身份也正在不断融合。从经营上,这三大主体的职能有融合趋势,减少广告作业过程中的流程和隔阂。新的产业格局和新的媒介环境正在滋生和培育更多新的形态和业务取向的公司和新的组织方式、新的品牌、新的消费者定位。参加戛纳创意节的主体都性质各异而且规模不等,有谷歌、微软、Facebook、Twitter 到 iPool 等新出现的定位更加精准的新公司和新主打产品,有BBC、21st Century Fox 到自广播和专业杂志的后起之秀;也有奥美、阳狮到自组织的创意团队、知名品牌商、声名远播的政治、文化名人和具有一众忠实粉丝的社交媒体新名人。各主体之间的跨界和功能融合,同时各主体之间界限越来越模糊,对消费者的定位和服务也越来越精准。让戛纳的创意平台成为一个真正意义上的平等的舞台,每个人都可以作为媒介革命的一个主体参与到这场关于科技未来和人类命运的讨论中。

伦敦国际广告奖(London International Advertising Awards)每年的 11 月在英国伦敦开幕并颁奖。这项国际大奖,自 1985 年正式创立以来,每年有近百个国家和地区参加,近段时间来报名作品均在万件以上,所有的获奖者均得到一座铜像。铜像为一个展翅欲飞,企图飞跃自我的超现实主要的人类外形。1998 年度中国内地作品首度闯入决赛。该比赛同时也为每一媒介的作品设立了一项大奖。从获奖者中推选出的评奖主席将 票认定最终大奖的归宿。伦敦广告奖的分类最具特色,不仅在三大媒介(平面、影视、广播)项目上分类细致,而且在设计包装、技术制作上也划分详尽,充分体现该项评奖在创意概念、设计手法、技术制作等几方面齐头并重的特色。电视/电影类别产品类别涵盖28 项,包括电影预告片均被列入。

伦敦国际广告奖是世界最漫长的评奖。虽然颁奖安排在每年的 11 月,但所有参赛作品在 6 月即被要求送达组委会,再由组委会送往每一个评委手中独立评审。评委亦来自世界各地,不同的文化,不同的背景(包括创意大师、电视、电视导演、录音编导及制作专家等),但创意作为共同且唯一的评奖标准。该比赛同时也为每一媒介的作品设立了一项大奖。从获奖者中推选出的评奖主席将一票认定最终大奖的归宿。

伦敦国际广告奖也是最周全的项目分类奖。伦敦广告奖的分类最具特色,不仅在三大媒介(平面、影视、广播)项目上分类细致,而且在设计包装、技术制作上也划分详尽,充分体现该项评奖在创意概念、设计手法、技术制作等几方面齐头并重的特色。电视/电视类别、产品类别涵盖28项,包括电影预告片均被列入。

伦敦国际广告奖也是最具创新意识的大奖(技巧评选项目)。最佳动感的CEL、最佳电脑特技、最佳“动感—停止”镜头、最佳电影摄制、最佳文案、最佳化妆设计、最佳指导—对白、最佳指导—视觉效果、最佳剪辑、最佳幽默、最佳广告歌、最佳原创乐、最佳表演—女性、最佳表演—男性、最佳布置设计、特别音乐改编、特殊效果。

纽约国际广告节也叫美国“纽约节”(New York Festivals,NYF),创立于1957年,每年5月在美国纽约林肯中心举办。它是由国际奖项集团(the International Awards Group,IAG)公司负责运作和管理,它所评选出的作品被认为是各自领域的“世界最佳作品”。同时,纽约广告节是为了嘉奖世界最佳广告而设,全球最具国际性的顶级广告创意奖项之一。每年有八十多个国家和地区,三千余家各国和地区最好的广告、设计、公关、媒体、制作等公司参赛,角逐影视、平面、户外、整合、公益、公关、数字等19个竞赛单元,由来自全球100个国家400多位各国最资深的创意总监和世界级创意总监组成的国际大评审团和执行评审团通过初审和终审两轮40多万次评分,最终评选出最佳创意奖、全场大奖、一等奖、二等奖、三等奖、入围奖以及联合国公益大奖(1990年起纽约广告节与联合国合作设立嘉奖把联合国精神和理念诠释的最为出色的公益广告)等其他特设奖项。所有入围决赛的作品的名单以及金、银、铜奖和全场大奖获得者的作品都会被刊登在《纽约节年鉴》中,并在全球发行。

纽约国际广告奖创设时主要是为非广播电视媒介的广告佳作而设。在此后二十年间,这项大奖在全美的工业界与教育界取得了非凡的声誉。在 20 世纪 70 年代,新资源的加入又使其增添了电视电影广告电视节目和促销等诸多项目。国际广播广告、节目和促销竞赛项目开始于 1982 年;印刷广告、设计、摄影图片、图象项目开始于 1984 年;为了适应技术和科技的发展,全球互联网络奖项亦于 1992 年正式成立;对于健康关怀的全球奖项也于 1994 年加入大赛;1995 年又添设了广告市场效果奖,以嘉勉那些创意精良且市场销售突出的广告活动。

为了嘉奖"未来的广告创意大师"而设立的纽约广告节国际学生奖设立于 2007 年。自 2013 年起,所有学生奖的参赛作品将直接由 20 多家国际广告集团的全球创意总监们组成的纽约广告奖执行评审团在纽约评出金、银、铜及入围奖。近年来每次大赛均有 70 个以上的国家携 20 000 件以上的作品参加角逐。中国内地作品亦曾进入决赛以及获得各项奖项。纽约广告节的宗旨是为那些在传播、广播、营销及媒体等领域深深打动并征服了全球观众的人们授予殊荣。

纽约广告节在全球传媒广告界具有非凡的声誉,是由于其评审及评审流程的严格性和权威性在业内屈指可数,"它是一种肯定,一种受到全球 400 多名各国及全球顶级创意人真正尊重的象征。"因此,纽约节是全球公认的广告创意和营销传播卓越的试金石。

世界三大国际广告节都具有辉煌的历史,但因世界经济下滑的影响,三大国际广告节的影响力都在不断下降,而中国广告逐渐成为这三大广告节上的主角。

二、中国广告产业与上海广告产业的现状

2017 年全国广告经营额为 6 896 亿,2017 年中国整体广告市场增长 4.3%(2014 年增长 2.2%;2015 年减少 2.9%;2016 年减少 0.6%),其中,传统广告市场增长 0.2%(2014 年减少 2.0%;2015 年减少 7.2%;2016 年减少 6.0%)。2017 年,中国广告经营单位达到 112 万户,同比增长 28.3%;而从业人员达到

438.18万人,同比增长12.3%。

上海市是我国最主要的广告经营中心之一。根据上海市工商局《2017年度上海广告市场状况报告》显示,截至2017年底,上海市广告营业收入为1 760.31亿元(其中应税经营额564.45亿元,同口径下占全国总量的8.2%),广告业增加值253.9亿元,约占全市生产总值(GDP)的0.8%,占全市第三产业增加值的1.22%。2017年上海市互联网媒介经营单位广告营业收入139.74亿元,同比增长85.25%。主营内、外资广告企业营收媒介排名中,互联网广告全面超过传统媒体广告,均列第一;电视、户外媒介交叉列第二、三位。在电视、广播、报纸、期刊、互联网五类媒体中,互联网广告营收占比逐年攀升,已由2011年的10.6%升至67.1%。截至2017年底,上海共有广告经营单位26.8万户,同比增加6.02万户,增幅29%。其中外商投资广告企业2 078户,同比增长86.7%。

2017年也是上海广告创意丰收的一年。在全球主要国际广告节上,上海广告企业获奖总数仍居中国军团首位。分别斩获戛纳国际创意节的6个银狮奖和3个铜狮奖、"金铅笔"创意节的9个优秀奖、伦敦广告节1个金奖、1个银奖、5个铜奖和7个入围奖,以及亚太广告节的1个金奖、8个银奖、2个铜奖、7个入围奖和实效莲花、莲花之根两个特殊类别奖项,充分展示了上海广告业的创意创新水平。二十个世纪七八十年代交替之际,上海广告业率先突破计划经济的制度羁绊到现在,据2012年上海广告业调查统计:目前上海的外资广告公司已达225家。这一群落的产生,与上海产业的国际化程度有关,世界500强的企业差不多有一半已经登陆上海,那么作为贴身服务的广告公司自然进入上海,外资广告公司的数量占比并不大,但是其影响力却是极大的。本土广告公司数量很多,影响力却远要弱于外资公司。上海市广告产业发展状况是我国广告业发展的一个缩影。我国本土中小型广告公司数量级多,但是仍然存在着许多问题。

(一)小型微型广告公司数量占据上海主营广告企业绝大多数

本文根据上海广告公司的实际情况,业界人士建议及上海广告公司从业人员实际情况,将 100 人定位划分中小型广告公司的分水岭,即超过 100 人为大型广告公司,50—99 人为中型广告公司,10—49 人为小型广告公司,1—9 人为微型广告公司。

表 1　主营广告公司规模分布情况

	大型广告公司	中型广告公司	小型广告公司	微型广告公司
数量	79	111	978	2013
比例	2.5%	3.5%	30.7%	63.3%

由表 1 可以看出,在上海主营广告企业中,大型广告公司的数量只有 79 家,占主营广告企业的 2.5%;50—99 人的中型广告公司数量为 111 家,占主营广告企业的 3.5%;10—49 人的小型广告公司数量为 978 家,占 30.7%;大多数的广告公司的人员都在 10 人以内,共计 2013 家,占统计的主营广告企业的 63.3%。

表 2　广告公司划型与收入

	广告业务收入	比　例	广告业务利润	比　例
大型广告公司	6 077 735.46	58.07%	488 687.5	54.88%
中型广告公司	1 189 128.58	11.36%	143 574.13	16.12%
小型广告公司	1 657 498.06	15.84%	181 293.77	20.36%
微型广告公司	1 541 579.47	14.73%	76 899.05	8.64%
总计	10 465 941.57	100.00%	890 454.45	100.00%

由表 2 可以发现,大型广告公司的数量仅占主营广告公司总数量的 2.5%,但是其广告业务收入和广告业务利润都占到整个广告收入的一多半。而占到主营广告公司数量超过六成的微型广告公司的广告业务收入仅占到 14.73%,其广告业务利润只占 8.64%。由表 2 可见,上海主营广告公司中,大型广告公司的收入和利润情况都远远的超越了中小微型的广告公司。上海小型微型广告公司的发展还需要很长的路。

（二）国际广告公司与本土广告公司的经济地位成反比

在统计的主营的广告经营企业的3 181户中,内资广告经营单位为2 970户,所占比重为93.4%,占了绝大部分;外资广告经营单位为211户,所占比重为6.6%。但是统计分析发现,外资广告公司的经济地位比本土广告公司要高。

由表3可知,上海广告业统计中,内资广告经营企业单位占到绝大多数的数量,共计93.4%,广告业务收入占到总量的45.5%,而广告业务利润达到61.9%;而仅占广告经营单位数量6.6%的外资广告公司的广告业务收入却占到总数的54.5%,广告业务利润也占到总广告业务利润的38.1%。

表3　内外资广告经营单位的比较

企业类型	数量	百分比（%）	广告业务收入	百分比（%）	广告业务利润	百分比（%）
内资	2 970	93.4	4 763 624.5	45.5	551 283.5	61.9
外资	211	6.6	5 702 317.1	54.5	339 170.96	38.1
总计	3 181	100	8 855 188.3	100	785 017.4	100

外资国际广告公司数量少,却占据了一半多的广告业务收入,其力量是不可忽视的。而本土广告公司数量极多,但是平均下来每个广告公司的业务收入量却很少。外资公司数量少却瓜分了大半的广告业务收入,可见国际广告公司强大的广告经营能力。

（三）生活服务仍是本土广告经营服务收入的主业

根据表4可知,2011年广告经营企业单位业务收入行业分布中的"其他"类别所占比例超过50%,广告业务收入的行业区分还需要细化,否则不能正确地反映广告经营企业单位广告业务收入的行业分布情况。除了其他种类之外,广告业务收入的行业排名情况为食品、房地产、农资、美容业、服装服饰、服务业、汽车、家用电器、化妆品、保健食品、烟草、酒类、医疗器械、医疗服务、药品、信息产品和技术服务、招生招聘,最后一位是金融保险行业。

表4 2011年广告经营企业单位广告业务收入行业分布

行　业	广告经营收入	百分比	行　业	广告经营收入	百分比
其　他	7 401 554.65	54.31%	保健食品	139 056.06	1.02%
食　品	1 318 588.811	9.68%	烟　草	131 363.326 2	0.96%
房地产	1 126 028.087	8.26%	酒　类	105 951.578 6	0.78%
农　资	784 899.880 1	5.76%	医疗器械	69 997.583 87	0.51%
美容业	723 836.497 6	5.31%	医疗服务	46 557.643 08	0.34%
服装服饰	470 627.432 5	3.45%	药　品	23 962.829 58	0.18%
服务业	405 012.888 9	2.97%	信息产品和技术服务	23 621.656 25	0.17%
汽　车	358 582.155 4	2.63%	招生招聘	23 329.536 43	0.17%
家用电器	243 297.547 6	1.79%	金融保险	4 717.500 479	0.03%
化妆品	226 715.036 3	1.66%			

　　而在表5中,2012年广告经营企业单位广告业务收入行业分布中可以看出,尽管2012年的统计"其他"类别依然排名第一,但是所占比例已经下降许多,由2011年的54.31%下降到28.7%,这也是统计较为细致的原因。广告业务收入的排名情况,汽车行业上升飞快,由2011年的2.63上升至13.1%,位列第二;食品、美容化妆、服装服饰、服务业、家用电器、保健食品等排名变化不大。房地产行业由2011年的第三下降至13位,这也与经济环境的大背景息息相关。

表5 2012年广告经营企业单位广告业务收入行业分布

行　业	广告经营收入	百分比	行　业	广告经营收入	百分比
其　他	3 643 632.6	28.7%	服务业	825 087.21	6.5%
汽　车	1 668 476.2	13.1%	家用电器	508 345.26	4.0%
食　品	1 275 812.9	10.0%	信息产品和技术服务	502 688.14	4.0%
化妆品	1 181 145.8	9.3%	金融保险	460 799.08	3.6%
服装服饰	1 129 029	8.9%	药　品	450 392.7	3.5%

续表

行　业	广告经营收入	百分比	行　业	广告经营收入	百分比
保健食品	263 116.61	2.1%	招生招聘	69 129.17	0.5%
酒　类	253 685.55	2.0%	美容业	41 266.68	0.3%
房地产	203 246.41	1.6%	医疗器械	17 483.08	0.1%
农　资	124 759.3	1.0%	医疗服务	11 375.36	0.1%
烟　草	80 632.09	0.6%			

（四）广告业务收入电视仍是主流,互联网与电影露锋芒

根据以下表6可以看出,在广告经营企业单位广告业务收入的媒体分布中,电视连续两年来都排在第一位,并在2012年所占比例上升了两个百分点;户外媒体由11年的第三位上升至第二位,但是广告业务收入比例却有所下降;互联网、电影的广告业务收入上升,而报纸、印刷品的广告业务收入却有所下降。

表6　两年来广告经营企业单位广告业务收入媒体分布

2012 年广告业务收入媒体分布			2011 年广告业务收入媒体分布		
媒体类型	广告业务收入	百分比	媒体类型	广告业务收入	百分比
电视	3 376 955.6	30.8%	电视	2 701 870.2	28.72%
户外媒介	1 280 693.8	11.7%	其他	1 965 505.259	20.89%
其他	1 174 203.2	10.7%	户外媒介	1 588 639.311	16.89%
互联网	1 139 988.1	10.4%	报纸	1 036 842.513	11.02%
电影	891 956.94	8.1%	互联网	757 073.670 7	8.05%
期刊	868 000.83	7.9%	期刊	393 424.598 2	4.18%
报纸	812 566.42	7.4%	印刷品	303 587.611 3	3.23%
移动通讯网	494 759.56	4.5%	室内展览展示	303 447.364 1	3.23%
室内展览展示	384 160.97	3.5%	广播	218 421.634 7	2.32%
广播	360 588.8	3.3%	移动通讯网	100 272.114 9	1.07%
印刷品	188 445.3	1.7%	电影	38 298.736 13	0.41%

（五）从从业人员看小微型广告公司构成上海广告业态的塔基

根据统计的分类方法,将公司从业人员分为管理人员、创意设计人员、业务人员以及其他人员四类,具体见表7:

表7 广告公司从业人员统计

	管理人员	比例	创意设计人员	比例	业务人员	比例	其他人员	比例
大型	2 309	11. 29%	5 092	24.9%	9 097	44.48%	3 953	19.33%
中型	1 149	15.05%	1 444	18.91%	3 311	43.67%	1 731	22.37%
小型	3 935	21.6%	4 105	22.54%	6 105	33.52%	4 070	22.34%
微型	2 539	33. 3%	1 555	20.4%	2 326	30.5%	1 205	15.8%

由表7可看出,大中小型广告公司中人员最多的为业务人员,而微型广告公司人员中最多的为管理人员。大中小型广告公司要维持发展,必须洽谈和拓展业务,所以业务人员较多;而微型广告公司一般只有10人以下,甚至很大部分都是一人或者两人身兼数职,又做领导又做创意同时又跑业务。

跨国广告公司对于本土中小广告公司在人力资源的争夺之上有诸多威胁。最大的威胁表现在,跨国广告公司利用高薪吸引行业高端人才,其次是跨国广告公司注重对人才的合理招聘和使用,最后是跨国广告公司注重高校宣传与优秀人才的提前挖掘。诸如WPP旗下的奥美、李奥贝纳这样的跨国广告公司基于其规模化的运作、系统化的管理,在人力资源管理上也相当专业。他们为员工创造良好的工作氛围、弹性大的工作时间制度、深造机会、薪金福利,这些对于行业人才来说都是不二的选择。另外,跨国广告公司每个季度都会在各大高校的大三、大四的待就业学生中挖掘潜在优秀人才。而中小广告公司却没有这样的实力,在自身有限的条件和限定的市场之下,本土中小广告公司只能等着人才主动找上门来,在人力资源的争夺上缺乏主动性。

在市场经济的环境中,广告行业的竞争分布与格局是符合市场的资源配置的。在一个行业中,分布着综合实力不同的公司,就好像在一个社会中有着形形色色的人一样,每个人都是不同的,各有各的长处与短处,这样社会才能丰富多彩,五彩斑斓,整个广告行业亦是如此。黑格尔曾说过:"存在即合理。"因此,广告行业的竞争格局与市场情况可以说是比较合理的。

值得注意的是,虽然本土广告公司,尤其是中小微型广告公司的经营状况没有我们想象的混乱,但是中小型广告公司的经营状况显然是存在着困境的,我们不能因为没有想象中的严重而就此忽略中小微型广告公司在经营中所遇到的困境以及对整个广告产业发展与国际竞争力培育的制约。

1. 少量规模庞大的内资广告公司分走较多收益

按照注册资金将 2 970 户内资广告经营企业单位分为五个类别,其中未填写注册资金的广告经营企业单位为 5 户,数量只占到总数的 0.2%,对此次统计结果有效性影响较小。具体统计见表 8。

表 8　内资广告经营企业单位统计分析

企业类型	注　册　资　金	数量	百分比（%）	广告业务收入	百分比（%）
内资企业	50 万以下	295	9.93	334 845	7.1
	50 万—100 万（含 50 万）	1 096	36.9	844 449	17.7
	100 万—500 万（含 100 万）	1 313	44.2	1 699 986	35.7
	500 万—1 000 万（含 500 万）	127	4.28	316 383	6.6
	1 000 万以上（含 1 000 万）	139	4.68	1 567 961	32.9
总计		2 970	100	4 763 624	100

由之前的分析我们可以看出,数量极少的外资公司的广告业务收入已经占去了上海市广告业务收入的半壁江山,其余的一半,由数量庞大的内资公司获取。而在这些数量庞大的内资公司获取的广告业务收入分布也不均衡。

由下图 1 可以看出,上海市广告业内资广告经营企业单位中,注册资金为100—500 万及 50—100 万的企业较多,分别占到 44% 及 37%;50 万以下的经营单位占 10%;500—1 000 万,1 000 万以上的内资企业数量很少,占到内资广告公司的 4% 与 5%。以此可以看出,此次统计的上海市广告经营企业单位的

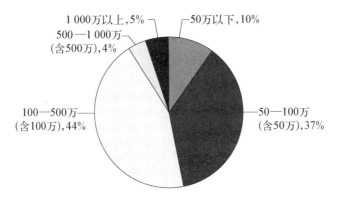

图1　上海内资广告规模分布

规模较为中等,注册资金为50—500万的内资广告公司数量最多,而50万以下,500万以上规模的企业数量较少。

由图2可以看出,广告业务收入比例并不均衡,其中100—500万规模的内资广告经营企业单位广告业务收入最多,占35%;其次为1 000万以上规模的内资广告企业经营单位的广告业务收入为33%;50—100万以上规模的内资广告经营企业单位的广告业务收入为18%;500—1 000万以上以及50万以下规模的内资广告经营企业单位的广告业务收入均为7%。数量最多的50—100万以上规模的广告企业经营单位的广告业务收入占到35%,而数量为5%的1 000万以上的广告经营企业单位的广告业务收入却占到内资广告业务收入的33%,两者数量相差许多,但是广告业务收入却很相近。规模庞大的内资公

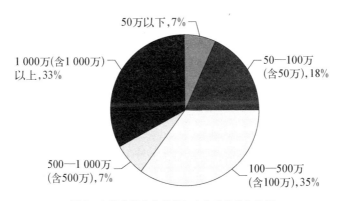

图2　上海内资广告规模与广告业务收入比例

司广告业务收入也非常可观,规模达到100万以上的公司瓜分走较多的广告业务份额。而百万规模以下的公司之间的竞争非常激烈,尤其是50—100万规模公司之间,近四成的公司瓜分不到两成的广告业务收入,其激烈程度可想而知。

在世界经济一体化发展趋势下,提高注册资本、追求资本运作、大资本运作,已经成为跨国公司、国际贸易等经营活动中的一种自觉行为。上海的广告公司中也应该重视注册资本,提高层次,参与竞争,才能真正做大做强,提升公司的综合竞争能力,提高服务的整体质量。

2. 微型广告公司的广告业利润最低

通过将大中小型广告公司的广告业务成本与广告业务利润统计,并与相对应的广告业务收入进行对比之后得出表9。

表9　广告业务成本与利润比较

	广告业务成本	广告业务收入比值	广告业务利润	广告业务收入比值
大型	4 659 360	0.767	488 687.5	0.08
中型	897 888	0.755 7	143 574.1	0.121
小型	1 151 055	0.694 7	181 293.8	0.109
微型	1 158 744	0.752	76 899.1	0.05

通过表9可以看出,广告业务的成本占到广告公司业务收入的70%以上,这与广告行业的情况吻合,广告公司作为服务机构,为广告主设计、制作、发布广告,其中的发布成本非常高,尤其是传统的电视广告,制作与发布费用非常高,因此大大提升了广告业务成本。而在大中小微型的广告公司之间,广告业务利润上,微型广告公司的广告业务利润比值最低,只有微型广告业务收入的5%,与大型广告公司的8%,小型广告公司的10%,中型广告公司的12%都有着一定的差距,微型广告公司的利润受到进一步的压缩,可见上海微型广告公司生存压力之大,生存空间之窘迫。

3. 微型广告公司的广告业务收入行业分布不明朗

通过分别统计大中小微型广告公司的广告业务收入的行业分布情况,得出表10,如下:

表 10　大中小型广告公司广告业务收入行业分布状况

	大型	比例	中型	比例	小型	比例	微型	比例
其他	1 549 870	0.23	313 582.2	0.24	520 746	0.29	643 524.5	0.43
化妆品	991 096.1	0.15	51 564.2	0.04	70 970.84	0.04	65 235.28	0.04
汽车	920 812.8	0.14	168 498.3	0.13	335 715.9	0.19	167 638.6	0.11
食品	865 588	0.13	139 101.5	0.11	142 271.9	0.08	121 911.1	0.08
服装服饰	629 365.4	0.09	81 814.43	0.06	111 621.7	0.06	81 965.95	0.05
服务业	409 170.1	0.06	192 021.4	0.15	93 632.99	0.05	72 725.7	0.05
药品	295 630.1	0.04	41 616.74	0.03	46 020.3	0.03	23 934.72	0.02
家用电器	281 751	0.04	69 620.69	0.05	87 571.11	0.05	30 049.15	0.02
金融保险	251 245.8	0.04	54 652.08	0.04	55 868.71	0.03	49 306.59	0.03
信息产品和技术服务	181 229.3	0.03	91 363.84	0.07	127 701.3	0.07	51 497.72	0.03
保健食品	138 085.5	0.02	20 763.7	0.02	20 918.74	0.01	29 713.2	0.02
酒类	101 515.1	0.01	37 319.26	0.03	26 408.48	0.01	77 944.48	0.05
房地产	60 739.19	0.01	19 357.05	0.01	71 256.5	0.04	46 638.42	0.03
烟草	50 940.11	0.01	7 142.45	0.01	10 349.98	0.01	6 315.507	0.00
农资	24 438.29	0.00	8 323.41	0.01	35 657.76	0.02	11 936.69	0.01
美容业	8 359.79	0.00	2 732.69	0.00	23 517.8	0.01	6 374.19	0.00
招生招聘	8 069.1	0.00	13 633.62	0.01	19 564.96	0.01	12 491.66	0.01
医疗器械	5 574.56	0.00	1 853.07	0.00	4 945.32	0.00	3 226.37	0.00
医疗服务	1 849.43	0.00	2 865.29	0.00	5 377.81	0.00	665.19	0.00

由表 10 不难看出,微型广告公司的广告业务收入的行业分布中,"其他"一类占广告业务总收入的 43%,其广告业务收入的行业分布不清晰,而且行业分布非常零散,除去汽车行业占到广告业务收入的一成,其余都零散地分布在各个行业,微型广告公司的收入行业分布呈现碎片化,没有形成一定的趋势。而中小型广告公司虽然情况稍好一些,但是也存在着广告业务收入碎片化的情况,而大型广告公司的广告收入行业分布较为集中,其行业分布情况明显。

因此,上海中小微型广告公司仍需要培养客户,形成自己的广告收入行业分布的类型与层次。

4. 中小微型广告公司广告业务媒体分布不够明朗

按照媒体将大中小微型广告公司的广告业务收入进行统计得出表11:

表 11　大中小微型广告公司广告业务媒体分布状况

	大型	比例	中型	比例	小型	比例	微型	比例
电影	750 668.47	0.12	58 396.70	0.05	9 550.27	0.01	13 124.69	0.01
电视	2 136 893.95	0.35	241 456.17	0.21	463 707.28	0.29	386 159.98	0.27
广播	141 635.44	0.02	20 430.91	0.02	60 960.53	0.04	52 736.63	0.04
报纸	432 286.44	0.07	79 627.02	0.07	131 680.71	0.08	97 009.50	0.07
期刊	423 784.43	0.07	86 545.66	0.07	68 256.85	0.04	90 662.57	0.06
互联网	611 349.20	0.10	255 355.84	0.22	166 825.53	0.10	104 005.49	0.07
移动通讯网	137 236.87	0.02	141 141.33	0.12	150 428.17	0.09	51 599.01	0.04
户外媒介	801 306.98	0.13	89 165.50	0.08	249 063.52	0.16	123 411.26	0.09
室内展览展示	252 984.41	0.04	12 635.82	0.01	46 150.24	0.03	18 467.58	0.01
印刷品	31 471.74	0.01	25 029.34	0.02	48 607.06	0.03	19 737.50	0.01
其他	327 915.54	0.05	164 784.29	0.14	206 786.91	0.13	462 063.25	0.33

根据大中小微型广告公司广告业务收入的媒体分布所占比例进行排序得出表12,可以看出,对于大型广告公司来说,电视媒体居于首位,其次为户外媒体、电影、互联网,报纸排第五,其行业分布非常明确。对于中型广告公司来说,互联网居于首位,其次为电视、其他媒体、移动通讯网,户外媒体排第五。对于小型广告公司来说,所占比例最大的是电视媒体,其次为户外媒体、其他媒体、互联网与移动通讯网;而对于微型广告公司来说,其他媒体却排在第一位,其次为电视、户外媒介、互联网与报纸。对于小型微型广告公司来说,其媒体分布中其他一类占据了不小的比例,是不够明朗的。

表 12 大中小微型广告公司的广告业务收入媒体排序

大 型		中 型		小 型		微 型	
电视	0.35	互联网	0.22	电视	0.29	其他	0.33
户外媒介	0.13	电视	0.21	户外媒介	0.16	电视	0.27
电影	0.12	其他	0.14	其他	0.13	户外媒介	0.09
互联网	0.10	移动通讯网	0.12	互联网	0.10	互联网	0.07
报纸	0.07	户外媒介	0.08	移动通讯网	0.09	报纸	0.07
期刊	0.07	期刊	0.07	报纸	0.08	期刊	0.06
其他	0.05	报纸	0.07	期刊	0.04	广播	0.04
室内展览展示	0.04	电影	0.05	广播	0.04	移动通讯网	0.04
广播	0.02	印刷品	0.02	印刷品	0.03	印刷品	0.01
移动通讯网	0.02	广播	0.02	室内展览展示	0.03	室内展览展示	0.01
印刷品	0.01	室内展览展示	0.01	电影	0.01	电影	0.01

从上述的数据百分比中,可以发现电视、户外是广告公司选择优先会选择的投放媒体,这两大主流媒体的投放效果总是比较稳定,直观性强,比较容易说服广告主。互联网作为近年来随着信息社会的高速发展,渐渐成为第五大主流媒体的趋势,网络广告的受众接触面更广,信息传播的速度和更新的速度都有着无与伦比的优势,因而网络平台成了广告投放的新热门。

三、举办上海国际广告节的重要意义与现实条件

举办上海国际广告不仅是基于我国广告行业整体发展的需要,也是将上海打造成具有国际影响力城市的需要,更是适应了当前上海市经济转型发展、扩大城市文化国际影响力的必然要求。

1. 当前世界及亚洲广告节态势与上海的机遇

当前世界有纽约广告节、戛纳广告节、伦敦广告节等三大国际广告节。但因世界经济下滑的影响,三大国际广告节的影响力都在不断下降,而中国广告逐渐成为这三大广告节上的主角。亚洲最具影响力的广告节是韩国的釜山国

上海文化发展报告(2019)

际广告节,但是由于近期中韩关系紧张,其影响力必然下降。因此,及时打造更具国际影响力的世界性的上海国际广告节已经具备天时、地利、人和的绝佳条件。

随着中国的国家综合实力逐渐增强、中国经济位列世界前茅,我们应当积极把握有利时机。上海作为中国广告的发祥地和新时期改革开放的经济发展中心,应当积极承担举办国际广告节的重要使命,建立国际广告创意城市交流平台,有利于彰显上海的综合实力和文化吸引力,从而提升上海与中国在亚洲和国际上的话语权及文化影响力。

2. 建设科技创新中心、打造国际品牌城市

上海国际广告节将作为上海市的城市名片。打造一个有内涵、真正具有国际影响力的国际广告节,有利于充分彰显上海作为国际性大都市的城市内涵和文化魅力,服务于建设上海科技创新中心的新战略,坐实上海设计之都和品牌之都的内涵,增强上海人文创意气息和城市活力,进一步扩大上海市作为国际性创意大都市的文化影响力和吸引力,对上海作为国际品牌大都市也具有重要的导向性和显著的创新意义。

3. 促进广告国际交流、提升中国广告的国际影响力

上海作为国际型大都市,也是中国广告的发祥地和中国广告产业的中心,国际4A广告公司云集于此,本土的广告公司也数量众多、蓬勃发展,广告活动与业务交流频繁,具有得天独厚的条件和巨大的人才优势。这一重大的国际节事活动还将起到全球性的示范作用,对接国际资源,会集世界创意大脑,聚焦和吸引更大范围的国际化和专业性人才、资金、技术、资源的进入和互动,进一步拓展本土广告企业业务,促进国际间广告与文化的交流与互动。

4. 推动多行业资源聚集、完善文化创意产业链

上海国际广告节还将直接推动广告行业的政、产、学、研、金、介、媒等产业资源的集聚,形成多方跨界联动效应,打造并完善上海广告创意产业链,形成广告与文创产业的良好发展生态及势能,营造一个利于广告行业及文创产业发展的环境,对全国乃至世界的广告文创产业的发展提供示范和引

146

领作用。

5. 促进经济、城市、品牌、广告、媒体联动发展

当前国内面临经济的转型与升级,广告产业作为文化创新产业的重要组成部分,推动文化创意和广告设计等相关领域融合发展,进一步发挥文化创意产业在上海经济转型升级中的引领和带动作用。这一活动还将结合品牌、媒体、城市、广告公司等多方合作,推动广告创意产业的发展,从而进一步发展和优化上海文创产业结构,提升产业效能和创新能力,激发第三产业的经济活力,形成新的广告产业发展群落以及相互衔接的产业链条。

举办上海国际广告节也具备诸多基本条件:

1. 具有国际性大都市的城市内涵和地理优势

上海拥有国际一流的资源网络和国际话语权,国际化是上海区别于国内其他城市的重要特色之一。上海也是创意之都,有利于促进上海的广告创意产业领域与国际资源对接,整合国内外市场、人才、资金、技术等要素也有利于上海国际广告节的顺利筹备和举办。

2. 具有雄厚的经济实力和完善的基础设施条件

上海作为全球著名的金融中心,也是中国的经济发展中心,GDP 位列全国城市第一,经济与城市建设发展迅速,具有雄厚的经济实力,且外资外贸投入十分活跃,能为上海国际广告节的展开提供坚实的经济基础。同时,上海作为国际化的大都市,具有现代化的城市建设,基础设施完善,有利于上海国际广告节相关工作的顺利展开。

3. 具有大量国内外知名广告公司和丰富的人才资源

我国已经成为世界仅次于美国的第二大广告国。2016 年全国的广告经营额为 6 489.129 6 亿元,我国广告经营单位数量增加至 87.514 6 万家,广告从业人员数也增加至 390.038 4 万人。上海作为中国广告产业的发展中心,广告创意产业蓬勃发展,国际著名的 4A 广告公司都在上海设立中国分公司,本土广告公司也数量庞大,广告专业人才集聚,具有浓厚的广告创意氛围,有利于上海及国际积极响应上海国际广告节的活动,也有利于推介中国本土的广告力量,促进中外广告的接轨和进一步交流。

4. 具有丰富的国际节事和展览活动的举办经验

东浩兰生集团作为上海国际广告节的筹办与支持单位,曾积极参与了中国 2010 上海世界博览会的筹办工作;上海现代国际展览公司有组织和对接众多丰富多彩的展览和活动资源与能力,二者都具有丰富的国际性节事活动的承办经验。上海还具有举办上海国际电影节和国际艺术节的相关经验,有利于上海国际广告节的积极筹备和有效落地。上海大学作为主要支持高校,具有主办 16 届国际大学生广告节的丰富经验,这些都能保证上海国际广告节的国际性、权威性和专业性、高端性的重要条件。

四、首届上海国际广告节概况

中国共产党"19 大"以后,中国要更加对外开放,上海的城市发展战略也更聚焦科技创新。上海是国家对外经济的重要阵地,中国经济走向全球化的重要资源。上海国际广告节积极顺应世界经济发展与产业变化的节奏,顺应世界经济变化的潮流,响应上海大力发展文化创意产业大局,落实市委、市政府《关于加快本市文化创意产业创新发展的若干意见》(简称"上海文创 50 条")的精神,对接国家"一带一路"倡议,推进中国广告、中国品牌"走出去",促进与培育上海广告自有的领袖企业和人才,通过活动造势造人,通过平台留人留势,打造万商云集的上海广告等,具有多重的重要意义。

1. 上海国际广告节的宗旨

上海国际广告节的口号是:超越所见;目标是:国际性、专业性、引领性、平台化、年轻化;宗旨是建立一个大型国际广告、创意、品牌、媒体、城市等多功能交流的平台,对接国际资源,会集世界创意大脑,聚焦和吸引更大范围的国际化和专业性人才、资金、技术、资源的进入和互动,进一步拓展本土广告企业业务,促进国际间广告与文化的交流与互动,有利于进一步彰显上海作为国际大都市的综合实力和文化吸引力,逐步将上海打造成为广告产业与广告文化全球性的新中心。

2. 上海国际广告节的活动盛况

由中共上海市委宣传部、上海市工商行政管理局、中国广告协会指导,上海市广告协会、上海现代国际展览有限公司主办,青浦区人民政府、上海东浩兰生集团、上海大学支持,上海国际广告节执委会承办的首届上海国际广告节于 2018 年 3 月 28 日,首届上海国际广告节开幕式于上海虹桥绿地铂瑞酒店隆重举行。出席开幕式的重要领导与嘉宾有上海市人民政府副秘书长顾金山、国家工商行政管理总局广告监督管理司司长刘敏、中国广告协会会长张国华、中共上海市委宣传部副部长兼市文明办主任潘敏、上海市工商行政管理局局长陈学军、东浩兰生集团总裁池洪、青浦区人民政府副区长王凌宇、上海文化广播影视集团副总裁刘晓峰、上海市工商行政管理局副巡视员缪钧、上海市广告协会会长孔祥毅、分众传媒创始人兼董事长江南春、宝洁公司大中华区董事长兼总裁马睿思、WPP 集团中国区董事长宋秩铭、英国广告从业者协会常务董事郝佳昵、日本近畿户外广告联合会会长高见徹、美国罗格斯大学纽瓦克分校教务长与行政副校长杰罗姆. D. 威廉姆斯,还有来自国内各省市工商局和广告协会的领导,以及相关科研院校和国际国内知名品牌企业的嘉宾。

上海国际广告节以全程活动为期四天,除之前提前完成的作品评奖外,活动期间分设高峰论坛、专业展览和颁奖典礼三大单元。

上海国际广告节的基础是作品评奖。首届上海国际广告奖共征集 1 424 件作品与案例,其中海外作品约占四分之一。为了确保赛事的客观公正,执委会特别聘请初审通讯评委 90 位,终审现场评委 66 位,评委阵容强大,涵盖了品牌方、创意代理公司、媒体公司、行业媒体、时尚达人及学术机构等多方组织,而外籍评委的参与使得整个评审能够以更多元和更广阔的视野开展。初审获得入围的作品与案例为 400 件。终审获奖作品共 107 项,包括创意、营销传播、创新应用、公益广告、年度企业及年度精英等六大类别,其中金奖作品 15 个、银奖作品 23 个、铜奖作品 54 个、年度精英企业 9 个、年度精英人物 6 个。上海国际广告奖参赛企业较充分地展现了多元化背景,吸引如宝洁等国际品牌的积极参与,也涵盖了 BAT、新浪、网易、360 等互联网企业的积极参赛,中国本土独立创意公司非常耀眼。

上海国际广告节的规模主要体现在展览。专业展览是上海国际广告节的宏大看点。作为全球广告技术设备展览会的航母,第26届上海广印展同时开展,整个展览面积达到二十万平方米,展商超2 000余家,吸引来自全球120多个国家和地区的近20万人次前来场馆参观。广告节展览还设立了国际优秀作品展、上海国际广告奖入围作品展、艺术画展等一系列展出。其中,展览现场最显著的是宝洁中国30周年回顾展,这是宝洁公司首次举办规模如此盛大的营销主题展览;此外,广告节还与野岛展合作特别推出了品牌博览馆,吸引了百雀羚、恒源祥等近十家上海老品牌进馆布展,通过科技、艺术与娱乐的方式,吸引更多年轻人群来关注、了解品牌的发展历史、文化精粹和经典案例,极大地增添了上海国际广告节的特殊品质与内涵。

上海国际广告节的高度体现在论坛。首届上海国际广告节共设6大论坛,包含一个主论坛五个分论坛。本届广告节主论坛为"一带一路"倡议与国家品牌发展战略高峰论坛,主论坛上,中国广告协会会长张国华先生率先以《"一带一路"与中国广告产业国际化发展战略》演讲展开,透析在"一带一路"国策之下,中国广告行业所将引来的发展契机和国际化发展目标。国际品牌营销大师,享有"品牌之父"美誉的戴维·阿克先生通过视频和现场对话的形式分享了从全球视野如何看待中国品牌及广告企业的全球化战略布局。论坛还云集了宝洁、汉威士、英国广告协会等国际品牌、广告集团及行业协会翘楚,也邀请到了恒源祥、分众、腾讯和网易等中国本土品牌、广告传媒及互联网公司的巨擘,共同围绕中国文化创意产业的国际化发展建言献策,把脉全球广告营销的新趋势。

持续两天的五大分论坛,分别从商业创意、数字营销、媒介和智能营销、"她经济"影响力及广告教育等角度聚焦了目前行业发展中所牵系的热点话题,汇聚品牌、广告公司、媒体及互联网企业,共同寻求并探讨品牌营销传播过程中所面临的最新挑战及解决方案。整个论坛邀请演讲嘉宾73位,其中论坛国际嘉宾有来自世界五大洲的包括美国、英国、荷兰、玻利维亚、多米尼加、韩国等多个国家专家,论坛现场观众约3 000人次。

论坛之外还增设了一个品牌训练营,由品牌命题,在限定时间内,来自不同公司及背景的学员分组协作准备方案,最终以比稿方式决出胜者。品牌训练营旨在培训那些初入职场的营销新人,为他们营造一个学习、交流和提升自己的舞台,学员无论来自品牌还是广告公司,都可以从中更好地了解创意产生的全过程与流程分工,学会在压力下有效进行团队合作,达成目标。首届训练营导师均来自国际及国内广告公司的创意高层,以便为学员们做出更好的创意引导。

2018年3月29日晚上,首届上海国际广告奖在上海市虹桥绿地铂瑞酒店举行了盛大颁奖典礼,出席典礼的现场嘉宾超过400人,所有嘉宾都走过红地毯,逐一颁出107项奖项,其中全场大奖为上海意类广告有限公司的"ofo X minions"。颁奖晚宴现场文艺演出还特别进行了上海国际广告节的会歌《Beyond Vision》首发,更值得一提的是,会歌已经上线网易云音乐平台,并被宝洁线上H5推广选为背景音乐。

3. 上海国际广告节的社会影响

作为在上海举办的第一届国际性广告节,得到了来自国际及国内一流品牌企业、创意公司、传媒机构、学术院校及政府相关部门的高度重视和大力支持。早在广告节开幕前三个月,上海国际广告节就在各大媒体持续宣传3个月,同时在上海、北京、广州、深圳、武汉等大城市户外大屏、地铁、公交等做了立体式宣传造势。

上海国际广告节举办期间,现场参观总人数为20万人次,广告节线上直播由网易、爱奇艺、腾讯三大网络平台同时提供,网上浏览关注总人次超过180万。新浪微博社交媒体平台参与的讨论数据是100万,不包括朋友圈、微信公众号数据。传统媒体报道上,共有大众媒体首发报道61篇,行业媒体首发报道8篇,网络媒体转载两高达600篇次。

上海国际广告节从酝酿到活动圆满落幕,持续一年时间,在国际上已经有了三大国际广告节、国内也有大大小小诸多行业活动与赛事,但我们仍然创办了上海国际广告节,真正创办了一届与上海这座伟大的国际城市的文化精神相匹配的大型国际活动,在上海、在中国、在春天,掀起了一场广告的风暴,活动是非常成功的,成功体现在以下十个方面:

（1）领导的重视。上海国际广告节得到国家主管部门国家工商总局、中国广告协会、到中共上海市委、上海市政府、上海市工商行政管理局、市文广局、市文创办、市广告协会等的大力支持；

（2）行业的参与。上海国际广告节自启动之日起，就得到了上海市广告协会的具体领导与推进，也得到了全市广告人的积极关心、支持、参与与大量资源的无偿投入（比如中广国际、申通德高、上海文广集团、分众传媒、观池等），真正将上海国际广告节当成上海广告人自己的事情、自己的节日。同时，上海国际广告节也得到了全国兄弟省市广告协会和行业组织的广泛支持、组织与筹备。

（3）国际化程度。世界最大的广告主积极参与上海国际广告节，在现场布置了最大展位，设立"三十而立三十而丽"宝洁中国30周年回顾展，宝洁中国老总全程参加两天的活动，还专为上海国际广告节设VIP晚宴。世界最大广告集团WPP大中华区老总宋轶铭先生开幕式致辞对上海国际广告节的创办给予了充分肯定。同时还体现在参赛作品、评奖专家、参展企业、现场观众、论坛嘉宾、活动影响等，都无不体现了真正的国际化。

（4）人气的旺盛。上海国际广告节举办期间，现场参观总人数为20万人次，广告节线上直播由网易、爱奇艺、腾讯三大网络平台同时提供，网上浏览关注总人次超过180万。百度搜索结果1 000万。共有100家大众媒体首发报道，8篇行业媒体首发报道，网络媒体转载两高达600篇次。新浪微博参与的讨论话题量120万。

（5）作品的数量与质量。首届上海国际广告奖募集作品就突破一千项大关达到1 400份，获奖的金银铜奖作品都达到了国际水平。

（6）论坛的高端与专业。上海国际广告节共设六个高峰论坛，全是国际化论坛，话题涉及一带一路、广告战略、商业创新、数字营销、女性经济、广告教育等，真正是思想的盛宴。

（7）媒体的反应。网易、爱奇艺、腾讯三大网络平台同时直播，总浏览量超过180万人次。新浪微博社交媒体平台参与的讨论数据是100万，还不包括朋友圈、微信公众号的反应。

（8）颁奖的氛围。400 人参加的宏大场面，107 个奖项，活动持续两个半小时。

（9）专家的口碑。上海国际广告节得到了国际国内广告行业专家的普遍赞许。

（10）合作单位的认可。本届上海国际广告节得到 60 余家企业、品牌及媒体的大力支持，上海国际广告节也获得了北京、广东、湖北、河南、湖南、河北等兄弟省份行业组织以及台北 4A 广告协会的大力协助。

4. 上海国际广告节的社会评价

上海市人民政府副秘书长顾金山："上海国际广告节的举办既是打响上海四大品牌、加快文化创意产业创新发展的具体举措，也是上海国际交流新的内容、上海广告业新的名片，上海城市文化新的盛会，我们深信举办上海国际广告节、打造世界级的行业交流平台必将有利于促进广告业和其他领域的发展、合作，有利于吸引专业人才，有利于提升上海城市，有利于扩大上海广告业和中国广告业的国际影响力。"

国家工商行政管理总局广告监督管理司司长刘敏："上海举办国际广告节有着良好基础和深厚底蕴。上海作为我国经济、金融、贸易、航运中心和现代化国际大都市，有着强劲的经济动能和巨大的消费市场，是我国广告经营中心之一，有着丰富的广告人才资源和良好的广告营商环境，有着海纳百川、追求卓越的城市精神。这些，都为举办上海国际广告节奠定了坚实基础。希望上海国际广告节成为广告业精英的汇聚平台、展示平台，引领创新创意，恪守国家核心价值导向，积极探索可持续发展之路；希望上海国际广告节发挥中国广告走向世界以及世界了解中国广告的重要平台作用，不断扩大国际影响力和吸引力。""上海国际广告节的举办，将进一步推动广告业集约化、专业化、国际化发展，不断提升广告创意和制作水平。"

中国广告协会会长张国华："今天上午'一带一路'的广告论坛，我觉得和上海市国际广告节的调性是非常相符的。不论从旧上海的十里洋场还是到改革开放之后广告业的迅猛发展，上海一直是中国广告业的排头兵。""广告作为推广商品和服务的信息，应该走在推广商品和服务之前，现在看来我们这么大的出口份额，我们这么大的经济体量而我们出去的广告的份额、广告的影响是少之又少的。我们给人的概念中国是制造大国，不是品牌大国。"

上海市广告协会会长孔祥毅："构建全球的品牌交流平台，促进国际先进广告传播集团品牌企业和中国市场的互动，推动上海乃至全国的文创产业发展，加快上海建设、上海制造、上海购物、上海服务、上海文化这四个中心的步伐，上海国际广告节的举办可谓是盛事而动，应运而生"，是"打造广告行业的上海之春"。

分众传媒创始人兼董事长江南春："首届上海国际广告节的召开又让世界的眼光聚焦在中国、聚焦在上海，设立了国际性的广告奖项，表彰全球那些富有引领精神，真正将创新、创意理念，引领整个行业共同前行。这显示了中国广告业的自信，也是我们上海这座国际顶级大都市的自信。""这将是全球一流的广告行业的盛会和重量级的平台。大力促进国际领先的传媒品牌，政府行业机构、高等学府与中国市场的互动，能够聚焦更多的国际化人才，把资金、技术、资源注入上海，服务于上海科创中心的建设新战略，促进上海乃至中国文创产业的蓬勃发展。"

宝洁公司大中华区董事长总裁马睿思 Matthew Price："上海国际广告节这么一个活动我们觉得它在世界上非常有影响力的。它拥有无限的潜力，对世界市场都有影响的。""我们相信上海国际广告节是表达上海品牌服务，可以表达上海服务、上海制造、上海文化，会启发我们整个行业，促进我们和中国消费者很大的成功"。

WPP 集团大中华区董事长宋秩铭："根据上海市委书记李强最近提到很重要的方向，上海要聚天下英才而用之，我们要吸引最好的人才，我相信上海已经有这个基础在的，随着是工作市场机会之外，你要让相关的创意人员、广告界他们觉得上海是一个很适合居住的环境，这包括一些文化氛围、软件的氛围，我相信上海已经逐步开始往这方面走，可以吸引越来越多的一流人才在上海，从 WPP、奥美角度我们最近招来上海工作的欧洲人、美国人都已经相对和十年前比差别很大，比较容易招到了。""希望上海国际广告节更具有包容力，能够把中国的各个地方的广告节都包容、集中到上海，让我们业界、客户都认为到上海参加上海国际广告节是一个很兴奋、可以学习、可以提升自己的一段日程。我希望这是可以达到的。"

上海国际广告节致力于打造全球顶级的广告行业交流平台,促进国际顶尖广告传媒集团、品牌企业、政府行业机构及高等学府与中国市场的互动与引入,聚焦和吸引更大范围的国际化和专业性人才、资金、技术、资源的入驻和互动。经过一年的艰辛努力,我们的预期目标初步达到了。

创办一个广告节不难,但创办一个好的广告节非常难。我们给自己订了一个远大目标,我们要把上海国际广告节办成国际 顶级广告节事活动,集展览与展示、论坛与评奖、交流与交易为一体,内容覆盖国别广告、广告创意、城市形象、品牌传播、技术设备、媒体数字等,遵循政府支持、商业运作、全产业链、尊重原创、崇尚卓越、公平公正、国际一流、创造经典的原则。我们举办上海国际广告节,是要搭建一个真正的广告国际展示平台,展示创意、展示品牌,更展示思想、展示价值。

上海国际广告节要创造广告的影响力,也创造广告的快乐。这个平台是开放的,但这个平台是有门槛的。我们的口号是 Beyond Vision,超越所见!

8

城市公共文化品牌建设的机理、
逻辑与策略探析

任健 王顿*

提　要　在国家和各地方城市层面上,公共文化品牌建设工作已经启动。传
统的公共文化建设只是将其视作社会文化工作的普通一环,而在当
下,公共文化品牌化、建设公共文化品牌则被赋予了更广阔的意涵。
本文从公共文化品牌建设的机理、逻辑等学理分析出发,探索了公共
文化品牌建设的必要性与可行性,并结合上海实践,提出了一些对策
建议。

关键词　城市公共文化品牌　机理　逻辑　策略

党的十九大上报告指出,发展中国特色社会主义文化,要立足当代中国现
实,结合当今时代条件,推动社会主义精神文明和物质文明协调发展①,在此背
景下,各地的文化建设工作都在大力推进之中。以上海为例,近期,上海市委、
市政府从进一步凝练与发挥上海优势角度创新性地提出了未来上海所要打造
上海服务、上海制造、上海购物、上海文化四大品牌,对新时代上海的进一步发
展进行了战略部署。与此同时,上海市委、市政府又提出了打造上海国际文化
大都市的具体要求。作为文化建设的重要组成部分——城市公共文化的品牌

---

　*　任健,上海理工大学教授、网络与新媒体系主任;王顿,上海理工大学 2018 级新闻传播学专业
硕士研究生。
　①　《决胜全面建成小康社会　夺取新时代中国特色社会主义伟大胜利》,人民日报,2017 年 10 月
19 日。

建设,该如何将公共文化品牌建设的本质、逻辑纳入学理层面进行梳理、思考,并在此基础上提出行之有效的策略建议就显得尤为必要。本文仅就此主题略陈浅见,求教于方家同好。

一、公共文化资源与公共文化品牌化机理

(一)公共文化资源及其划分

公共文化资源种类与分布纷繁复杂、多种多样,学界一般将公共文化资源划分为内核资源与外延资源①。内核资源是指在文化的精神品质上具有整体性、一致性、公共性等属性特征的文化资源,是比外延内涵更丰富的文化,它体现的是更广泛也更高层次的文化观念和文化认同体系。就上海市而言,红色文化、海派文化、江南文化就是上海公共文化的源头,同时也是上海公共文化向外传播、扩散的"码头",它孕育了上海"海纳百川、追求卓越、开明睿智、大气谦和"的城市精神,与此同时也凝聚了上海市民的城市认同感和身份归属感。而公共文化的外延资源是指具有服务性、整体性、一致性、共享性和群体性特征的文化、场所、设施、组织等,并不局限在宽泛抽象的"阳春白雪",上海市域内的 213 个社区文化活动文化中心,23 个文化馆,24 个公共图书馆,125 个博物馆、纪念馆②等,都属于公共文化外延资源,它所体现的是普通民众的参与性和文化资源的可接触性、文化场所及设施的开放性。

(二)公共文化资源品牌化内在机理

文化是一个异常庞大且多维度、多层面、多视角的概念,无论何种地域、国别、种族、年龄,也无关教育程度、经济状况及工作岗位,芸芸众生无不浸润其中、深受影响,这正是文化公共属性的具体体现,或曰公共文化的价值所在。

① 万林艳:《公共文化及其在当代中国的发展》,中国人民大学学报 2006 年第 1 期,第 98—103 页。
② 2017 年上海统计年鉴,http://www.stats-sh.gov.cn/html/sjfb/201801/1001529.html.2018 年 12 月 3 日。

另一方面,文化的传播、浸润与影响,所展示的更多的是以作用于群体,而非作用于个体的双向、多向及交互功能,此种性质与机制,就使得公共文化资源覆盖社会绝大部分人群公共文化需求的作用较为凸显。但是,从近年来我国公共文化的实践审视,公共文化资源快速集聚与公共文化行政管理与服务统合缺位的矛盾愈加突出,各种公共文化资源无法通过统一的管道组织、传达与配送,从内在逻辑与机制来看,以品牌建设为载体来链接与整合各类公共文化资源,进而放大公共文化资源价值正是消弭、化解上述矛盾的重要途径。

美国市场营销协会(American Marketing Association)对品牌的定义是:"一个名称、术语、标志、符号或设计,或者是它们的结合体,以识别某个销售商或某一群销售商的产品或服务,使其与它们的竞争者的产品或服务区分开来"①具体而言,笔者认为,公共文化资源品牌化的内在机理如下:

第一,城市品牌研究学者认为,城市品牌就是把城市拥有的独特的要素禀赋、历史文化积淀、产业优势等差异化品牌要素,向城市利益相关者提供持续的、值得信赖的承诺②。与之同理,作为城市品牌重要组成部分的城市公共文化品牌也是以城市公共文化为主题向外展示的城市名片,是城市品牌的内在标签。城市公共文化品牌通过具有该城市地域特征的公共文化将诸多城市资源有机相连,"向城市利益相关者提供持续的、值得信赖的承诺",并由此带动城市经济、社会与文化的全面发展。

第二,公共文化工作宗旨就是要满足社会绝大部分人的文化需求,目前,社会各界所诟病的公共文化服务不均衡与低效率问题,究其因,除了公共文化资源与产品本身质量欠缺以外,还在一定程度上归咎于所提供的公共文化产业标识度不高、显示性不佳、同质化严重、基层公共文化消费者对公共文化产品搜寻成本过高问题。上述种种,均可以通过公共文化资源品牌化建设工作来得以消解。品牌就意味着具有一定质量水准的资源与产品、意味着所提供资源与产品特殊性与异质性,也意味着品牌消费者可以在众多类似品牌中降

---

① [美]科特勒、凯勒:《营销管理第13版》,王永贵等译,格致出版社2009年版,第274页。
② 杜青龙、袁光才:《城市品牌定位理论与实证分析》,西南交通大学学报(社会科学版)2004年第6期,第105—108页。

158

低搜寻此类资源与产品信息的成本。公共文化品牌是一种富有文化内涵和意境的特殊品牌概念，是文化的经济价值与精神价值的双重凝聚，是集人文理念塑造与文化运营管理于一体的无形资产，通过公共文化资源建设中品牌核心价值挖掘、品牌定位塑造、品牌个性彰显及品牌传播创新等工作可以最大程度放大公共文化的价值，实现公共文化功效。

第三，政府推动公共文化发展的终极目标就是要保证、体现其普惠性，旨在以公共文化设施和公共文化机构为载体，以文化内容与信息共享、各类公益性文化产品消费及各种特色鲜明公共文化活动的参与和浸润为手段，来推动全社会文化知识的普及、行为模式的优化、道德涵养、审美情趣及精神素养的提升，最终发挥"文艺载道，以文化人"功效。在地域性公共文化资源品牌核心价值及品牌定位成型以后，各种具体文化内容、活动的特色如何凝练？公共文化资源在其产品化过程中如何解决供需脱节问题？公共文化产品卖点到买点的创意如何实现？政府下属的公共文化服务机构的中心地位如何凸显？其在地域性公共文化资源品牌下如何配置文化资源，以搭建合理、有效，又各具特色的地域性公共文化母子品牌架构、体系？凡此种种，均可以通过公共文化资源品牌化工作来得以实现。

二、双重属性下城市公共文化品牌的建设的基本逻辑

（一）城市公共文化品牌的建设双重属性

从品牌建设理论与实践来看，有其特有的内在逻辑与具体操作方法，商业性品牌如此，公益性的城市公共文化品牌的建设也概莫能外。在研究具有公益属性的城市公共文化品牌的建设逻辑之前，笔者认为，有必要将对城市公共文化品牌的建设逻辑的挖掘纳入城市公共文化品牌特有属性下去考量。那么，城市公共文化品牌具有什么样异质化的属性了？

第一，城市公共文化品牌具有平台化属性。城市公共文化品牌的内涵、外延范围都具有非常广泛，对应目标、群众需求也都不尽相同，因此在政府对城

市公共文化管理与服务的总体目标下,亟需将城市公共文化品牌作为平台来落实资源整合、信息集成、中介沟通、文化展示、品牌扶持等一体化工作。拥有公共文化管理与服务品牌,城市公共文化提供者与需求者就搭建起了有效的沟通渠道。

2014 年上海市启动的"互联网+"公共文化平台——"文化上海云"项目已经于 2016 年正式上线,该平台共汇集了上海市 16 个区的文化馆、图书馆、美术馆、文化活动中心等 529 个公共文化场馆的公共文化服务资源,每年提供近3 000 万人次的活动订单①。可以说,"文化上海云"就是典型的数字化城市公共服务平台。从未来发展趋势来看,城市公共文化平台不单局限在实际场馆或团体组织,而是以互联网线上线下联动为手段,集成各种文化资源,第一时间发布政策内容,传达演艺、会展信息,同时用先进的科技手段给民众以便捷的公共文化体验并迅速传递基层文化需求,把文化管理的反馈、测评、决策都接入到平台中,由数据来实时分析并设计符合百姓需要的产品和服务,由此构建基于数字技术达到公共文化品牌的生态系统②。

在这样的生态系统中,政府、群众、社会都得以顺畅衔接,一方面,政府负责引导、宣传、监督并提供基础的文化服务,群众能反馈建议、获取文化资源、消费购买文化产品。另一方面,各社会力量可以创办文化企业、组织文化活动、介入文化投资,同时利用现在大数据发展的趋势,促使公共文化资源精准配送。相当于把品牌的功能扩大化,传统的公益和商业开发都可以通过品牌来实现。

第二,城市公共文化品牌具有公共服务属性。公共文化品牌的立足点就是服务尤其是公共服务,无论外在形式如何变化,其存在的第一要务依旧是服务大众,保障人民群众的基本文化权益。城市公共文化品牌的服务是指由城市公共部门生产或提供以满足社会成员的基本文化需要为目的的公共产品和服务行为,与商业化品牌运作化所不同的是,它强调的是消除不同文化资源的

---

① 文化上海云:《让公共文化活动由百姓"点单"》,http://wgj.sh.gov.cn/node2/n2029/n2030/n2038/u1ai152215.html,2018 年 12 月 4 日。

② 张燚、张锐:《城市品牌论》,管理学报 2006 年第 4 期,第 468—476 页。

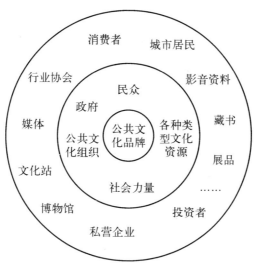

图1 公共文化品牌生态系统图

界限,有机整合不同文化资源的功能,既向公众提供精神文化服务,也创造更好的服务环境,用品牌的服务理念提质增效。

（二）城市公共文化品牌建设的基本逻辑

事物的缘起、发展有其内在的逻辑,公共文化品牌建设也不例外。笔者认为,城市公共文化品牌建设的基本逻辑主要包括:

1. 以公众文化需求的变化与发展为依归与逻辑起点,来进行城市公共文化品牌核心价值挖掘与品牌定位。十九大报告指出,中国特色社会主义进入新时代,我国社会主要矛盾已经转化为人民日益增长的美好生活需要和不平衡不充分的发展之间的矛盾①。人民日益增长的美好生活需要,很大一部分就是精神文化需要,更多反映在公共文化领域,要求提供优质的文化产品与精神食粮。

公众和外部社会力量的需求是动态变化的,从公共文化来审视,主要可以划分为:信息类需求、娱乐类需求、素质类需求、问题类需求以及社交类需求。

① 《决胜全面建成小康社会　夺取新时代中国特色社会主义伟大胜利》,《人民日报》2017年10月19日。

比如在第一类信息需求中，信息不对称干扰了公众参与公共文化的积极性，无形中阻碍了社会资本的投资热情。而实际上社会文化信息动态、市场动态，既是外部投资者所希望了解的，也是内部人民群众所想知晓的，越是不起眼的需求越是贴合公众生活的日常，也越强调公共文化品牌要紧扣公众的实在需求。

2. 以文化消费的理念与做法，来实现公共文化资源产品化过程中的卖点向买点转换，完成公共文化产品的"包装"与推广。随着信息科技的不断发展，消费的载体和形式都发生了巨大的变化，由传统的线下转移到了线上、由实体的使用体验迁移到了内容的服务感受，这就要求公共文化品牌塑造绝不能拘泥于哪种固定的表现形式，要从消费者的实际文化消费理念、行为变化出发，在既有文化内涵基础上策划、"包装"公共文化产品，打造出公众喜闻乐见的、多层级公共文化产品推广体系。

3. 以清晰的地域文化特色、城市文化精神为引领来构建多层级的公共文化母子品牌体系。文化品牌必须以地域文化为依托，它是地域文化的精华，产生于地域又是其代表[1]。每座城市都拥有丰富的公共文化资源，在琳琅满目的外在形式之外，各文化的根源各有长短、影响各有深浅，这就需要统筹安排，重点扶持有地域特色和时代特点的城市主流文化，凸出有特色、有内涵、有生命力的优质文化配合城市精神和发展战略，以核心的母品牌带动次核心的子品牌协同发展，而子品牌的成功树立又能反哺提升核心品牌的品牌资产，多维度地释放城市公共文化的价值。

4. 以对城市公共文化品牌的持续文化赋能来夯实公共文化品牌基础。城市公共文化的核心价值会随着时间变迁而被赋予不同的意义，若一味保守传统而又未及时输入新鲜血液，则将跟不上时代步伐才导致被淘汰。品牌的路径亦是如此，如果缺乏变化和更新，再"热门"的品牌都会被人所抛弃。城市公共文化的发展动力源于人民群众的需求，公众需求与传统文化交相影响，且公众的不断自发参与到公共文化建设中，都对文化的发展起到了推动作用。公众的参与、奉献，就是对公共文化品牌进行持续赋能，使之不落伍于时代的发

---

[1] 龚北芳：《地域文化与文化品牌建设》，《大庆师范学院学报》2007 年第 6 期，第 121—123 页。

展大潮、不滞后于公众的不断变化文化需求。公共文化供给的真正目的是为了满足民众基本文化消费需求,只有当公共文化服务供需体系中的各方在互动中达到最佳状态时才会达到这一目的。

5. 以创新式的传播理念与手段来重构城市公共文化品牌。传统的宣传理念与做法在多元、海量互联网信息冲击下,其效果愈发式微,出现了酒香巷深无人闻的尴尬局面。单一的传播手段不足以覆盖绝大多数目标人群,在其传播方式和效果上也存在着种种局限性。当下,在城市公共文化品牌传播体系建设中,最重要的,应该强化、突出公共文化品牌新媒体矩阵建设,多管齐下,依托新媒体平台,用公共文化的同一个声音准确传达出城市形象、城市气质与城市精神。

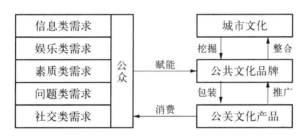

图2 公共文化品牌的建设逻辑

三、对改进城市公共文化品牌建设工作的对策思考

当下,很多城市的公共文化品牌建设依旧停留在载体物理空间、外观形态的改造、修建层面,公共文化品牌规划不清、定位不明,品牌核心价值特别是与城市地域文化紧密关联的公共文化品牌核心价值十分缺失,造成公共文化品牌建设"千城一面",同质化严重。在这样的氛围与环境之中,公共文化产品的体验性、公共文化品牌传播的创新性也乏善可陈。凡此种种,都成为城市文化品牌建设的障碍。有鉴于此,笔者拟从八个方面提出相关对策建议。

第一,要营造多元化出力、多渠道出资的城市公共文化品牌运作环境,全社会参与,最大化释放公共文化品牌价值。

政府投入的确是保障公共文化供给和质量的基础,是提高公共文化绩效的重要保证,但政府应该一改过去大包大揽的"大政府"做法,深化"放管服"改革,注重政策扶持,适当降低准入门槛,引导社会资本向公共文化创新创意领域有序进入。

政府提供公共文化服务,创建城市公共文化品牌平台时,要着力于优化职能分工,成立专业的指导机构,明确公共文化品牌的发展思路,制定合理的阶段性工作目标,并广泛收集意见,博采众长,梳理区域内的公共文化资源并统筹安排。此外,在公共文化品牌建设领域,政府应该重点培育社会成员的参与意识,激发全社会参与公共文化品牌建设的积极性和创造力,并让社会成员共享发展成果,使公共文化价值得到最大化释放[1]。从公共文化品牌与产品的特殊属性来看,其不具有排他性和竞争性,但产品与服务在超过了供给的临界点之后,公共文化服务的质量和水准就会大幅下滑,影响公共文化的公众体验。因此,政府作为公共文化品牌建设的推动者、公共文化服务组织者与主要提供者,应该将一些公共文化资源组织、提供与对接的工作分发出去,交给市场、交给社会组织。2017 年上海市浦东新区举办的公共文化产品服务采购大会第一次将文化产品的供需双方聚拢在一起,实现供需无缝对接,打造了一个文化服务创新平台。期间,接待人数达到 11 776 人次,回收市民观察员问卷 1 300 份,签署合作意向书 171 份,涉及文化服务产品总金额 5 372 万元。这次展会率先迈出了文化供给侧改革的一大步,这既是公共文化供给侧改革的创新样本[2],同时也是政府引入多元化和常态化市场手段,推动公共文化品牌建设环境优化的一次有益尝试。

第二,要做好城市公共文化品牌建设的规划,以顶层设计入手,步步深入,构建多层级的城市公共文化母子品牌体系。

城市公共文化品牌并非是一个宽泛、虚化的杂交集合,它是由各细分化的子品牌所共同有序组成的。而且因为公共文化的广泛性和执行能力的有限

---

① 张振鹏:《供给侧改革:助推我国文化产业转型升级》,《光明日报》,2016 年 1 月 7 日。

② 浦东"文采会":《公共文化供给侧改革创新样本》,http://www.pudong.gov.cn/shpd/news/20170518/006005072007_240040fd－6b69－4b2f－adf9－de8cff71a859.htm,2018 年 12 月 4 日。

性,势必要强化、凸显重点的优势资源。这时要区分出核心品牌和次核心的子品牌,核心品牌最具发展潜力,同时差异化程度最高,能够辐射带动中下游产业链一同发展。它的包容性也最强,使得子品牌提供资源以支撑核心品牌,但并非只是单向叠加或放大,而是有机排列,且在实际发展时具备相对的独立性,借助核心品牌来带动子品牌的曝光量和知名度。

上海市民文化节就是一个较为成功的公共文化品牌,其在市、区两层面同时开展、推进文化活动的同时,充分聚合了公众参与公共文化的热情充分、迎合不同年龄段、不同职业、不同领域的公众需要,在上海市民文化节统一的品牌架构下传播城市文化,带动公众对城市文化的认同。需要指出的是,垂直型的上海市民文化节母子品牌架构规划工作虽然已经破题,但针对各区地域特色、由兼顾公共文化产品特性的母子品牌架构尚未形成,仍需从战略层面进行思考、规划与设计。

第三,要深刻挖掘、提炼城市公共文化品牌的差异化的核心价值,以品牌核心价值统领品牌运作。

因地域不同、渊源各异,城市公共文化的来源也有差异,公共文化品牌打造的重中之重就是要通过其独特核心价值展示与传播,使公共文化品牌的形象在民众脑海中形成一种个性化的区隔,使民众与政府在该公共文化品牌之下形成统一的价值观。以上海市黄埔区努力打造的"思南读书会"品牌为例,其以海派文化浓郁的思南公馆部分楼宇为载体,依托上海作家协会资源,在"这里读书,遇见世界"品牌核心价值统领下,通过主题式系列读书活动策划、国内外书展参与、衍生出版物策划与发行等特色鲜明的内容提供与活动运作,极大地发挥了公共文化品牌功效,并实现了"思南赏艺会""思南纪实空间""上海城市空间艺术节""摩登思南季"等众多公共文化品牌的衍生。

第四,要强化内容整合与再生产,以内容策划的多样性、延展性与衍生性作为品牌支撑来推动城市公共文化品牌的持续发展。

城市公共文化品牌的内容策划是多种多样的,可根据时间、地点、人物、细分人群偏好、合作对象的差异,进行矩阵化的内容策划与设计。比如,就历史文脉挖掘而言,可以与各地档案局合作进行地域性条状挖掘、衍生与价值放大;追踪重大事件的文化表现,可以与机构、企业、高校合作进行块状衍生。

其中,需要指出的是,在操作层面上看,要实现公共文化内容策划多样性、延展性与衍生性,其关键还是要回归标识塑造,名称、术语、象征、口号、视觉设等品牌基本要素层面,以显性的品牌标注、标识与标志来统领、区分公共文化内容的延展与衍生。上海市现在实施的"上海名人"风采弘扬计划、"海派城市地标"品质提升计划、"上海著名历史事件"宣传普及计划,就是将显性的品牌标注、标识与标志为统领,把上海整个城市的集体记忆一起打包,将公共文化的亮点直观地传达给公众。

第五,要从群众的文化可追忆、可触摸、可感知角度入手,创造城市公共文化品牌的各个接触点,增加公共文化的体验感。

公共文化具有来源地情节,地域象征意义能够涵化所在区域民众的社会行为,唤起情感归属和身份认同。只有人民群众能够亲身体验,并对其产生共鸣,才能进一步加强对本地文化品牌的偏爱。上海市黄浦区五里桥社区文化活动中心所举办"足迹五里工业文明"主题展览成功之处,就是紧紧抓住了公共文化品牌可追忆、可触摸、可感知的三大要素,在浓缩的乡愁文化、故土情怀之中唤起大家的文化共识和情怀共鸣,推进形成了和谐、有序、共融的社区环境[1]。

第六,要以公共文化品牌 IP 化运营为抓手,塑造公共文化品牌的价值形成机制,公共文化品牌 IP 化的衍生,进一步放大公共文化品牌的社会价值。文化的 IP 运行是指将通过核心文化以各种形式开发其他衍生物,运营注重不同领域的价值流转和多元演绎以及"一源多用"的跨界开发[2],进而降低公共文化品牌建设的成本。

第七,要强化基于新媒体环境的公共文化品牌的整合传播,提升公共文化品牌知名度与美誉度。

---

① 黄浦区五里桥社区文化活动中心举办"足迹五里工业文明"主题展览,http://stj.sh.gov.cn/node1/n9/n57/n61/u1ai61230.html,2018 年 12 月 4 日。

② 向勇、白晓晴:《新常态下文化产业 IP 开发的受众定位和价值演进》,《北京大学学报(哲学社会科学版)》2017 年第 54 期,第 123—132 页。

当下,民众参与公共文化活动的积极性较低的主要原因就是对政府所提供的公共文化活动不了解、不知情。建设公共文化品牌,就要将公共文化品牌视作"产品"进行整合营销传播。一方面,要将广告、CI 设计、包装、新闻媒体等一切传播活动都纳入营销活动的范围之中;另一方面,还要特别针对新媒体环境、针对新一代公共文化消费人群,借助互联网社群传播力量,选择合适的方式与之互动,带动新一代消费人群参与公共文化品牌建设。

第八,要加强城市公共文化品牌运作与管理人才队伍的培养、培训,造就一支与城市公共文化品牌建设目标相适应的人才队伍。

任何工作的推进与改善均离不开人才,城市公共文化品牌建设也是如此。近些年来,国家陆续出台了《中华人民共和国公共文化服务保障法》和《国家基本公共文化服务指导标准(2015—2020 年)》,这些与品牌建设密切相关的法律法规保障、工作标准的落实均离不开人才支撑。但囿于历史原因,几十年来,城市的公共文化工作基本是以事业化方式管理、政府财政预算托底、群文活动模式推进方式展开的,在这样的体制与氛围中,城市公共文化领域的从业人员、工作团队与蕴含丰富市场化规则、方法的品牌理念与做法基本没有交集,这种人才队伍的先天不足极大制约了城市公共文化品牌建设工作的推进。因此,目前十分迫切的是要从政策支持、手段优化、财力保障及培养(培训)体系构建等方面多管齐下,加强城市公共文化品牌运作与管理人才队伍的培养、培训,造就一支与城市公共文化品牌建设目标相适应的人才队伍。

9

上海徐汇"艺术西岸"国际艺术产业集聚区发展现状研究

王晓静　刘　涛　刘士林*

提　要　上海西岸作为上海"十三五"文化发展规划"双廊一轴"战略的重要
实施区,是上海2040总体规划目标确定的中央活动区核心承载段。
在政府出台的三大政策支持背景下建设"艺术西岸"国际艺术产业集
聚区有利于优化产业模式,提高区域经济的快速增长;建设世界级的
艺术西岸,进一步地提高国际影响力。本文在对众多案例的列举分
析中归纳出"艺术西岸"国际艺术产业集聚区的四大建设路径,分别
是继续建设重点公共文化设施、积极拓展大都市特色的公共文化空
间、加快推进国际文化交流以及延伸文化艺术产业链发展,完善相关
配套服务与设施等,并根据实际发展情况指出"西岸模式"具有文化
科技深度融合、文化金融合作发展、内容创意加快集聚等优势,用时
针对西岸模式存在的创意内容相对短缺、租金上涨等问题提出建议,
以期促进"艺术西岸"更好地发展。

关键词　艺术西岸　艺术产业　公共文化　国际化　发展

---

* 王晓静,博士,上海交通大学城市科学研究院院长助理、城市战略规划部主任、研究员,中国
城市和小城镇改革发展中心学术委员会秘书长助理;刘涛,博士,河南大学文化产业管理系
主任,上海交通大学城市科学研究院兼职研究员;刘士林,上海交通大学城市科学研究院院
长、首席专家,国家"十三五"发展规划专家委员会委员,文化和旅游部文化产业专家委员会
委员。

一、"艺术西岸"国际艺术产业集聚区的建设过程

（一）"艺术西岸"的布局

上海西岸是后世博时代起,徐汇滨江地区的全新称谓和城区品牌,上海2040 总体规划目标确定的中央活动区核心承载段,上海"十三五"文化发展规划"双廊一轴"战略的重要实施区。作为上海"十二五"及"十三五"规划中与前滩、后滩等并列的六大功能区之一,西岸区域东临黄浦江,紧邻徐家汇、龙华历史文化区,与世博园区、后滩花园隔江相望,面积约 9.4 平方公里,岸线长约11.4 公里,是目前黄浦江两岸可成片开发面积最大的区域,未来,区域载体开发总量将达到 900 万平方米。

西岸计划是西岸文化发展的总纲领,具体包含:西岸美术馆大道、西岸文化艺术季、西岸自由港三部分。"十三五"期间,西岸将以"西岸计划"为引领,集聚 20 座高品质公共文化场馆,打造亚洲最大规模艺术区;以人工智能产业为引擎,形成以西岸传媒港、西岸智慧谷、西岸金融城为枢纽,文化创意、科技创新、创新金融三大产业互为支撑的国际创新创意产业群;以开放、绿色、人文为特色,贯通 8.4 公里世界级滨水开放空间,打造迈向全球城市的卓越水岸。

2008 年起,以棕地复兴为背景、以世博会为契机,借鉴国际一流水岸开发经验,遵循"规划引领、文化先导、生态优先、科创主导"的发展理念,西岸已聚集龙美术馆、余德耀美术馆、星美术馆、油罐艺术公园、临时蓬皮杜等一系列文化艺术项目,以及上海梦中心、腾讯、湖南卫视、游族网络等文创产业巨头。2010 年,上海市启动包括世博会场在内的"黄浦江两岸综合开发计划",徐汇滨江成为上海市"十二五"规划六大重点建设功能区之一。2011 年末,徐汇区第九次党代会提出打造"西岸文化走廊品牌"工程战略,上海西岸正式作为上海徐汇滨江地区的新称谓被广泛使用。2012 年提出建设西岸文化走廊,龙美术馆、余德耀美术馆、梦中心项目相继落地;2016 年提出西岸计划,实现铁锈地带的华丽转身;2017 年,徐汇滨江岸线全线贯通,开启与法国蓬皮杜中心五年合作计划……对标国际,建设全球城市的卓越水岸,今天的艺术西岸,其特质

与辨识度已非常清晰。与此同时,魅力衡复、徐家汇源,也以其得天独厚的文化风貌吸引了各类人群。

(二)"艺术西岸"的政策支持

1.《上海市关于深入推进文化与金融合作的意见》

2014年,上海出台《上海市关于深入推进文化与金融合作的意见》,就完善、拓展、优化文化金融合作机制、渠道、环境等方面提出具体意见,同时,以徐汇、虹口为试点,率先尝试创建文化金融合作试验区。从徐汇的情况看,在推进创新文化金融服务和产品方面,也做了一系列的推进,包括扶持文创企业的直接上市融资和银行合作设立6大产业和12类特色产品等。在建立文创融资体系,培育文创特色产业集群方面,制定了11项主要任务和5个方面的扶持政策,专门设立了3亿徐汇区文化类的创投引导基金,吸引各类市场上的投资基金,目前已经集聚了一批有影响的文化投资机构、文化金融专业机构和文化特色的机构,总规模超过60亿元。

2.《上海创意与设计产业发展"十三五"规划》

2017年4月11日,上海市经济和信息化委员会发布《上海创意与设计产业发展"十三五"规划》,提出要着力破解供需结构优化不够、高端要素集聚不强、支撑体系较弱等瓶颈性问题,并提出建设设计之都、时尚之都和品牌之都的新目标。作为建设"现代化国际大都市一流中心城区"的文化标配,徐汇区也提出了一系列具有城区特色的新政举措和战略布局。如《徐汇"十三五"规划纲要》特别强调的"信息、生命健康、文化创意等优势产业加快发展"、"创新金融品牌"、全市领先的龙头企业及产业集群、"全面提升徐汇文化外向度和国际影响力"等。

3.《关于加快本市文化创意产业创新发展的若干意见》

2017年12月14日,上海市委、市政府印发了《关于加快本市文化创意产业创新发展的若干意见》(简称上海"文创50条"),为推动上海文创产业在"高原"上造"高峰"再添助力。上海市副市长翁铁慧表示:"'文创50条'是对上海历年推动文化创意产业各项政策的集大成,是文创产业上海经验的成果。""'上海文创50条'里提到了一系列目标,未来5年,上海文化创意产业增加值占全市生产总值比重达到15%左右,基本建成现代文化创意产业重镇;到2030年,上海文化创意产业增加值占全市生产总值比重达到18%左右,基本建成具有国际影响力的文化创意产业中心;到2035年,全面建成具有国际影响力的文化创意产业中心。"上海市徐汇区委常委宣传部长吕晓慧表示,2016年徐汇区文创产业就实现总产出约1 046亿元,占全区GDP比重15.7%。并且,到2020年,力争文化创意产业增加值占地区生产总值比重的18%,成为区域经济的新亮点。

二、"艺术西岸"国际艺术产业集聚区的建设意义

(一)建设世界级的"艺术西岸"

以"迈向全球城市的卓越水岸"目标为引领,坚持"规划引领、文化先导、生态优先、科创主导",凸显百年工业遗址对西岸滨江空间塑造的文化价值,丰富西岸文化走廊内涵,加快"上海梦中心"项目、"美术馆大道"等一批世界级、现代化的大型文化设施建设,云集国际级艺术大师作品、国际级策展和运营团队、国际级艺术原创人才,构建集美术馆、公共艺术中心、图书馆、剧场、公共开放空间等业态为一体,以"文化场馆20+、剧场6+、座位10 000+"规模比肩世界级水平的亚洲最大的国际艺术群落,推动徐汇西岸成为上海当代艺术新地标、国际艺术交流必选地。

(二)优化产业模式,促进经济发展

"十二五"以来,徐汇文化创意产业总体保持平稳增长,整体能级不断提升,已成为区域经济发展的重要支柱产业。2016年全区文创产业实现总产出约1046亿元,同比增长12.1%,实现增加值239亿元,占全区GDP比重15.7%。2017年前三季度实现总产出770亿元,同比增长10.1%,实现增加值176亿元。同时,集聚了一批领军型文化企业和文化品牌,拥有"全国文化企业30强"2家、国家重点文化出口企业6家、上海市级文创产业园区13家。

(三)对标一流,全力提升国际影响

围绕国家文化消费试点区和国家文化出口基地建设,聚焦上海西岸、衡复风貌区和徐家汇三个重点功能区,加快推进"西岸计划""衡复计划"和徐家汇城市更新,深化百年历史文脉传承开发,推动现代文化产业做大做强,力争成为上海2040卓越全球城市的文化先行区和核心区。上海西岸以建设全球城市卓越水岸为目标,打造"艺术西岸"品牌,重点推进西岸传媒港、上海梦中心、美术馆大道等标杆项目,构建艺术、传媒产业高地,并通过西岸文化艺术季、全球水岸论坛等平台,努力推动上海西岸成为上海国际文化大都市与世界对话的大平台和新地标。

三、"艺术西岸"国际艺术产业集聚区的建设路径

(一)"艺术西岸"国际产业集聚区的建设思路

以西岸文化走廊品牌为基础,继续推进文化载体建设,打造上海规模最大的文化艺术群落和代表上海当代精神的国际级文化艺术集聚带,营造浓郁文化氛围和特色文化空间,增强公共文化产品和服务供给,持续举办优质文化活动,完善区域公共文化体系建设。

(二)"艺术西岸"国际产业集聚区的建设方案

1. 继续建设一批重点公共文化设施

以贯通工程和美术馆大道建设为契机,充分利用滨水特质、工业遗存空间和功能性文化载体,在南拓北连发展战略中,深化拓展"西岸文化走廊"品牌内涵。加速建成星美术馆、观复宝库(西岸馆)、油罐艺术公园、西岸美术馆,加快推进水边剧场、龙华A地块文化项目。至"十三五"末,滨江功能区范围内将建成近20个文化艺术载体。在群落中点缀布置艺术家工作室实现公共空间艺术化,继续吸引国内外知名的传媒和影视机构、国际一流画廊和艺术品拍卖公司、演艺团体以及顶级艺术大师等优质资源在文化载体群落中集聚和合作。

（1）国际艺术场馆群

将"美术馆大道"打造为国际艺术展上海首选地,依托龙美术馆、余德耀美术馆、上海摄影艺术中心等一流场馆持续举办现当代国际大师著名展览,形成当代艺术最高口碑,推动星美术馆、西岸美术馆、油罐艺术公园、保税仓库二期等文化艺术项目建成。

1）龙美术馆（西岸馆）

龙美术馆（西岸馆）选址原北票码头,由著名艺术品收藏家刘益谦、王薇夫妇创建,中国顶尖设计师柳亦春先生（大舍建筑设计事务所）担纲设计,总建筑面积约 33 000 平方米,于 2014 年建成开馆。

2）余德耀美术馆

余德耀美术馆由原上海飞机制造厂机库改造而成,位于龙腾大道丰谷路口,总建筑面积 9 000 多平方米,由著名印尼华人收藏家余德耀先生及其基金会投资,日本知名建筑师藤本壮介担纲设计,于 2014 年建成开馆。

3）西岸艺术中心

西岸艺术中心位于龙腾大道 2555 号,原为上海飞机制造厂 250#厂房,由中国顶尖设计师柳亦春先生（大舍建筑设计事务所）担纲设计改造,建筑总面积约 10 800 平方米,于 2015 年正式对外开放。

4）上海摄影艺术中心

上海摄影艺术中心位于龙腾大道 2555 号－1,由国际著名摄影艺术家刘香成先生创办,美国建筑师组合 Sharon Johnston & Mark Lee 担纲设计,总建筑面积 480 平方米,是示范区首个落成开放的场馆。

5）西岸文化艺术示范区

西岸文化艺术示范区位于龙腾大道龙兰路路口,西岸艺术中心北侧,已于2015 年 9 月正式对外开放,总建筑面积 7 375 平方米,共由 14 处建筑组成,包括上海摄影艺术中心、上海梦中心展厅、例外艺术设计中心、艺术家工作室 2家（铁海工作室、丁乙工作室）、画廊 2 家（香格纳画廊西岸空间、艾可画廊）、建筑师事务所 5 家（大舍建筑设计事务所、致正建筑设计事务所、目外、梓耘斋、Fab－Union Space）以及乔空间、池社等国内外优秀文化机构,旨在打造汇聚国内外顶尖艺术家、建筑师和设计机构的文化聚合区，为西岸文化产业集聚起到良好的示范作用。

6）油罐艺术公园

油罐艺术公园位于徐汇滨江核心位置，东临黄浦江，西至龙腾大道，紧邻"上海梦中心"，是由重要当代艺术收藏家乔志兵先生创办，集合各式各样的展览空间、广场、花园、绿地、书店、教育中心和餐厅等，由乔志兵先生与上海西岸集团合作投资建设，由李虎先生领衔的 OPEN 建筑事务所担纲设计。项目整体占地面积 60 000 余平方米，其中室内建筑面积 10 000 余平方米。

7）星美术馆（在建）

位于上海市瑞宁路 111 号，紧临黄浦江西岸，是上海西岸文化走廊的起点。其建筑所在地为上海早期专事货物转运的南浦火车站，具有城市工业化进程的历史性记忆和象征意义。作为私立美术馆，其创办人何炬星先生曾先后担任北京炎黄艺术馆馆长，上海民生现代美术馆创办人、馆长，北京民生美术馆筹建创办人。星美术馆于 2015 年开始进入筹备，其建筑设计由曾荣获普里斯策奖的法国建筑师让·努维尔担任。

8）西岸美术馆（在建）

西岸美术馆位于滨江开放空间，近龙兰路段，由英国建筑大师戴卫·奇普菲尔德的建筑事务所担纲设计，总建筑面积约 23 400 平方米，配有约 100 辆地下停车位。目前已与法国蓬皮杜艺术中心签署战略合作，以西岸美术馆为载体，合作开展为期 5 年的双向展陈合作项目。西岸美术馆于 2015 年开工建设，预计 2018 年建成。

（2）国际演艺剧场群——上海梦中心（在建）

作为上海市文化商业的闪亮新地标，上海梦中心位于徐汇区黄浦江畔，是"西岸传媒港"的核心部分，也是国内投资规模最大的文化项目之一。"上海梦中心"总体规划建筑面积为 460 000 平方米，其中包括创意及甲级写字楼 130 000 平方米，创意艺术区 38 000 平方米，餐饮及零售区 140 000 平方米，停车场及其他区域 152 000 平方米。

上海梦中心分为西区、中区、东区、水岸北区和水岸南区 5 个区域。最具特色之处在于分布项目中的文化场馆群,由2 500座空间剧场、1 800座专业音乐剧剧场、1 000座演艺剧场、800座互动音乐厅、400座黑匣子先锋剧场5个剧院和1个开放性艺术空间聚集组成。建成后的"上海梦中心"将拥有中国首个百老汇风格的文化场馆群和主题文化式休闲餐饮区,为顾客提供丰富的文化体验、休闲餐饮和酒吧体验以及时尚零售、家庭娱乐、创意媒体等。发挥华人文化演艺公司集结全国21家龙头演出公司的资源优势,创作、制作一批中文版原创剧目。推出"THE Stage West Bund 西岸艺场"项目,以戏剧节、演出季等表现形式集聚国内外优质、经典、前沿、跨界的舞台艺术资源,为2020年即将建成的演艺剧场群落预热、积累资源。

2. 积极拓展大都市特色的公共文化空间

营造区域浓郁文化氛围,拓展滨江文化新空间,推动文化引领城市更新。通过技术创新、业态融合、模式升级,将文化要素融入商务区建设、旧区改造等更新空间内,注重街区的空间质感和建筑的设计品质。推广特色街头公共艺术,打造公共艺术文化街区。结合贯通工程在徐浦大桥两侧开放空间节点嵌入中小型音乐会、时尚秀、创意展、运动场等功能,商务区街道、广场、转角、庭院、绿地等公共空间引入主题雕塑、创意绘画、摄影等艺术形式,滨江绿地嵌入文化、体育、生态、艺术主题功能,设置并规范艺术集市、艺术涂鸦、街头艺术表演活动区,将文化艺术氛围渗透到楼宇开发、公共空间建设等各个方面。

(1) 持续推进各类优质文化活动的举办

以品牌活动为引领,继续提升西岸音乐节、西岸艺博会、西岸美食节等西岸品牌文化活动。策划以"音乐、设计"为主题的春夏季文化活动和以"美食、艺术"为主题的秋冬季文化活动。围绕时尚、艺术、音乐、体育等主题,结合滨江南拓加快布局国际优质演艺和体育项目资源,进一步引进和培育符合西岸整体功能定位的国际知名文化赛事和高品质的文化活动。

1) 西岸艺术与设计博览会

西岸艺术与设计博览会自2014年创立以来已连续举办4届,是上海西岸开发(集团)有限公司与艺术家周铁海先生联袂举办的中国首个融合顶尖当代艺术与设计的国际性大型博览会,成为国内外顶尖画廊在上海参加艺术博览会的首要选择,每年为藏家和观众呈现二十世纪后期至今不容错过的当代艺术品,并联动区域内外的文化场馆共同呈现,在每年秋冬打造席卷上海的艺术盛事,业已成为全球艺术市场的重要版图。

第五届西岸艺术与设计博览会于 2018 年 11 月 11 日完满落幕。本届西岸博览会以"双馆"亮相,在 20 000 多平米的空间内,汇聚来自亚洲、欧洲、北美洲和南美洲 43 个城市 115 家国际重要画廊,为藏家和观众带来了高质量当代艺术作品。

西岸博览会自创立以来,始终保持着卓越的品质,吸引了最好的本土及国际画廊,并已成为他们在上海参加艺术博览会的首要选择。在西岸艺术中心 A 馆及新落成的 N 馆,博览会主画廊单元呈现 87 家世界顶级画廊带来的绘画、雕塑、装置艺术、影像等作品。2018 年的画廊返场率高达 95%,除强大的返场阵容以外,主单元迎来 303 Gallery、A Thousand Plateaus Art Space(千高原艺术空间)、A+ Contemporary(亚洲当代艺术空间)、Alisan Fine Arts(艺倡画廊)等 39 家首次参加的画廊。在返场阵容中,AIKE(艾可)、BANK、Beijing Art Now Gallery(北京现在画廊)、Boers – Li Gallery(博而励画廊)、Hauser & Wirth(豪瑟沃斯画廊)等 11 家画廊连续 5 年参展。

2) 西岸音乐节

上海西岸音乐节是上海首个本土大型户外音乐节,已连续举办了六届,着力为国际化大都市的上海打造一个真正属于自己的音乐节。大牌云集,明星荟萃,原生力量,唱响西岸,以音乐释放活力,用梦想点燃浦江,成为上海秋季一年一度的文化盛事。

3) 西岸食尚节

西岸食尚节以打造"魔都味觉名片"为目标,联袂呈现欧洲米其林餐厅主厨星光套餐、各国领事馆的环球美食以及国内高端餐饮品牌和时尚街头美食多个板块,并融入游乐、课程、演出、亲子、夜场等多种互动元素,打造上海最好吃的游乐园、最好玩的美食节。同时,以国内规格最高、规模最大的时尚美食盛会,集聚人气与热度,为区域未来的产业发展积累优质的餐饮资源。

4)西岸艺场

"THE Stage West Bund 西岸艺场"是继"西岸音乐节""西岸艺术与设计博览会""西岸食尚节"之后上海西岸推出的又一重磅活动品牌,以整合多样性舞台艺术形式,表现多元化舞台演艺内容,展示具有现当代精神的文化艺术理念为核心,以戏剧节、演出季等表现形式集聚国内外优质、经典、前沿、跨界的舞台艺术资源,挖掘、培养、展示、提升国内高品质舞台艺术内容,为"十三五"末西岸即将建成的剧场群落预热、积累资源。

(2)以西岸文化艺术季整合内容与场地资源

作为"西岸计划"的重要载体平台,ART WEST BUND 西岸文化艺术季是上海西岸着力打造的区域文化品牌,以"来西岸、去发现"为主题,每年推出春夏、秋冬两季,联动区域内 20 余所文化场馆的近百场活动,融艺术、设计、时尚、音乐、美食、建筑等元素于一体,以多元化的文化内容,区域化的平台优势,打造初具规模的西岸文化产业生态圈,成为上海最靓丽的城市文化名片。

3. 加快推进国际文化交流

依托区域开发热度和地区活力,建立常态化国际文化交流机制,融入全球城市文化网络,示范引领文化融合发展。同时注重保护地区文化遗存、延续历史文脉,通过项目建设与复合发展促进传统文化复兴,打造国际文化合作战略的西岸品牌活动。

(1)深入推进国际知名水岸论坛交流

建立全球水岸地区之间的对话平台,每两年举办一次"全球水岸对话"论坛,共享关于水岸利用、文化建设、产业发展、城市更新等方面的经验,共同研究水岸管理、开发、保护、利用的措施。通过高层次国际文化交流项目、国际文化艺术活动,搭建国际文化交流平台,形成常态化国际交流,扩大区域文化影响力和辐射力,融入全球城市的文化网络,为上海建设卓越全球城市提升软实力。

(2)持续推进国际高水平文化交流

推进西岸美术馆与蓬皮杜艺术中心开展五年期展览和研讨会合作,打造高级别国际文化交流和长效性艺术体验分享的核心承载平台,同时打造本土艺术家的培育、输出平台,带动中国原创作品走出去,开启对中国当代艺术研究、作品收藏及人才培养计划。以上海时装周最大的青年设计师博览ONTIMESHOW 为平台,推动一批中国原创设计师进入世界时装艺术舞台。以"大群落+小群落+联盟机制"打造国际原创艺术策源地,发挥当代艺术场馆集聚的大群落优势,扩大国内外画廊机构、画家工作室、建筑设计师事务所、演艺经纪机构等构成的艺术小群落规模和效应,加强设计联盟、演艺联盟、艺术联盟三大机制对文创产业生态的营造,打通文化场馆、艺术家工作室之间的原创作品创作、展示通道。

以法国蓬皮杜艺术中心合作开展的临时项目(选址西岸美术馆)为契机,强化西岸地区作为上海知名文化品牌在国际舞台和国际交流中的中国影响力。建立与国际文化机构长期合作机制,推动中国文化产品和文化服务出口,用国际化理念与合作方式来传播中国传统文化和海派文化的价值,打造具有国际视野的文化交流活跃区。

4. 延伸文化艺术产业链发展,完善相关配套服务与设施

充分发挥文化要素集聚的规模效应、示范效应和平台效应,推动文化金融平台建设,保障文化生态系统发展运营,促进文化产业人才培养和教育培训体系建设,促进区域文化产业可持续发展。

构建运营保障有力的文化金融平台。以新世纪当代艺术基金会的建立为契机,推动文化金融平台建设,研究并推广文化艺术和金融融合发展,有力补充现有文化产业生态系统。通过稳定的投融资行为,与文化艺术机构合作,为文化从业者和艺术家的创作提供更高层次的平台和更有力的保障。

打造艺术创作品牌"西岸艺术粮仓"。以西岸文化艺术示范区二期为依托,以 D 单元核心区为空间载体,打造汇聚国内外顶尖艺术家、建筑师和设计机构的创新聚合区和创业孵化器。依托现有文化产业基础,促进前沿学科交叉,吸引国际知名的艺术院校和设计学院入驻形成艺术创作新品牌"西岸艺术粮仓"。

依托上海四大中心及国际文化大都市战略,全面复制自贸区政策,围绕艺术品产业创作、展示、交易三大核心环节,以西岸地区独有的美术馆大道、西岸

艺术与设计博览会及艺术品交易中心、西岸艺术品保税服务等核心功能平台为引领,打造西岸地区特有的艺术品产业生态体系。

(1)西岸艺术品保税仓库

保税仓库位于西岸区域最南端,总建筑面积3 200平方米,是与国际知名艺术品仓储设施管理公司——新加坡自由港管理有限公司合作打造的其首个在华项目,是徐汇滨江地区综合开发和西岸文化走廊建设的重要组成部分。

2014年3月保税仓库通过质监验收,并经上海海关验收挂牌,成为目前上海首个自贸区外的专业艺术品保税仓储服务设施。同年7月,伴随举世瞩目的"明成化斗彩鸡缸杯"的入库该项目正式启动运营。

保税仓库拥有国内最完善的硬件设施,在恒温恒湿、气体灭火、多重安保、仓储环境等方面均达到国际一流标准,能为广大藏家、画廊提供保税仓储、保税展示等一系列与艺术相关的高端服务,并依托新加坡自由港带来的资源优势,组建起一支具备国际专业水准的高效团队。2014年8月,西岸艺术品保税仓库被上海海关列为海关创新制度复制推广示范单位,获准保税展示交易、仓储企业联网监管,批次进出、集中申报等三项自贸区"可复制、可推广"政策。得益于创新政策的贯彻落实,保税仓库实现了功能和业务的有效盘活,成为"西岸文化走廊"的服务核心。

已服务佳士得、苏富比等国内外艺术机构178余家,流通艺术品13 500余件,总货值超6.2亿美金。

(2)西岸艺术品展示中心(规划中)

项目位于龙腾大道、龙耀路、规划七路、六谣路的围合区域,占地面积为9 415.3平方米,建筑面积为23 456.3平方米。是一个涵盖专业级大型艺术品保税展览、实时性国际艺术机构保税经营、艺术品一站式物流服务功能的国际性艺术品产业综合平台。

(3)西岸艺术与设计博览会

国内首个融合了顶尖当代艺术与设计的国际性大型博览会,国际当代艺术机构来华展示的首选之地,西岸文化走廊重点打造的艺术品展示、交易平台。

参展画廊数量为：2014 年 25 家，2015 年 32 家，2016 年 30 家，2017 年
39 家。

四、"艺术西岸"国际艺术产业集聚区的长处和不足

（一）"西岸模式"长处

1. 文化科技深度融合

充分利用徐汇科技创新和人工智能发展优势，以国家"双创"示范基地和
上海人工智能产业集聚区建设为抓手，积极拓展科技创新和文化创新生态圈。
依托腾讯、东方明珠新媒体、巨人、游族等龙头企业，大力发展动漫网游、网络
视听等领域，积极布局 VR 技术、二次元、网络剧等新业态，打造数字文化产业
高地。依托商汤、依图等标杆企业，积极探索人工智能在文化创意领域的应
用，打造具有全球影响力的"西岸智慧谷"。

2. 文化金融合作发展

作为上海市文化金融合作实验区，徐汇区设立了"文化发展专项资金"，加
强对重点领域和项目的引导扶持，取得了显著成效，2012—2017 年累计投入专
项资金 1.3 亿元，扶持文创项目超过 180 个，带动社会投资超过 15 亿元。同
时，设立和引进东方明珠文化投资基金、界面基金等创新金融平台以及上海银
行、滨江普惠小贷等文化金融专营机构，提供多层次、全方位的文化金融服务。
近三年来，已有上影股份、恺英网络、巨人网络等成功登陆主板市场，东方网、
盛世天橙、中仿科技等挂牌新三板。

3. 内容创意加快集聚

影视产业集聚了上影集团、尚世影业、东方梦工厂、企鹅影视等龙头企业，
进一步巩固和扩大了影视内容创作及制作的优势地位。艺术产业以上海西岸
为核心，吸引了一批国内外知名艺术机构和艺术家入驻，"美术馆大道"初具雏
形，与法国蓬皮杜艺术中心签署战略合作协议，打造国际文化艺术双向交流
平台。

（二）"西岸模式"的不足

1. 创意内容相对缺乏

近年来，徐汇区文化创意产业保持平稳增长，但集聚在徐汇区的众多文创企业中，目前还以广告、设计类为主，这些只能算作是锦上添花的"文化+"，真正要在未来能够爆发强劲实力、代表区域竞争力的，一定是那些以内容制作、内容生产为主的文化企业。徐汇区应以打造"文化内容生产的标杆地区"为目标，从重视基础理论研究入手，集结一批具有国际水平的文化创意类大师携团队入驻徐汇，开班授课、举办论坛和研讨会，真正提高区域内从业人员的业务水平。

2. 租金问题

由于上海"艺术西岸"在政策、投资、地理位置等方面的优势，西岸已经成为全上海炙手可热的艺术区域。这必然将会引起众多文创企业及其他企业的入驻。在这方面一定要有所警惕，以免艺术西岸重蹈798的覆辙，即过高的热度导致过高的房租，而使得真正的艺术无法在此停驻偏离原有定位，成为争夺利益的商业区域。对此，除了从政策加以适当限制，也可以探索一些新的合作机制，以参股、分红等形式抵扣租金，扶持优秀艺术家的长期发展。

主要参考资料：

［1］ 鲍炳章：《文创大会交流发言 | 徐汇区：让文化有脉　产业有魂　着力打造上海国际文化大都市核心区》，《文化上海滩》2017 年 12 月 16 日。
［2］ 《徐汇文创产业聚焦"竞争力 影响力"双驱动》，《中国上海》2017 年 12 月 20 日。
［3］ 张殊凡、李瑾琳：《上海徐汇启动打响"上海文化"品牌新标杆三年行动计划》，《徐汇文明网》2018 年 6 月 4 日。
［4］ 《3 年后，徐汇这些地方将迎来"百年"后的巨变，将影响全世界！》，《上海徐汇》2018 年 5 月 25 日。
［5］ 《上海文创典型案例 | 徐汇：以内容打动人心承载文脉》，《文汇》2017 年 12 月 15 日。
［6］ 《对标国际，直指痛点："文创 50 条"擦亮上海文化名片》，《中国文化报》2018 年 1 月 9 日。

10

优化剧院布局 重建上海剧院文化品牌

杨 子*

提 要 "文创五十条"对上海市演艺资源的优化布局,令各剧场群依据各自
所处区域特色,形成多元丰富的剧院新格局,以及更合理的梯形结
构。本文在对上海演艺场馆布局的历史脉络进行梳理分析的基础
上,对剧院运营模式及存在问题进行分析,提出场团合一运营机制对
打造"亚洲演艺之都",重建都市剧院文化品牌的重要性。

关键词 剧院布局 文创五十条 亚洲演艺之都 场团合一制 租场演出制

2017年12月,中共上海市委、上海市人民政府印发《关于加快本市文化创
意产业创新发展的若干意见》(简称"上海文创50条"),提出将上海打造为
"亚洲演艺之都"的目标,对上海市演艺资源进行优化布局。建设亚洲演艺之
都,剧院数量很重要,布局和层次同样也很重要。但要对标国际高标准、高水
平的剧院管理,打响"上海文化"品牌,仍有不少问题有待思考:上海需要多少
家剧院?剧院如何结合当地演艺生态进行特色化发展和运营?目前的剧院管
理专业人才是否满足高歌猛进的剧场建设?无论是旧剧院翻新还是新建剧
院,它们如何助推城市文化的发展,从而在全球化、同质化的城市发展中提升
城市竞争力?本文试图在对上海演艺场馆布局进行历史脉络梳理分析的基础
上,总结当下剧院运营模式,提出其存在的问题,提出"场团合一制"对打造

---

* 杨子,上海艺术研究所副研究员,研究领域:影视戏剧艺术理论、城市文化研究、文化产业
研究。

"亚洲演艺之都",重建都市剧院文化品牌的重要性。

一、从"东方百老汇"到文化创意产业空间新布局

　　1867年,上海侨民首次搭建起第一座西式剧院——兰心大戏院,定期演出业余剧团 A.D.C 编演的戏剧,标志着以话剧为主体的西式剧院在上海的兴起。而传统戏院则出现更早,在元代已有"勾栏"搭设于松江府前,元末明初陶宗仪《南村辍耕录》记载,"有女官奴习讴唱,每闻勾栏鼓鸣则入。"这是关于上海戏曲演出场所最早的文字记载。戏曲演出的商业化现象出现在清咸丰初年,随着商品经济的发展和市民阶层的崛起,上海第一家营业性戏园——三雅园于1864年由城内富户居室改建而成。这类戏园兼营卖茶,又称茶园。到1917年最后一个戏园"贵仙"歇业,半个多世纪里,上海先后出现过大小近百家茶园。1908年建于南市十六铺的新舞台,标志着旧式茶园向新式剧院发展,此后,新式剧院大量涌现,数量与质量均居全国之冠。

　　1843年开埠之后,上海的经济、文化发展突飞猛进,到20世纪30年代一跃成为仅次于伦敦、纽约、东京、柏林的世界第五大城市和远东第一大城市。在此期间,剧场艺术获得空前发展,地方戏曲和话剧蓬勃兴起,仅西藏路及其周边区域前后共出现过近40家剧院,密集的演出空间分布令这一区域足具剧场集群效应,史上有"东方百老汇"之称。

　　城市的文化空间布局不但受到自然地理和历史积淀的制约,而且受到城市发展定位和产业结构的深刻影响。上海的剧场空间分布经历了以下阶段:近代以来,作为工商业城市,剧院主要集聚在市中心,因为处在工业经济早期阶段的城市,大多采用"单中心"结构。工业区是城市的活力中心和人口密集区,工业的增长决定了城市的规模和空间,城市的行政和商业中心及公共文化设施也围绕工业区建设,成为一个单核型的文化空间布局;①改革开放以来,随

---

① 花建:《城市灵魂在于文化 产业布局应顺势而为》,《解放日报》2012年11月17日。

着上海城市规划与工业结构的调整，剧院分布迎来历史变局，在"一个龙头和四个中心"建设过程中，产能落后的工业板块被逐步淘汰。一批功能齐全的现代剧院开始在新兴产业园区、商业中心和大型住宅区有计划地被改建、扩建和新建；上海音乐厅、美琪大戏院、兰心大戏院等一批老牌剧院被改造和修复；上海大剧院、上戏剧院、上海商城剧院、上海马戏城、上海白玉兰剧场等新型剧院在市中心区和市郊结合部被建立起来。当跨入21世纪，上海仅有的3家甲级剧院——上海大剧院、上海音乐厅、美琪大戏院都集中在浦西核心区域内。2002年，位于浦东的东方艺术中心开工建设，打破上海剧院"西盛东衰"的局面。2010年，世博文化中心落户浦东，成为上海第5座甲级剧院。

自2000年以来，随着上海城市总体规划的部署与城市功能的深刻转型，上海的剧院分布呈辐射型向边缘地区拓展。① 依据《上海市城市总体规划（1999年—2020年）》，上海要建设一横一纵"两条文化带""多个文化核心"的文化设施大格局。2011年11月，中共上海市委第九届十六次全会提出了建设国际文化大都市的战略部署，根据2011年颁布的《上海"十二五"时期文化发展规划》，优化文化创意产业布局，合理布局，集聚特色，构建"一轴、两河、沿海、多圈"的文化创意产业空间新布局。上海主要剧场的建设，依托这一原则向"多中心、多组团、开放式"的方向发展，剧院地理分布为：中心城区有环人民广场的西藏路剧场群，静安区的"现代戏剧谷"；北边形成以上海马戏城、海上文化中心（大宁剧院）为核心的北上海演艺剧场新格局；东边以东方艺术中心为节点，与梅赛德斯-奔驰文化中心、中国福利会儿童艺术剧院新馆等构成东上海演艺新地标。

"西藏路剧场群"是指东起福建中路，西至成都北路，南起金陵东路，北至苏州河区域内，以黄浦区西藏路为轴心，分布在其周围的剧场，包括上海大剧院、上海音乐厅、上海大世界（共舞台）、上海逸夫舞台、人民大舞台、新光影艺苑等。西藏路剧场群在历史上形成了良好的基础，在上海乃至我国现代剧场发展史上占有重要地位，在解放后及改革开放后的相当一段时间内，西藏路剧

---

① 张佳文：《上海演艺场馆空间布局的历史轨迹》，《上海城市规划》2012年第3期。

场群成为上海舞台艺术发展的中心，是市民休闲娱乐的重要场所。20 世纪 90 年代以来，上海大剧院的落成和上海音乐厅的改造平移，大幅提高了西藏路剧场群在上海现代演艺业中的地位。但是，随着经济的快速发展以及大规模的城市改造，西藏路剧场群中的部分剧场被拆除，剩下的部分剧场在设施、演出和管理等诸方面明显衰退，使"剧场群"的集聚效益明显减弱。2010 年 10 月，上海市文广局与上海市演出行业协会、黄浦区文化局，开始推动对人民广场西藏路老剧场群的恢复改造工程。

"国际文化大都市"的发展战略进一步明确了城市的文化定位，2009 年，上海市静安区政府立足优化上海国际金融、贸易中心的文化生态、寻求以创意推动城市转型的新路径，依托丰富的历史人文底蕴、发达的商业商务经济、整合现有的剧场资源，如位于该区的上海戏剧学院、上海歌剧院、上海话剧艺术中心、商城剧院、美琪大戏院、百乐门等，以华山路到南京西路为主轴，着力打造上海东西南北文化枢纽地带的现代戏剧产业集聚区——"现代戏剧谷"，希冀达到成为与纽约百老汇、伦敦西区齐名并肩的戏剧产业文化品牌。现代戏剧谷是上海市首批 15 家文化产业园区之一，从静安区现有的剧场分布来看，江宁路、南京西路到华山路形成狭长带状的剧场群，故称为"现代戏剧谷"。从空间布局上，现代戏剧谷在基本形态上形成一轴三区。一轴为南京西路—华山路现代戏剧产业发展轴。三区为美琪大戏院—商城剧院—上海展览中心—云峰剧院现代音乐剧产业集聚；百乐门多媒体戏剧产业区；上海戏剧大道—上海戏剧学院—儿童艺术剧院都市话剧产业区。从当时上海文化发展的空间布局看，由浦东世纪大道经黄浦、静安、长宁到虹桥的东西文化横轴正在完善，由大宁经闸北、静安、卢湾到世博园的南北文化纵轴也在逐步成型，现代戏剧谷正处于两轴交汇处。

2015 年 7 月，上海市静安人民政府及上海广播电视台、上海文化广播影视集团有限公司（SMG）签订了《共建静安区江宁路文化街战略合作协议》，以江宁路三座新老剧院——美琪大戏院、艺海剧院和北京西路 1013 号沉浸式剧场为基地，共同打造"继纽约百老汇和伦敦西区后的国际第三大现代戏剧中心"。静安区将"江宁路文化街区"的改造计划上报列入上海市十三五规划的重点文化项目,未来通过"江宁路文化街"这一平台,充分发挥核心剧场辐射周边的效应。

二、打造"亚洲演艺之都",优化演艺设施布局

2017 年 12 月,上海发布《关于加快本市文化创意产业创新发展的若干意见》(简称"文创五十条"),明确提出上海要打造"亚洲演艺之都",加快建设国际文化大都市,在原有规划的基础上对全市演艺设施进行优化布局,重点支持环人民广场演艺活力区等 8 个演艺集聚区建设,形成演艺产业集聚效应。

环人民广场演艺活力区覆盖了此前的西藏路剧场群,北起北京东(西)路,南至金陵东(中)路,东邻福建中(南)路,西至黄陂北路、新昌路,约 1.5 平方公里。和其他演艺区相比,该区演艺文化深厚,市场活力充沛,上海大剧院、上海音乐厅等大型演出设施和黄浦剧场、长江剧场、中国大戏院、共舞台、人民大舞台等一批老剧院云集此处。环人民广场演艺活力区正常营运的剧场、展演空间近 30 个,区内年均演出总场次占上海全市剧场演出总场次 1/5,票房收入则占全市的 1/4,演艺节目类型涵盖戏曲、芭蕾、歌剧、话剧、音乐会、音乐剧等。"十三五"时期,环人民广场演艺活力区将整体构筑"一中心、五集群"的发展格局——"一中心"即演艺活力中心,"五集群"包括外滩集群、创意码头集群、浦西世博集群、新天地集群、复兴路集群,到 2020 年,该区计划扩充正常运营剧场和展演空间数量目标为 40 家左右。

徐汇滨江剧场群(徐汇区)是上海目前唯一的沿黄浦江分布的演艺带,除分布有位于徐家汇商圈的美罗城内、台湾知名导演赖声川的第一家驻场剧院"上剧场",还有"上海梦中心"的 6 个大型剧院。上海梦中心位于徐汇区黄浦江畔,其最具特色之处在于分布其中的文化场馆群,包括 2 500 座的多功能剧场、1 800 座的专业音乐剧剧场、1 000 座的演艺剧场、400 座的黑匣子实验剧场,以及互动音乐厅、艺术展厅等。

现代戏剧谷剧场群(静安区)在此前规划基础上,进一步发挥现有剧院的地缘优势与产业特色,以江宁路沿线的美琪大戏院、艺海剧院为主线,向西南

与上海戏剧学院、商城剧院、静安 800 秀等剧院形成互动,以话剧、环境戏剧、经典音乐剧演出为特色,形成多点支撑、连点成线、文商互动、辐射周边的现代戏剧谷剧场群。

世博园区旅游演出剧场群(浦东新区)除了对世博大舞台进行升级改造,围绕世博文化公园规划建设户外剧场、特色小剧院等,2020 年,这里还将建设上海大歌剧院、上音歌剧院。

此次规划对徐汇区复兴路汾阳路音乐街、虹口区的四川北路剧场群、长宁区的天山路商业体剧场群和郊区剧场群进行优化布局。复兴路和汾阳路聚集了上海音乐学院,上海交响乐团音乐厅、贺绿汀音乐厅、上海大戏院和上海交响音乐博物馆等,依托区域内特色形成音乐文化一条街,形成具海派特色的"音乐之路"。虹口区的四川北路剧场群以四川北路为主轴,将正在改建中的群众影剧院、胜利电影院、虹口剧场、解放剧场,以及目前已在运营的嘉兴剧院、1933 微剧场和国际电影院,形成以演艺、展览为核心的四川北路娱乐板块。位于长宁区的天山路拥有 SOHO 天山广场音乐厅、虹桥艺术中心、缤谷二期(小剧场、影院)、长宁民俗文化中心小剧场、临空 SOHO 影院等社区、园区、商圈的影剧场建设,将逐步形成一条天山影视演艺功能带。

在市区核心圈层之外,此次规划还将根据郊区区域优势,均衡合理分配资源,因地制宜打造郊区剧场群,如将被打造为"南上海艺术名片"奉贤区的九棵树(上海)未来艺术中心结合该区森林资源丰富的自然生态优势,选址于奉贤新城面积达 4.8 平方公里的森林公园内,以大中小三个剧院为主,包括 1 个 1 200 座主剧场,1 个 500 座多功能剧场,1 个 300 座的主题剧场,1 个艺术展览及创作中心及配套附属功能用房,借助周围森林环拱,形成一个与自然对话、与水绿交融的"森林剧场"。嘉定区的保利大剧院、宝山区的长滩音乐厅、青浦区的虹桥百老汇剧场群等已建成或在建中。郊区剧场群的崛起,将吸引更多优秀演艺资源由市区向郊区辐射扩散,满足郊区民众的文化需求。

建设亚洲演艺之都,剧院数量很重要,布局和层次同样也很重要。"文创五十条"对全市演艺资源的优化布局,令各剧场群依据各自所处区域特色,形成多元丰富的剧院新格局,以及更合理的梯形结构。在此基础上,剧院对演艺艺术门类的细分定位与差异化发展,不仅意味着观众可依据不同的艺术喜好进入不同的剧院,也有助于对观众进行差异化市场细分,从而形成差异化竞争格局。

三、打造各具特色的剧院运营模式

"文创50条"所展示的剧院新蓝图,印证了上海打造"亚洲演艺之都"的决心。根据上海市文广局统计,至2018年一季度末,全市共有持证剧场和演艺空间147家,共举办演出4 500多场,观众300万人次以上,演出票房约3亿元。一份关于上海国际文化大都市建设的评估报告将上海与伦敦、纽约、东京、巴黎等国际大都市进行比较,显示上海在剧院拥有数量和演出场次与伦敦(214家剧院)、纽约(643家剧院)、巴黎(353家剧院)、东京(230家剧院)有很大距离。上海的演出场所每百万人拥有量为4个,每百万人拥有座位数7.2个,[1]在全国居于领先地位,但未形成像伦敦西区、纽约百老汇剧院云集、票务联动的集群效应。以静安区现代戏剧谷剧场群为例,现有剧院13家,2017年接待观众人数244万,演出3 260场,票务总收入3亿元人民币,带动周边消费1.5亿元人民币,但是利用大数据对标伦敦西区、纽约百老汇两个全球标杆性的演艺集聚区进行采样分析,无论是体量规格还是文化影响力以及延伸效力,静安区仍存在较大的提升空间。数据显示伦敦西区现有38个剧院,2017年接待观众总数1 459万,演出场次18 975场,票房总收入超过6亿,带动周边消费达3亿英镑。而纽约内百老汇有剧院41个,全年接待观众总数1 327万,演出场次13 244场,票房总收入达到13亿,带动周边消费5亿美元。

在上海现有剧场中,不乏颇具特色并取得社会效益、经济效益双赢的剧场运营模式。环人民广场演艺活力区的上海大剧院秉持节目体系全球与本土定位,确立"世界主义"范式的高雅艺术审美追求;"小而美"的上海音乐厅以室

---

① 黄昌勇,夏洁求,徐一文,章超:《上海国际文化大都市建设评估研究》,《上海文化发展报告》(2015),社会科学文献出版社2015年版,第64页。

内乐与古典乐演出见长;上海文化广场主推音乐剧演出;天蟾逸夫舞台历来是戏曲专演舞台,这些剧院经过长期的经营探索已形成各具特色的运营模式,在演出市场中具有示范性意义。

主题式剧场在演艺市场中抢占先机,处于环人民广场演艺活力区的新光影艺苑便是一例。其前身新光大戏院建成于1930年代,不仅是上海首轮欧美电影新片放映影院,也是重要的戏剧演出场所。2009年,在上海"白领戏剧"风靡一时的情况下,现代人剧社出资对新光影艺苑剧场进改造,设座322个,改变此前很长一段时间内剧院定位不清的状况,恢复话剧演出传统,实现小剧场话剧演出和电影放映的双重功能。新光影艺苑演出以大受白领青年欢迎的欧美悬疑剧(*Mystery－Thriller*)为主打,被运营方明确定位为"中国首家悬疑剧场",由现代人剧社制作的悬疑剧和引进欧美的当红悬疑剧在新光悬疑剧场找到土壤,观众以年轻白领阶层为主,每年演出场次达200场以上,每年观众数量为6万人次,平均上座率达85%以上。

和节目类型丰富的环人民广场演艺活力区相比,以游客为主要受众的驻场演出多驻点在静安区。作为国内"现象级"的演艺节目,静安区两台颇有市场号召力的驻场式演出均由上海文广演艺(集团)有限公司作为制作或出品方之一,在获得巨大票房收益的同时,也对周边酒店、餐厅、酒吧、咖啡厅、美术馆、书店等产生消费拉升的良好效应。2005年9月开始,投资3 000万元制作并运营的原创多媒体舞台杂技《时空之旅》在上海马戏城每天上演,创造了上海同一剧场连续演出场次的最高纪录,成为中国演出市场的一大亮点(该剧于2018年7月1日结束,上海马戏城进入大修期,完工后将继续献演新的时空之旅系列)。驻场演出中最为人津津乐道的要属从美国纽约移植过来的沉浸式戏剧《不眠之夜》。由上海文广演艺集团和Punchdrunk国际联合制作,把静安区北京西路1013号5层楼改造为90个充满细节的房间,演出时长达三个小时。这是中国第一个沉浸式戏剧专用剧场,自2016年12月14日开演后,一直维持高热度、高人气和高口碑。时隔不到两年,在伦敦大受欢迎、根据著名童话《爱丽丝冒险奇遇记》改编的同名沉浸式戏剧今年7月登陆静安区广中西路666号大宁小城,中英双方联手改造大宁小城四千多平方米的空间,力求还原一个最接近原著的爱丽丝奇幻梦境。以资本打造的沉浸式戏剧通常有成熟的周边项目与之配套，除了本地观众，其市场目标更多对准的是每年进入上海的游客，去年上海接待入境游客突破 873 万人次，其中 713 万人次在上海过夜，这一数据每年都在被刷新。

如果说驻场演出市场目标对准的是入境游客，那么"商场+剧场"的演艺与商业融合的运营模式则进一步将本地商圈人流转化为剧院观众。建于 2015 年底的"上剧场"坐落在徐汇区美罗城商场 5 层，为台湾著名戏剧导演赖声川的专属剧场，以赖氏作品为主要演出内容，辅之以少量租场演出，除了赖声川在业界的名声与魅力，商圈人流也给这座剧院带来不低的人气。商圈综合体中的中小剧场除了运营模式日趋成熟的上剧场，还有 1933 老场坊的"1933 微剧场"和今年 5 月新开业的 1862 时尚艺术中心。位于虹口区拥有 120 个座席的 1933 微剧场弥补了上海低廉小剧场的空白，在文化地理学意义上具"外外百老汇"功能：作为一个文化演出孵化器，提供戏剧新兴力量呈现的可能，使它成为青年戏剧人的成长平台。1862 时尚艺术中心是一座可以容纳 800 人的中型剧场，是黄浦江畔"船厂 1862"商业艺术综合体的一部分。中小剧场走进商业综合体，浸润商圈文化氛围，不仅拓展了城市文化空间，同时也吸引商圈部分人流转化为剧院观众，实现艺术与商业的共赢。

从以上剧院案例可知，不管是新建的现代化剧院，还是历史底蕴深厚的老剧院，内容为王是其形成经营特色、占领市场份额的制胜逻辑。在这个逻辑下，"场团合一"的剧院运营模式成为趋势。

四、建立"场团合一"的运营机制

作为国际惯例，制作机构与剧院主体的重合也即"场团合一"机制让拥有表演院团的剧院提高主办节目比例，有助于形成各艺术门类相对固定的观众群，也有利于表演院团提前规划好演出计划。主办节目比例越高，剧院的市场定位愈加清晰，从而愈有利于形成具有鲜明特色的剧院运营管理模式。"场团合一"机制也让拥有剧院的表演院团解决了"演什么"，"在哪演"的问题，有利于剧目、表演院团和剧院本身的品牌建造。

上海大剧院艺术中心采取"场团合一"运营机制,旗下三个剧院(上海大剧院、上海音乐厅和上海文化广场剧院)和四个表演院团(上海歌剧院、上海交响乐团、上海民族乐团和上海芭蕾舞团)一改以往剧院、表演院团各自独立发展的样式,剧院有表演院团的创作生产作为演出内容支撑,表演院团有剧院作为演出场地依托,这样的集群发展样式,使剧院和院团在剧目原创、合作、引进等方面形成合力,产生1加1等于或大于2的效益。剧院与院团的紧密合作有利于双方降低运营成本,缓解各自运营压力,最直接的效益是演出场地的长期稳定保障使得院团演出成本大大降低,这就为低票价奠定了一个良好的基础,同时也提升了表演院团生产原创力度和艺术品质,好的剧目越多,上座率提高,意味着演出收入的增加。

当然,在"场团合一"机制中存在"院团主体论"认识,强调剧院为表演院团服务的义务,以院团为中心进行艺术生产、经营和管理,却忽视了剧院本身的市场运作规律。这和一些表演文化产业发达的国家所提倡的"剧院主体论"相反,院团的艺术生产是与剧院的市场营销紧密结合的。

当下,各地兴起的剧院建设中存在的问题,可归之为"场团合一制"与"租场演出制"之间的矛盾,即剧院建设标准采取欧美国家"场团合一制",但经营管理却是"租场演出制"。多地大剧院由于演出量不足,处于维持或艰难运营状况,或常年处于空置状态。总的来说,各地剧院演出内容供应不足,本地院团内容供应短缺。除北京、上海等演出较为发达的城市之外,大部分省市的本地表演院团的演出内容难以支撑木地剧院,剧院演出内容的供应大部分来源于外埠院团和国外团体巡演。道略演艺产业研究中心发布的一份演出剧场发展报告分析了国内剧场的五个现象:剧院建设火热、剧院规模结构失衡、剧院演出活力不足、剧院观众培育不力、剧院经营模式被动。在承担当地城市标志性建筑的文化展示作用之外,诸多外型美观内饰豪华的大型剧院实际沦为政府文化的"面子工程"也即"政绩工程"。

在"租场演出"机制下,倘若剧场规模过大,对水电、人力资源的消耗大,剧院的场租费升高,演出票价上涨,从而造成剧院上座率低,剧院和表演院团均入不敷出。另一方面，制作机构与剧院主体分离的中小型剧院，倘若演出类型或内容没有鲜明特色，势必决定剧院运营被动，经营缺乏特色。共舞台、黄浦剧场等剧院虽处于环人民广场演艺活力区，具有交通便利，建筑历史底蕴深厚等优势，但"租场演出"机制下由于剧院定位不清、经营缺乏特色，在"活力"程度上依然具有较大提升空间。而位于静安区现代戏剧谷剧场群的大宁剧院、云峰剧院，在现代戏剧谷展演季名团名剧入驻演出时热闹有余，除此之外大部分时间人气不足。

打造"亚洲演艺之都"的演艺设施新布局，重绘上海演艺场馆新蓝图，必须清醒地认识到上海演艺场馆目前发展存在的问题：缺乏优秀的剧院管理和演出经营人才，管理团队水平滞后、演艺机制不健全、演出票价过高、演出市场的消费潜力未被充分激活。

20世纪30年代曾作为"上海四大京剧舞台"之一的中国大戏院，在长达六年的精心打磨修缮如初之后，作为环人民广场演艺活力区建设的重点项目之一，在今年6月开业，国家话剧院一级导演田沁鑫被聘为艺术总监，打造"国际戏剧邀请展""新人新剧邀请展""创新戏曲邀请展"品牌，最终形成既有剧场演出又有作品出品的特色剧院。聘请艺术家作为剧院的艺术总监，有利于通过艺术家的社会影响力和艺术号召力整合资源，形成品牌。

随着演艺产业布局的加快，上海出现越来越多国际一流的演出场馆，整个演艺产业体系在不断升级的同时，亟需具有国际视野、国内资源且精于剧场运作的专业团队和运营管理人才。剧院的运营，只靠像田沁鑫导演这样综合素质比较齐全的稀缺型专业人士整合资源并非长远之计。在高校艺术管理人才培养创新模式、演艺行业协会的良性引导，以及政府政策层面的扶持之间建立联动机制，推动高素质、高层次艺术管理人才的培养，从源头解决现实困境，才能在运营好剧院的同时，使之与表演院团、与城市发展形成良好的互动。

11

"一团一策"助力上海戏曲文化品牌打造：以上海越剧院为例

吴筱燕[*]

提　要　越剧在二十世纪上海现代化的过程中形成独特的艺术美学,其特色根植于江南文化浪漫的抒情传统,而勃兴于海派文化的兼容并蓄和勇于创新。改革开放以来,上海越剧院始终坚守艺术探索与市场耕耘并进的传统,使越剧艺术的现代都市文化基因得以留存与发扬。近年来,在上海"一团一策"工作方案的推进中,上海的几大戏曲院团逐步确立了各具特色的创作和发展路径,作为民族文化象征的"戏曲"也呈现出更丰富立体的样态。上海越剧院在新政助力下积极探索实践——"情"文化的创新表达、新生代人才的闪亮登场、分层市场的深耕与新媒介的使用——越剧这一融汇了传统与现代之美的独特剧种,作为江南文化与海派文化交融互通的典范,正在与当代上海都市文化品牌的弘扬形成新的共振。

关键词　越剧　一团一策　上海越剧院　上海文化

2018 年 4 月,中共上海市委、市政府印发《关于全力打响"上海文化"品牌　加快建成国际文化大都市三年行动计划》,明确提出了全面打响上海红色文化品牌、海派文化品牌、江南文化品牌三大重点任务。"上海文化"品牌概念的提出,既是对上海城市文化之历史与内涵的梳理,也是对改革开放 40 年以

　＊　吴筱燕,上海艺术研究所助理研究员,研究领域：城市文化、戏曲研究、公共艺术、女性主义。

来上海文化发展成果的总结，更是对近年来细致切实的文化改革举措的回应与推进。

2015年开始，为进一步贯彻落实《中共中央关于繁荣发展社会主义文艺的意见》与《关于推进上海文艺院团深化改革加快发展的实施意见》精神，在市委宣传部、市文广局统一部署下，上海的18家市级国有文艺院团开始制定和推行"一团一策"工作方案。这一以解决实际问题为导向，以遵循艺术规律为原则的政策举措，无疑为各文艺院团打开了探索特色发展之路的可能性。"一团一策"的背后，是社会效益和经济效益相协调的文艺发展观，也是对国有文艺院团自上而下的大一统和保护性运作模式的反思和调整。从院团"为人民做文艺"的实践角度来看，"一团一策"的有效性和创造性，不在于重新划分出文化宣传意义上的"世界""民族"和"本土"标签，而恰恰是在于戏剧、戏曲、音乐、舞蹈这些分类标签的淡化——院团获得更多的主体能动性，具体的艺术形态所承载的历史、所独具的特点才会以更鲜明的面貌走到前台，差异化的艺术探索和分众市场也才有良性成长的土壤。

近年来，在"一团一策"工作方案的推进下，上海的几大戏曲院团逐步确立了各具特色的创作和发展路径，作为民族文化象征的"戏曲"也呈现出更丰富立体的样态。在上海越剧院的探索与实践中，越剧这一融汇了传统与现代之美的独特剧种，作为江南文化与海派文化交融互通的典范，正在与当代上海都市文化品牌的弘扬形成新的共振。

一、越剧的现代都市文化基因

在上海的戏曲舞台上，相较于京昆的浑厚积淀，沪淮的乡情缱绻，越剧或许是最具现代都市文化基因的戏曲种类。20世纪20—40年代，在短短的二三十年间，越剧从浙江的乡野小戏"的笃班"，快速演变为风靡上海滩的流行文化，并确立了独特的"全女班"形制，这一过程与彼时上海的现代化都市进程是互为一体的。正如姜进指出的，"女性、都市、现代三个因子变量蕴化交汇之处,生成了女子越剧这朵中国现代戏剧的奇葩"①。在很大程度上可以说,女子越剧是由都市女观众和女演员共同塑造的艺术形式——大众文化的女性化转向是现代化进程中的普遍现象,时至今日,这一点也仍是越剧的时代潜力所在。20世纪上半叶的上海,正是中国现代化变革的潮头:移民汇聚带来的文化多样性,都市(职业)女性群体的诞生,现代性对个体情感和欲望的张扬,这些都是越剧美学风格得以成形的基础,也构成了这个戏曲剧种独特而内在的现代属性。

到了20世纪40年代时,越剧已经超过京剧,成为上海戏曲剧种中剧团数量最多、演出场所数量位居第一的剧种②。尽管在民国上海的文化市场上脱颖而出,但真正为越剧奠定日后影响力基础的,则是由越剧女演员们推动的现代化改革。在30年代末期,越剧女演员已经开始主动求变,号召学习话剧、电影等现代表演手段,尝试运用现代舞台设计。著名越剧艺术家袁雪芬将昆曲和话剧称为越剧的"两位奶娘",越剧的表演也因而逐渐兼具了古典戏曲载歌载舞的美学意境和西方戏剧自然主义的表演特点。40年代,鼎盛时期的女子越剧界率先推进全面的戏曲改革,在表演、剧本、舞美、服化、宣传、剧场制度等方面向西方艺术学习,废除幕表制,建立以编导为中心的剧场体系,通过对传统表演与现代剧场形态的糅合,逐渐建立起更受都市观众青睐的"新越剧"形态。这一次的改革,使越剧从内到外具备了现代剧场艺术的特征,不但赢得了大量都市观众的追捧,也使这种以平民女性为主体的戏曲艺术,闯入了民族振兴的现代叙事,成为当时进步文化的先锋力量之一③。

新中国成立后,越剧凭借着40年代自我革新的优势,在政府的扶持下得到飞速发展,很快从江浙地方剧种跃升成为具有全国影响力的大剧种。1950年4月12日上海第一个国家剧团华东越剧实验剧团成立,1955年3月24日上海越剧院正式成立。上海越剧院建立在丰厚的人才基础、艺术资源和观众

---

① 姜进:《越剧与上海都市文化的形成》,《上海艺术评论》2017年第5期。
② 《中国越剧大典》编委会:《中国越剧大典》,浙江文艺出版社2006年版,第41页。
③ 1946年5月,经南薇的推荐,袁雪芬把鲁迅名著《祝福》改编成越剧《祥林嫂》,受到众多新文艺界人士的关注和扶持,甚至引起了当时党的最高领导层的关注。

市场之上,50年代戏改期间,剧院精心打磨了一批代表性剧目,如《梁山伯与祝英台》《西厢记》《祥林嫂》《红楼梦》《白蛇传》《春香传》《盘夫索夫》《碧玉簪》《情探》《追鱼》等,都是流传至今、脍炙人口的越剧精品。

戏曲虽然都被冠以"传统文化"之名,但不同的剧种之间,文化脉络、艺术品格其实千差万别。越剧在二十世纪上海现代化的过程中形成独特的艺术美学,其内在的都市性和现代性却时常被"戏曲"所象征的古典意义遮蔽。越剧的特色,根植于江南文化浪漫的抒情传统,而勃兴于海派文化的兼容并蓄和勇于创新,其通俗但婉丽的唱词、兼具古典与现代的表演方式,以及全女班演绎的柔美品格——这些特质,在当下的大众文化中依旧不乏可以探索与接续的市场。

二、"情"文化的传统与新声

无论是在戏改期间,还是改革开放以后,上海越剧院始终有意识地发扬越剧唯美抒情的艺术特色,同时也致力于继承老一辈艺术家勇于革新的传统。2015年上海推行"一团一策"工作方案以来,以财政托底、增量返还的方式支持国有院团生存与发展,为各院团的人才培养、多元创作和市场探索奠定了良好的基础。对于上海越剧院来说,财政的支持和越剧相对繁荣的演出市场,使院团拥有了更多施展拳脚的空间;而"一团一策"所倡导的自主化、精准化的发展设计,则给院团带来了在新时期再次彰显剧种特色、深入探索创新的契机。

众所周知,越剧以言情见长,生旦主演的"才子佳人"戏在越剧的经典剧目中占了绝大部分。传统上,言情题材常被视作难登庙堂的通俗文化或闺阁情趣的代表,这与长期的人性的压抑和女性地位低下都有关系。时至今日,言情题材仍被视作是女性的、次等的,但由于女性作为都市文化消费主体地位的确立,言情题材在大众文化市场上已占有不可撼动的份额。

对言情题材的一种惯有的误解是,言情就是儿女情长,于时代于大势无缘。然而从十九世纪末至二十世纪上半叶,在中国社会激烈的现代化历程中,"爱情"作为个体意志的象征和现代化的指标,曾是非常重要的时代主题之一,也是彼时言情题材着力探究的内容。对"爱情"的诠释不仅在二十世纪初的小说、电影、话剧、戏曲等大众文化间大行其道，同时也是知识分子和进步青年们热衷于讨论与践行的现代生活。在个体实践之外，漫长曲折的反帝反封建革命同样吸纳了"爱情"叙事——作为抗争力量和个体能动性的标志，参与构建了现代民族国家的想象基础。

越剧就在这样的时代背景中长成，也在这样的时代里走红。但越剧言情的独特性更在于，她包含了一种崛起中的女性主体视角——这无疑是得益于彼时上海特殊的都市化情境，也得益于由女演员和女观众共同构成的文化氛围。由老一代越剧女演员主导的越剧革新，除了在表演方法和剧场制度上的改革之外，还大大清除了传统剧目中的色情内容，使越剧中的"才子佳人"爱得更"清白""纯洁"——越剧改革看似保守地"灭情欲"，但事实上，她所抵制的是几千年沉淀下的男性凝视，从而为女性文化的生长撑出了一小片探索的天空。这一点，在古今中外的大众文化实践中，都是不多见的。可以说，改革后的越剧虽仍擅长演绎古装剧，但她的内核已是非常现代的——新越剧是都市女性文化的产物。20世纪40年代的新越剧改革为后来上海越剧院的成立奠定了基础，其独特的文化品格在戏改时期得到进一步的提炼和打磨。上海越剧院的四大经典剧目《梁山伯与祝英台》《红楼梦》《西厢记》和《祥林嫂》都在戏改时得到完善和确立，无论是古典剧目还是现代题材，女主人公都是抗争和行动的主体——用今天的话说，上海越剧院早就确立了创作"大女主"题材的传统。女性视角和言情特色，使越剧收获了忠实的都市观众群，也确立了携带女性审美基因的坤生文化，更成为上海越剧院长盛不衰的创演传统。改革开放后，伴随着多样化的大众文化的冲击，戏曲市场整体相对萎缩，各地越剧界的"男女合演"和"男性"题材的创演实践成为革新探索的主要方向——可喜的是，上海越剧院在积极拓展剧种可能性的同时，并没有放弃对都市女性文化特色的坚持。经典剧目的复排和改编一直贯穿在上越的市场实践中，"以古喻今"以诠释现代女性文化的创作传统也从未旁落。

2018年，是越剧《红楼梦》首演60周年，上海越剧院携《红楼梦》和《红楼·音越剧场》两个演出版本在全国十个城市进行了巡演，再次掀起"红楼"

热潮。《红楼梦》是最具代表性和影响力的越剧剧目，在同时期同类型的经典剧目里，她比《梁祝》更具文学性，又比《西厢记》更通俗可亲。1958 年首演的《红楼梦》，是由专业的编创人员和优秀的表演艺术家共同完成的现代戏剧作品，新越剧改革后日渐成熟的现代创演机制为《红楼梦》的成型创造了最有利的条件。但越剧《红楼梦》真正成为雅俗共赏的艺术精品，关键仍在于成功的戏剧改编上。曹雪芹的《红楼梦》被喻为"封建社会的百科全书"，包罗万象，人物线索众多。越剧《红楼梦》精准地抽取了宝玉和黛玉的爱情故事线，将大观园的人情风物都化作为情服务的背景，充分发挥了越剧言情和柔美的特长，奠定了"红"透大江南北的基础。1962 年，越剧电影《红楼梦》拍摄完成，投放市场后引起轰动。1978 年，该片在国内重映时创下观影奇迹，多地影院日夜不停放映，上映 5 年间票房超 2 亿元（单价一毛二分），观影人次超 12 亿。一时间，举国传唱"天上掉下个林妹妹"，名著《红楼梦》的普及化也受益于此。越剧《红楼梦》高度影响了普通老百姓对名著《红楼梦》的认知，也为之后的文艺创作（如 87 版电视剧《红楼梦》）奠定了基调。时代变迁，宝玉和黛玉之间的爱情却常被歌咏——爱情既是对抗封建文化的象征符号，也是个体人性挣扎破土的力量。越剧的改编和浓缩也使林黛玉为爱抗争的形象更为鲜明，从葬花到焚稿再到死亡，相对于贾宝玉的被动和无奈，黛玉（女性）的天空更狭小，反抗的姿态却更主动和决绝。这对于越剧广大的女性观众群来说，无疑也是深有共鸣的。

60 年来，《红楼梦》早已成为了上海越剧院的品牌象征，同时也是代际传承与创新的载体。仅从 20 世纪 80 年代以来，上海越剧院就先后推出过王秀月、钱惠丽、单仰萍、郑国凤、王志萍、方亚芬、华怡青、赵志刚、陈颖、李萍、杨婷娜、忻雅琴、李旭丹等多组"宝黛"阵容。对《红楼梦》的诠释也在代际更迭中不断更新再现，"经典""青春""殿堂""音越剧场"等不同的演出版本，体现出上越人对于这部传世之作持续不断的思考和创造。2016 年，在"一团一策"的政策助力下，为探索新的舞台实践，吸引更多年轻观众，上海越剧院尝试了"剧场+乐坊"的演出形式，创作了《红楼·音越剧场》。相对于上海舞台市场上琳琅满目的"跨界融合"，《红楼·音越剧场》的探索是谨慎而稳健的——在内容上，剧目浓缩了原版的主体故事，既保留了剧情的熟悉度又使其更紧凑精致；在音乐上，去掉了主胡，增加歌队，并强化了乐队、歌队与表演之间的互动呈现。这一版《红楼梦》并没有简单复刻流行的音乐剧形态，而是通过乐器和音乐的变化，使越剧的特点更为鲜明，也使演员的表演有了新的打磨空间——出演宝玉和黛玉的杨婷娜和李旭丹都表示，乐队形式的改变，使得表演必须更为主动地与音乐融合，而过去曾被传统乐器掩饰的演唱缺点也会凸显，对唱功的要求变得更高[①]。《红楼·音越剧场》撤换了传统的写实背景，乐池与舞台融为一体，整体场景虚实结合，美轮美奂——新版的尝试使得《红楼梦》这一家喻户晓的经典剧目有了相对陌生化的艺术呈现，更符合青年文艺爱好者的审美品位；同时这一尝试又是忠于越剧艺术本体的，音乐和舞美的设计都体现出对"抒情和唯美"的强化。

除了经典剧目的传承发展，在剧团的扶持和鼓励下，上海越剧院的青年一代也正在积极探索新的创作和表演形式。在这些创作实践中，既有上越青年对老一辈创新精神的延续和继承，也包含了一种新的时代精神和女性文化在言情题材中的萌芽。2017 年 10 月，作为第十九届上海国际艺术节"扶青计划"委约作品上演的小剧场越剧《再生·缘》，就是这样一部典型的作品。《再生·缘》取材于清代才女陈端生的长篇弹词《再生缘》，越剧曾有以其女主人公命名的经典剧目《孟丽君》。与传统剧目《孟丽君》不同的是，小剧场越剧《再生·缘》的故事以孟丽君的内心挣扎为焦点——在爱情与事业、温情与自由之间，孟丽君的挣扎，呼应着现代都市女性的困境，爱情在新的时代转变了意义和象征，女性意识在玫瑰色的温情包裹下再次破土。《再生·缘》以大胆的艺术形式烘托其主题：首创沉浸式越剧观演形式，加入评弹、小提琴、吉他等多种音乐形式体现人物特色，并通过画外角色"缘生"与孟丽君的精神对话展现人物的内心世界。在这个尚显稚嫩但清新锐气的创作中，新一代上越人再次显露出对于时代和女性主题的敏感，越剧的"言情"特色也呈现出多样化

---

① 郑荣健：《上海越剧院推出越剧经典〈红楼梦〉的全新演绎作品〈红楼·音越剧场〉》，戏剧网，2016 年 12 月 19 日。

的可能——言情作为载体,包含着对于人类情感的歌颂、质疑和探索等广阔的表现空间。

《再生·缘》的主创团队大部分都是上海越剧院的青年演员。2016 年年末开始,上越向全院青年演员发出"艺术邀约",鼓励自由组队、自由创作,并对相对成熟的创作设计给予经费和资源上的大力支持。这一举措高度激发了上越青年人才的创作热情,也为上海的越剧创新与青年市场的探索提供了更开阔的实践平台。

从女子越剧的成型,到越剧经典的创造;从《红楼梦》般的奇迹,到《再生·缘》式的新声,"情"是一代又一代上海越剧人创新与传承的线索,也是越剧不可缺失的文化品格和艺术特色。

三、人才与市场:革新的动力与标准

2017 年对于上海越剧界来说是悲喜交加的一年。一年间,著名越剧表演艺术家范瑞娟、徐玉兰、傅全香相继辞世,"越剧十姐妹"相聚天国,一个时代的辉煌也正式落幕。大师远去,余音袅袅;经典已铸,春泥护花。在文艺界和越剧观众悲痛不已的同时,上海越剧院迎来了她的第一批越剧本科班毕业生——仿佛象征着循环不息的艺术生命力,本科班的青年越剧人为这一年的灰暗添上了一抹生动强劲的亮色。

对于上海越剧来说,人才始终是其创新的核心力量。20 世纪 40 年代的"越剧十姐妹"就是站在时代潮头的越剧革新者,为了与旧戏班制度抗争,筹建新式剧场与戏校,她们于 1947 年联合义演《山河恋》,开创了越剧艺术的新时代。进入 21 世纪,上海越剧院始终在探索新时期人才培养的有效方式。

2008 年,上海越剧院委托上海戏剧学院戏曲学校联合培养第一届中专本科贯通的大学生越剧演员,尝试了一种新型的传承与教育模式。2017 年,这一批越剧本科班 18 名学生毕业,正式登台亮相,学校和越剧院为她们策划了盛大的毕业巡回演出;对于她们自创的、实验性很强的毕业作品《十二角色》(根据电影《十二怒汉》改编）也给予高度的支持和肯定。越剧本科班是上海越剧的第十代，她们最突出的特点是艺术素养高，文化视野开阔，具备更强的创作能力。在她们身上可以看到老一辈越剧艺术家勇于探索的精神，也可以发现青年人的时代敏感和饱满的好奇心。在"国艺开讲"举办的"上海越剧院新生代青春派对"上，"本科班"不但展现了扎实的基本功和表演技巧，同时也分享了自制的网络短视频，策划了"CP"组合的亮相方式，迅速拉近了与年轻观众的距离。有理由期待，在上海越剧院和文艺新政的支持下，新生代上越人展现出的活力与实力将成为未来上海越剧发展的新动力。

除了人才培育以外，对市场的重视也是上海越剧发展的优良传统。越剧不具备曲高和寡的精英文化基因，她是成长于市民阶层的大众文化——既以情共鸣，以美动人，也以吆喝赚买卖。曾经的新越剧改革，不止是革新者们的艺术追求，更是为适应市场的变化和观众的需求——在电影、话剧等西方现代艺术形式的冲击下，越剧主动寻求艺术上的融合变化，也主动使用更多现代传播手段来寻找受众。有研究指出，民国时期的电台、唱片、纸媒，甚至是电影都是大众戏曲擅用的传播手段，而越剧演员是其中最积极的实践者①。

在文化市场日趋多样的当下，扩充与深耕分众市场是大众文化发展的主要路径。上海越剧院在市场的培育和维护上延续了传统，充分展示了都市大众文化形态的另一面。

以2018年上海五大国有戏曲院团的部分演出场次计划（表1）为例，上海越剧院的经营性演出场次和国内外巡演场次计划，都远高于其他几个国有戏曲院团。这一方面说明上海的越剧市场仍相对更具活力；另一方面也可以看出，上海越剧院在市场拓展和维护上体现出较强的自觉性和主动性。越剧的市场不仅在上海、江浙，她在华人文化圈的影响力，应当成为上海打造世界文化品牌的重要抓手。上海越剧院前院长、著名戏曲编剧李莉曾说："就上海的地方戏曲来讲，能够走出去、走得远，我觉得首推越剧。因为越剧不仅在上海，

---

① 姜进：《诗与政治：20世纪上海公共文化中的女子越剧》，社会科学文献出版社2015年版，第180页。

包括香港、台湾在内的全国各地,乃至新加坡等东南亚国家都非常受欢迎,拥有很深厚的观众基础。"①

2018 年上海国有戏曲院团部分演出场次计划②

	上海京剧院	上海昆剧团	上海越剧院	上海沪剧院	上海淮剧团
2018 年预计演出场次	220	150	200	170	110
2018 年预计经营性演出场次占比	100(46%)	40(30%)	120(60%)	—	44(40%)
2018 年预计国内外巡演场次	30	10	88	20	10

近年来,上海越剧院在培育观众和市场营销方面都有非常积极的举措。一方面,剧院在维护老观众和寻找新观众两个领域下功夫,既通过对经典剧目的复排复演来维护老观众市场,也会通过旧剧目改编、新剧目创作等方式来迎合年轻观众的审美趣味。另一方面,除了前文提到的鼓励青年演员主动创作来对接青年市场以外,上海越剧院还通过开辟各种新兴渠道来开展营销宣传。2016 年年末开始,为提升传播效果,上越携手国广东方网络有限公司、百视通(BesTV)、喜马拉雅 FM 三家企业,正式签署了"越无限"战略合作协议,精心打造了"互联网+时代"的宣传矩阵。无论是与网络电视 CIBN 共同打造网络直播平台"东方大剧院",还是在喜马拉雅 FM 上建立官方电台和越剧艺术家的个人电台,上海越剧院又成了越剧界首个"吃螃蟹的勇士"。

据了解,通过"东方大剧院"平台进行传播的《红楼·音越剧场》,首次直播观看人数就达到 92 465 人,其中海外观众为 5 721 人。与艺术形式的创新一样,上海越剧院的互联网传播实践走得稳健而扎实。截至 2017 年 10 月底,上越喜马拉雅官方电台共制作、播放 72 期音频广播,节目时长达到 900 多分钟,点击收听超过 61 170 人次;上海越剧院全年通过国广东方网络平台直播演出

---

① 陆志蕊:《编剧李莉:用传统戏曲讲述当代故事,妙笔生花刻出文化上海新维度》,《周到上海》,2018 年 8 月 1 日。

② 数据来源:上海市国有院团"一团一策"工作方案(2018 年版)。

7场,其中收费形式的3场,网络点击量超过60万;与优酷、乐视、PPTV等多个视频终端形成合作,大数据显示,在大屏收看、页面浏览、移动终端等累计在线观看人数已经超过百万人。此外,上海越剧院还与知名公众号如"新影戏曲台""淘最上海""松果生活"等建立合作,多渠道推送越剧资讯,普及越剧知识。有效传播的互联网宣传矩阵,配合形式新颖的线下交流活动,以及在学校、社区、艺术机构开展的公共教育活动——多层次的市场培育与营销手段,使越剧的都市受众在逐步扩展的同时不断得到稳固。

对于上越人来说,这个曾经辉煌明丽的剧种如何在新时期再现华彩,或许是时刻悬于心头的念想,这既是前人的传统,也是肩头的重担。大众文化的生命力,勇于探索固然是求新求变的动力,但市场却始终是检验革新成功与否的关键。艺术探索与市场耕耘的平衡,上越是拥有传统和自觉的——在"一团一策"的支持下,在打响"上海文化"品牌、加快建设国际文化大都市的行动路程中,上越人的道路实践和越剧文化的新气象尤可期待。

12

中华民乐的当代表达

——上海民族乐团"海派民乐"品牌个案研究

陈　洁*

提　要　中华民乐,是中国传统音乐文化的灵魂,它展现了传统文化的思想精髓和哲学感悟,更反映本民族人民的生活面貌和情感需求。当代民族音乐的发展应该根植于传统,同时,要有开放的心态和创新的思维,其发展趋势是多元而开阔的。本报告以上海民族乐团为研究对象,从当代民族音乐创作和民族乐团运营为切入口,结合推进上海文艺院团深化改革进程中"一团一策"文艺政策,探讨新时代如何体现当代民族音乐的美学追求,探索当代民族音乐传承与创新的发展路径,为更好地配合落实市委关于"上海文化"品牌建设、着力打造"海派民乐"品牌提出思考和建议。

关键词　民族音乐　当代表达　海派民乐

20 世纪,随着中国社会、经济、文化诸因素的巨大变革,中国民族器乐跨入了由古代文明向现代文明转型的新纪元。一百年来,中国民族音乐的创作与发展以自身独立的品格毅然伫立在西方音乐文化强烈冲击的时代潮流中,以兼容并蓄的姿态悄然步入世界民族音乐之林。有人说,新型民族管弦乐队的发展史就是中国当代民族音乐发展史。

---

* 陈洁,上海艺术研究所助理研究员,研究领域:音乐基础理论、音乐文化艺术和音乐产业等。

一、上海民族乐团概述

现代意义上的中国民族管弦乐队,始于20世纪20年代的上海。受到"五四"新文化运动兴起的影响,"国乐改进"思想催生新型民族管弦乐队的诞生。郑觐文的"大同乐会"和刘天华的"国乐改进社"是最早的实践者——其借鉴西洋管弦乐队的编制,组成吹、打、弹、拉四个声部的乐队雏形。建国以后,民族管弦乐队在规模和演奏方面有了进一步发展,伴随着大型民乐合奏作品创作、民族器乐人才培养、专业民乐团体组建、乐器改革等不断地努力探索,新型民族管弦乐队逐步形成。

(一)乐团简介

上海民族乐团成立于1952年,是中国最早成立的现代大型民族乐团。在中国民族音乐发展历程中,始终占有举足轻重的地位,曾涌现了张子谦、陆春龄、孙裕德、龚一、顾冠仁、闵惠芬、俞逊发等一批声誉卓著、对民族音乐发展做出重大贡献的艺术家。经过半个多世纪的发展历程,上海民族乐团已成为一支拥有拉弦、弹拨、吹管及打击乐四个声部全编制的大型民族管弦乐团,形成了自己的专业演出季,并积累了一批当代经典作品和品牌项目。① 从1978年至今,任乐团团长的有董立基、何彬、龚一、顾冠仁、胡开俊、王甫建、罗小慈;任指挥和艺术总监的有马圣龙、瞿春泉、王永吉、王甫建。

2006年,乐团首次开创专业音乐演出季模式,至今已是第十二个年头。乐团曾策划推出一系列大型民族音乐会,如《上海回响》《锦绣中华》《大音华章》,以及《丝竹雅韵》《风雅东方》《飞花点翠》《土地、人与生命的赞歌》等。其中,《锦绣中华》于2007年赴京参加第四届全国少数民族文艺会演,一举夺得剧目金奖、最佳音乐奖、最佳指挥奖、最佳演员奖、最佳新人奖、优秀节目奖等多项大奖。而"保留项目"——传统佳节系列音乐会《彼世今生》《火红中国

① 上海民族乐团官方简介。

年》《欢乐祥和团圆年》主题音乐会成为七夕、新年、元宵陪伴观众的节日盛宴。

近年来，乐团以"民族音乐、当代气质、国际表达"为宗旨，将中国精神、中国价值和中国担当融入民族音乐中，打造了《海上生民乐》《上海奥德赛·外滩故事》《栀子花开了》《国乐中的诗书画系列》等风格、主题各异的海派民乐原创品牌。其中，《海上生民乐》不仅作为第十八届中国上海国际艺术节开幕式演出受到海内外观众的高度评价，还作为中希建交45周年专场演出远赴希腊为文化外交作出卓越贡献。音乐会版《海上生民乐》于2018年初赴英国、法国、比利时、德国，在欧洲一流的音乐厅进行了四国八城近20天的巡演，大获成功。此外，《梦想新声音》《汤云理琵琶剧场》《原乡·王静独唱音乐会》《金韵睿风》青年演奏家专场音乐会等不仅多方位展现民乐新生代的闪亮风采，也为民乐的舞台带来盎然生机。

（二）创作情况

2005年至今，上海民族乐团创作的音乐会共126台（部）。其中，传统经典音乐会12台（部），大型原创音乐会95台（部）。重点音乐会有《海上生民乐》《大音华章》等。曾获第二届中国民歌大赛金奖、中国金唱片奖、中国第三届新作品（民乐器乐）比赛一等奖、第四届全国少数民族文艺会演剧目金奖、第三届海内外江南丝竹邀请赛职业组金奖。

刚刚过去的2017年，上海民族乐团完成创作音乐会10台，整理改编剧目4台，首演曲目共70首，其中大型民族管弦乐作品51首，共计约543分钟，中小型民族器乐重奏类作品19首，共计约136分钟。5台原创大型音乐会《梦想新声音——新人新作专场音乐会》《上海奥德赛·外滩故事》《天域神韵——西藏主题音乐会》《金韵睿风——青年演奏家专场》《乐游神州——古诗词与民乐音乐会》。5台原创中小型音乐会《栀子花开了——多媒体海派民乐现场》《空山——国乐中的诗书画系列音乐会》《月影——国乐中的诗书画系列音乐会》《霸王》《原乡——王静少数民族声乐专场》。4台整理改编剧目《如梦令——民月室内乐作品专场》《东方的太阳——民族音乐会》《彼世今生》《火红中国年》。

十三五期间,上海民族乐团的创作将围绕纪念改革开放 40 周年、新中国成立 70 周年、中国共产党成立 100 周年等时间节点,以及第十二届中国艺术节、第十五届精神文明建设"五个一工程"评选等重要赛事,对标"中国梦"、"爱国主义"、重大革命和历史题材、"中华创世神话"、上海特色题材、传承中华优秀传统文化项目、文化"走出去"项目、青少年题材等八大题材的专项创作规划。有重点品牌提升项目《海上生民乐》《上海奥德赛·外滩故事》;爱国主题项目、落实党的十九大精神《共同家园》《永不落幕的盛事》(对标建党 100 周年和建国 70 周年);上海特色题材《牡丹亭之梦的 12 个瞬间》;"中华创世神话"主题《英雄》;传承中华优秀传统文化项目《国乐中的诗书画》系列音乐会、传统节日音乐会系列等,以及文化"走出去"项目《海上生民乐》欧洲巡演和全国巡演。①

2018—2019 演出季,由上海制造、致敬祖国、国际乐韵、东方雅韵、大师风采、阖家欢乐、青春派对七大板块组成。其中,全新的民族交响史诗中国神话主题音乐会《英雄》是乐团今年的重头戏之一。青年作曲家李博禅将绵延千年的中华文明的源头用本民族的音乐语言重新书写,将勇敢、博爱、勤劳、无私等伟大的民族精神融进每一个神话中的英雄人物之中。

(三)艺委会制度

上海民族乐团艺术委员会于 2015 年 9 月 22 日正式成立,艺术委员会首要任务是提升乐团艺术水准和创新能力,包括协助审核指导乐团重大艺术创作项目和重要演出规划,对乐团人才培养计划提出意见。同时,艺委会对乐团品牌建设、艺术教育项目、艺术评论等工作提供咨询。三年来,艺委会为积极落实响应市委关于推进文艺院团的深化改革要求,推动乐团在创作、人才和管理等各方面的改革发展工作,起到了积极的专业保障作用。

(四)人才培养思路

上海民族乐团提出用好三个"台柱"的工作思路。

---

① 《2018 年上海民族乐团"一团一策"工作方案》(内部资料)。

第一，照顾好"昨天的台柱"。成立"艺委会"让老艺术家参与乐团的创作策划，对青年人才计划提出意见和建议，展现老艺术家的艺术成果。

第二，珍惜好"今天的台柱"。为优秀人才量身打造作品，鼓励演奏家积极参加各类重要比赛，为骨干演员举办专场音乐会和专场讲座，提升其社会知名度和影响力。对列入"演艺家培养计划"的演员，详细制定"一人一策"培养计划，培养德艺双馨的复合型民乐人才。为乐团各声部首席演奏家举办《中流砥柱——上海民族乐团首席专场音乐会》，充分发挥他们的专业引领、示范作用，以全面促进乐团专业的综合发展、全方位展示乐团专业演奏家团队的实力与风貌。

第三，培养好"明天的台柱"。聚焦青年艺术家培养，营造良好环境，制定选拔人才的标准、个性化的培养目标和培养方案。搭建广阔平台，每年至少为三位青年艺术家举办个人音乐会，推出以 45 岁以下演奏家为主角的专场音乐会——《脱颖而出》。依托上海文艺人才基金资助项目，先后为多位青年演奏家举办专场音乐会。比如，柳琴演奏家唐一雯《柳依》、唢呐演奏家胡晨韵《凤鸣申城》《听，唢呐在唱歌》、打击乐演奏家王音睿《打动天下》、琵琶演奏家汤云理《云音理乐》、二胡演奏家陈艳《艳·双弦》，以及出版《段皑皑二胡演奏曲集》等。

二、上海民族乐团创演案例分析

（一）案例一：原创精品——大型制作《海上生民乐》

民族音乐现场《海上生民乐》是上海民族乐团 2016 年全新创作推出的一部原创精品力作。音乐现场运用了独奏、器乐重奏、乐队演奏等多种形式，将一批观众们耳熟能详，具有海派文化特色的乐曲重新整理编配，以民族音乐现场的全新样式呈现——民乐与戏曲、书法等艺术形式的对话，多媒体影像和音乐对话，共同构筑一场视听盛宴。演出共分《风》《雅》《颂》《和》四个篇章：第一章讲古风自然，八千年的骨笛与三千年的古琴奏出人与自然的回响；第二章讲人的自我修为，回溯中国古代文人的风骨和精神风貌；第三章通过民乐与戏曲的结合讲人与人的关系和流传千古的爱情;第四章展示中西方音乐的融合,体现"乐和天下"和"一带一路"的美好愿景。演出以民族音乐为载体,不仅展现中华文化的博大精深,更紧扣时代主题。"各美其美,美人之美,美美与共、世界大同",是整台演出所追求的理念。

2017年,乐团推出全新提升版,由著名演奏家龚一、罗小慈、马晓晖等联袂组成最强阵容,并特邀著名表演艺术家乔榛、著名舞蹈演员黄豆豆、著名昆剧演员张军加盟,巧妙地融入世界音乐元素和当代音乐气息。该版不仅在全国巡演推广,并随上海市政府代表团赴希腊作为庆祝中希建交45周年的文化交流演出。

2018年2月,乐团在原先的基础上重新编排打造了《海上生民乐》(音乐会版),由著名指挥家汤沐海先生执棒上海民族乐团在欧洲的英国、法国、比利时和德国的八个城市进行了为期20天的巡演。音乐会版的"海上生民乐"在音乐现场的基础上做了减法,舍弃了舞美和影像,以民族管弦乐队的形式,带来纯粹的音乐表达,更适合登上世界一流音乐厅的舞台。这一创新性的转变,让"海上生民乐"的品牌得到多样化延伸,也拓展了市场的更多可能性。

(二)案例二:城市精神——海派民乐《上海奥德赛·外滩故事》

《上海奥德赛·外滩故事》是上海民族乐团首次委约外国作曲家创作并指挥的民族管弦乐作品,整场音乐会试图用民族音乐的国际化表达来展现当代城市日新月异的发展,树立海派民乐的文化品牌。

"奥德赛",原为古希腊最重要的史诗之一。故事主要展现主人公奥德修斯勇往直前、自强不息、不屈不挠的积极进取精神。上海,作为全国改革开放的排头兵、创新发展的先行者,与"奥德修斯"精神内核如出一辙。为创作《上海奥德赛·外滩故事》,佑斯特和上海民族乐团在2016年底就已投入准备。乐团演奏家协助作曲家仔细了解和熟知二胡、琵琶、古筝、竹笛、笙等各种中国传统民族乐器的音区、传统演奏技法,以及融合各种现代演奏技法的可能性。同时,作曲家深入上海的大街小巷、地铁和建筑,在这座饱含历史沧桑与现代化发展并存的国际大都市找寻音乐的灵感和生命的气息。音乐会由《东方韵味》《浦江明珠》《伊甸园之桥》《中华第一街》及《外滩》五个篇章构成。佑斯特将东西方音乐交融碰撞，同时也为中国民族音乐注入新的艺术能量。

除了音乐本体的创新之外，上海著名画家毛冬华的作品《外滩心影》成为音乐会的主要视觉呈现。毛冬华将外滩和沪上经典建筑以及人文印象，通过中国传统工笔和写意的画风，融入西方的素描和油画风格展现。多媒体制作团队通过技术手段的融入使静态的绘画艺术，随着音乐的流动起伏变化，为观众带去耳目一新的视觉新体验。充满律动和画面感的音乐，跳脱出民族音乐的惯性表达思路，以现代和传统文明的兼收并蓄呈现出一部"上海史诗"。

中德艺术家联手打造的《上海外滩故事·奥德赛》，是当代中国民乐创造性转化、创新性发展的又一次实践，以民族音乐奏出城市发展的当代乐章，呈现中国民族音乐国际交流的新维度。

（三）案例三：闲情逸致——小型制作《国乐中的诗书画系列——墨戏》

《国乐中的诗书画》系列音乐会由上海民族乐团特别策划，将民乐韵律之美与诗书画意境之美相结合，深层挖掘蕴藏于传统文化中的精神、思想和情感，以及融汇于其中的属于中国文化特有的气质和风骨，开启对东方美学深层次的感触和思考。该系列音乐会已制作上演三场音乐会，分别是以古诗词主题的《空山》《月影》和以书法为主题的《墨戏》。

《国乐中的诗书画系列》音乐会之三《墨戏》，以中国书法为主题，通过书法名家、名作、典故等内容为素材，用七部音乐作品为观众讲述书法艺术的美学魅力。整场音乐会历时 75 分钟，由上海民族乐团优秀的青年演奏家们担纲，大部分作品为 80、90 后作曲家的民乐新作，故音乐会体现了"小""清""新"的特点。第一，规模小。近年来，为继承与弘扬中华民族传统音乐中的"修身养性""孤芳自赏""韵以致远"的美学追求，出现了小型民乐现场的回归热潮。这样的音乐会，不过多追求乐队的规模与观众的人数，以独奏或小型乐队的编制，展现民族乐器的本质音色和多样化组合，以凸显中华民乐"小而精致"的特点。第二，形式清。音乐会《墨戏》的七个作品，有 3 个独奏，3 个重奏和1个合奏,最多人数为8人。与"江南丝竹"的室内乐性不同的是,本场演出的形式更为清淡纯粹,旋律进行更倾向通俗,音色表达更追求融合。第三,作品新。曾创作《幻想伎乐天》的85后作曲家孔志轩是一位富有学理思维的创作者,由他创作的《望岳》以弹拨乐的刚柔并济和打击乐的铿锵声势之组合,与颜真卿笔下《祭侄文稿》的悲切之痛恰好吻合,从而引出"天下第二行书"的典故。90后作曲家李博禅的竹笛与钢琴《竹石》,用竹笛极其频繁的双吐音与钢琴复杂多变的摇滚节奏构成一曲高难度的"魂斗罗"音效,同时也映衬了郑板桥善画竹石的傲然风骨之笔法。青年作曲家徐可的打击乐独奏《墨思》通过鼓者的肢体动作与令人眼花缭乱的鼓点,表达出书法中点、横、竖的各种笔法,是本场最为直观表现书法艺术魅力的作品。

墨戏——是文人画的一种特别形态,美学特征为天真平淡,直率自在。相较于繁复紧密、谨细工整的文人画要求,"墨戏"逐渐成为古代文人画家追求精神家园或心灵净土。该主题音乐会引出罗小慈团长"新文人音乐"的理念,即通过注入符合当代社会普遍价值观和审美观的精神,用形式与内容完美结合来引起更多人的关注。笔者认为,作为诗书画系列音乐会之一的《墨戏》,一方面立足于用音乐刻画书法艺术的美学价值,另一方面也希望通过音乐表达当代人的生活经验与情感寄托。

三、当代民族音乐的发展趋势与建议

从以上三个案例可以看到,当代民族音乐在继承传统民族器乐创作的同时,创作手法、制作策划以及品牌观念等方面都体现了现代化转变的需求和趋势。当然,我们也不可忽视现代化转变过程中存在的问题。

(一)新音乐语汇的运用与传统音乐特色需兼顾

创作是音乐行业发展的主导。纵观中国当代民族器乐共有两次创作高潮,一次是20世纪50年代,另一次是20世纪80年代。受到西方哲学观念以及西方传统音乐的和声、复调、配器技法的影响,在经历了从传统技法的积累到新音乐语汇的采用,我国民族器乐创作取得了丰硕的成果,也走过一些弯路。特别是改革开放以后,出现过一批贴近现实主义和浪漫主义、贴近普通人对生活的感受的民族管弦乐交响性作品。但是,也出现过一些只关注音乐技术的超级难度、演奏技巧的快速繁复、过度追求交响性音响效果、不考虑人文和其他因素的音乐作品,暴露出主题雷同单一、忽略与传统民族音乐元素相结合的问题。有些作品,甚至挑战民族器乐常用的音色范围与速度极限,让人恍惚以为是某一件西洋乐器……这样的创作思路需要警醒。

在现代民乐的创作中,应当重视与传统音乐基因接轨。比如,已故著名作曲家朱践耳的唢呐协奏曲《天乐》,在创作手法上一是采用"土洋结合、花样翻新",二是采用"南腔北调、熔于一炉",具体表现在采用类似戏曲板腔体的曲式结构,采用大量民间素材——例如威武雄壮的"大起板"(民间吹打式)、紧打慢唱的"摇板"(戏曲式),还有湖南民间唢呐的旋律和西南少数民族的"舞曲"等。再比如,刘文金的二胡协奏曲《长城随想》,该作品吸收了我国戏曲、曲艺和民族器乐古琴、琵琶的音乐特点,为体现古琴悠远的音色特意降低了二胡的空弦音高,使作品有浓郁的民族风格。还有,张朝的二胡协奏曲《太阳祭》,在曲式结构上采用以情节结构为主线结合奏鸣曲式的单乐章结构,彰显了民族性与时代风格,丰满了"夸父逐日"故事情节与音乐主题形象的塑造、变化与发展。

因此,当代民乐创作要继承中国传统音乐的长处,既重视对优秀传统、民间乐曲的改编,还应保留标题性的音乐原则,善于悠长的旋律写作,采用叙事性的曲式结构,重视传统音色的演奏表达。要知道,一部优秀的民族器乐作品,应该是既有现代美妙的横向线条,又有纵向丰富的和声色彩,同时,还赋予哲理的民族文化解读。

(二)新媒体语境下的"音乐剧场"与制作观念考量

众所周知,电子科技的发展给人类社会带来翻天覆地的变化,并逐步延伸到演艺领域。随着"后现代"文艺思潮的流行,以及在商业艺术中发展起来的各种表现手段的强盛,舞台艺术家在先锋实验艺术抑或大众商业艺术的旗号下,将更广泛领域中的各种元素融入到了戏剧中。[①] 其所谓"更广泛领域中的各种元素"在更多意义上是指"多媒体元素"。新世纪以来,以多媒体形式、"音乐剧场"为表现形态的综合艺术作品越来越成为舞台艺术的发展趋势。音乐剧场,是一种艺术样态。相比电影艺术,"音乐剧场"更具舞台空间的灵活性,趋于形成真正的多媒体艺术——视听跨界成为声音艺术的观念变革,为声音空间的塑造提出主观诉求。

近年来,上海民族乐团推出一系列包含"音乐现场""音乐剧场"的音乐会,不仅是音乐语汇的中西融合,还试图通过恰到好处的视觉呈现来充分挖掘中国音乐的意境,力求体现文学质感、音乐逻辑和哲学思考。比如,多媒体音乐现场《栀子花开了》,用民族室内乐的新语汇,与多媒体视听相结合,串联起一条完整的情感线索。

其实,针对新媒体语境下的所谓的"跨界融合"音乐剧场表演,曾引发业内的关注与争论——在音乐表演过程中,视觉感官是否抢夺了听觉感官的审美体验? 同时,过度依赖多媒体手段的"大制作",往往在音乐欣赏过程中容易造成喧宾夺主的观演反感。

因此,新媒体语境下的跨界"音乐剧场",首先要以音乐为主导的前提下,通过戏剧化的表演形式和多媒体视觉艺术效果等手段,立体展现音乐的魅力与文化内涵。其次,作为一种新兴的艺术形式,"音乐剧场"的样态呈现、语言程式还未确立标准。再有,应注意"音乐剧场"并非"豪华版大制作"的同义词。各种小型、低成本的探索和创造,有利于积累更多经验,也能为青年艺术家提供更多的机会。

（三）新人文音乐的兴起与多元并存的审美需求

随着经济、政治、文化的发展,在全球化城市建设的进程中,人们对音乐文化的审美需求也随之发生着改变。城市生活给居住在都市的群体带来了日新月异的快节奏生活和丰富多彩的多样化生活体验。新人文音乐追求精致的器

---

① 陶辛:《"音乐剧场"的刍议》,《上海戏剧》2009 年第 4 期。

乐组合形式与深刻的哲学内涵,将传统音乐对比因素扩大,将古代文人原本只求"清微淡远"的"自娱"音乐,转换为"娱人"且公开演奏的音乐,是符合现代人的性格和音乐会演出的氛围需要。新时代的人文音乐成为繁忙都市人的一种崇尚高雅、脱离世俗的精神追求和娱乐消遣的生活方式。

因此,民族音乐的当代创新和探索应当重视多元化发展。比起以往单纯的扎堆演出新作品,如何在音乐会整体编排上体现出新主题、新思路,则更是需要组织管理者、策划创作者在通盘考量、整体布局上的智慧和创意。在创作技法与制作理念上,需要重视"小众"与"大众"并举,"专业"与"通俗"同在,"先锋"与"传统"共存,避免单一的大型交响模式,兼顾中小型体裁,为不同的观众群体设计特定的音乐节目内容,寻求真正意义的"多元探索"。

四、树立"海派民乐"品牌对于打响
"上海文化"品牌的重要意义

文化品牌是一座城市的金字招牌,承载着城市精神品格和理想追求,是增强城市文化软实力的重要依托。2018 年 4 月,《全力打响"上海文化"品牌加快建成国际文化大都市三年行动计划(2018—2020)》正式发布,上海红色文化品牌、海派文化品牌、江南文化品牌全面打响。上海民族乐团的创制思路与打响上海"文化品牌"和文化"走出去"政策紧密贴合,树立"海派民乐"品牌对于打响"上海文化"品牌有着极为重要的意义。

（一）"海派民乐"为"上海文化"品牌打造文艺高峰

从《海上生民乐》到《上海奥德赛·外滩故事》,再到《共同家园》,上海民族乐团以"民族音乐、当代气质、国际表达"为宗旨,大胆启用全新的音乐语汇表达与多媒体音乐剧场呈现。在民族音乐当代化、国际化的道路上,连续打造风格多元、主题各异的海派民乐原创品牌,持续探索着民族音乐的未来。上海民族乐团为"海派民乐"品牌不断积累经典的作品量,探索多元的节目形式,提升原有的演艺水平,为"上海文化"品牌打造海派文艺高峰。

（二）"海派民乐"为"上海文化"品牌增强文化自信

"海派民乐"在于它吸收多元文化、融入当代精神的格局和气魄，也在于它对中国传统文化之美的继承和发扬。海派民族音乐表演形式丰富多彩，其中包括独奏、重奏、齐奏、弹拨乐合奏、江南丝竹、小型民族室内乐、大型民族管弦乐队等。海派民族音乐的曲调婉约而甜美，细腻而不失张力，追求音色变化的灵动与丰富，注重音乐的画面感与叙事能力，同时又有与西方音乐对话的潜质与审美共性。上海民族乐团的"海派民乐"在当代民乐创造性转化、创新性发展的过程中，无论从民族音乐的创作手法、当代化表达和舞台呈现，都获得了一定的国际影响力与观众好评，同时增强文化自信、追求乐和天下。因此，"海派民乐"是新时代切实打响"上海文化"品牌、增强文化辐射力、集聚力的有力表现。

（三）"海派民乐"为"上海文化"品牌弘扬城市精神

自从改革开放以来，上海用其海纳百川、追求卓越、开明睿智、大气谦和的城市精神，吸引了越来越多世界关注的眼光。上海民族乐团打造的"海派民乐"品牌，极力展现中国民族音乐丰厚的历史积淀，又充满当代气质和国际表达，向世界传达上海这座国际文化大都市的开放与包容的城市精神。

五、结　语

中国传统音乐的精髓在于它的包容性和发展性。从历史的角度来看，中国传统音乐始终注重不断汲取外来文化发展自身。从发展的眼光看，"海派民乐"的文化品牌理念需要立足于兼容并蓄的创新态度，融入当下的音乐元素、符合当代人的审美观念，相信上海民族乐团在"一团一策"的政策引领下，坚持继承、发展、创新民族音乐，以全方位地打造民乐文化品牌，提升中华文化的自信力和影响力，勇于推动中国民乐的创造性转化和创新性发展。

13

聚焦世博演艺集聚，助力
"亚洲演艺之都"建设

世博演艺联合课题组[*]

提　要　重点支持演艺集聚区建设,加快形成演艺产业集聚效应,是着力打造
亚洲演艺之都,加快上海文化创意产业创新发展的有效途径。浦东
世博区域作为重点支持的演艺集聚区之一,积极布局,整合资源,加
速推进区域内演艺产业集聚。本文首先对演艺集聚发展的必要性和
重要性进行了论述,然后从成熟的演艺集聚区百老汇、伦敦西区,以
及正在发展中的首尔大学路三个案例入手,结合浦东世博区域现有
产业状况,对于政府引导扶持、剧院阶梯体系、内容制作创新、开拓衍
生收益、促进资本聚合等演艺集聚发展的关键环节进行了分析,并提
出了关于世博演艺集聚发展的若干建议。

关键词　演艺集聚　浦东世博　百老汇　伦敦西区　首尔大学路

2017 年年底,上海发布《关于加快本市文化创意产业创新发展的若干意
见》,文件明确指出,要着力打造亚洲演艺之都。其关键路径就是优化演艺设
施布局,重点支持演艺集聚区建设,加快形成演艺产业集聚效应。近年来,浦
东世博区域以打造世界级中央公共活动区为核心,不断加大政策落实力度,深
化区域资源整合,文化活动热度持续升温,文化产业主业越发清晰。作为重点

*　世博演艺联合课题组由浦东新区区委区委宣传部(文广局)第六期中青年业务骨干专题研修
班和世博管委会文化发展处组成。研修班成员包括康蕾、付茂、陈薇薇、赵飞文、陈亚琴、朱艳
丽、耿靖、金雷、吴昊、洪婧茹;世博管委会文化发展处成员包括沈健、龙爱萍。

支持的演艺集聚区之一,在世博区域加速推进演艺产业集聚,整合和优化演艺资源,已经成为世博区域,乃至浦东文化产业发展的重要机遇和突破点,对于满足多层次文化需求、打造标志性演艺地标、实现浦东文化发展的"弯道超车"等都具有重要意义。

一、演艺集聚发展的必要性和重要性

(一)以硬件集聚推动产业集聚

演艺集聚发展不是单纯的剧场硬件集聚,而是通过平台的集群、内容的创新和资本的融合,发展成一个集剧目创作、人才培养、投资制作、营销宣传和其他商业运作于一身的产业体系。

(二)以内容集聚推动资本集聚

演艺行业与金融资本具有天然的亲和性。通过内容的集聚,引进更多资本,再依托资本,促进内容创新更迭,是提升演艺行业集约化和规模化发展的重要方式。

(三)以行业集聚推动规模效应

演艺行业具有产业共生效应突出、人群集聚效应明显、区位效应优势凸显等特点,演艺集聚发展可带动和提升关联产业,产生规模效应,实现资源整合。

二、相关案例分析

(一)百老汇与林肯表演艺术中心的对位发展

林肯表演艺术中心(以下简称为"林肯中心")和百老汇是演艺行业的两大顶级板块,共同成就了纽约世界艺术中心的地位。两者的发展各有侧重,前者为非营利性的表演机构,着重表演艺术的提升和公共文化教育,后者则是成功商业演出的标杆。两者的经济拉动效应十分惊人,能达到 1∶3.3,也就是说,每 1 美元的票房消费,至少能带动 3.3 美元的衍生消费。

1. 林肯中心

(1)基本情况

林肯中心是全世界最大的艺术会场,旗下有 11 个艺术机构、3 栋主要剧场、30 个室内室外演出场所,总共能容纳近 3 万名观众,每年演出数量超过5000 场。

(2)运营概览

林肯中心是美国最具代表性的非营利艺术机构,其核心定位即为"高质量演出的汇聚之地、艺术与公共教育的领头人"。① 和美国所有的非营利艺术机构一样,林肯中心每年营收基本持平。同时,因为激励性的捐赠税收政策,林肯中心在政府拨款并不充裕的情况下,能获得较高占比的社会捐赠。以 2013年为例,林肯中心总收入和总支出均在 1.17 亿美元左右。收入情况详见图 1。

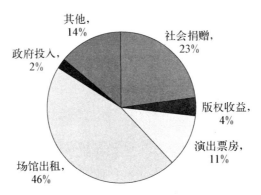

图 1 林肯中心收入图(2013 年)

因为不追求票房营利,林肯中心及其旗下的艺术机构更看重作品的艺术性、创新性和实验性。中心上演的剧目档期一般不超过一周,多为于新的演员

---

① 引自林肯中心官网,原文为:Lincoln Center (Lincoln Center for the Performing Arts) serves three primary roles: world's leading presenter of superb artistic programming, national leader in arts and education and community relations, and manager of the Lincoln Center campus. http://www.aboutlincolncenter.org/about/about-overview? _ga = 2. 269028600. 846003329. 1544073971 - 663752524. 1543556509。

或者新的艺术表现形式,以此创造新的审美感受。即便有些剧目大受欢迎,如持续演出能实现商业营利,但因为演出档期短,也无法回收成本。同时,林肯中心并不看重广告营销,而是将更多资金向节目内容制作倾斜。此外,林肯中心还举行大量的户外免费艺术活动,以吸引和培育观众。

2. 百老汇

(1)基本情况

百老汇,在地理上是指以纽约巴特里公园为起点、由南向北全长25公里的一条长街。按照剧院的规模和集聚程度,百老汇分为"内百老汇""外百老汇"和"外外百老汇",详情见表1。

表1 百老汇基本情况表

	内百老汇	外百老汇	外外百老汇
地理位置	44街至55街	41街和56街	东起百老汇大街、西至格林威治村一带
剧院数	40	41	563
剧院规模	500—1 800座	100—500座	100座以内
剧院类型	独立剧场	由旧厅堂、地下室改造的演出场所	由咖啡屋、旧车库改造成的小型剧院
剧目类型	商业演出	各种形式的实验剧	各种形式的实验剧

一般我们提到百老汇,通常指的是"内百老汇"。"内百老汇"以音乐剧为主,纯粹按商业模式运营,票房收入占总收入的九成以上。近几年来,百老汇的商业演出收入连创新高,2017年达到了14.5亿美元,大致来说,百老汇一条街的收入约是中国专业剧院全年总收入的两倍。

"外百老汇"和"外外百老汇"的剧院通常是非营利性的,主要上演先锋的实验剧目。这些中小剧院是百老汇的创新之源,曾多次掀起新的文化思潮,还凭借低场租培养了无数创作人才,凭借低票价吸引了不少年轻观众,它们的存在,对于培养演艺人才、创新新型剧种和普及戏剧文化有举足轻重的作用。它们同时也是大型商业剧目的孵化器。商业剧目在正式公演前,都会在这些实验剧场进行试演,然后根据观众反应进行调整,最终获得观众认可的剧目才会从"外外百老汇"移至"外百老汇",最终登顶百老汇。

(2) 运营概览

百老汇的剧院均以"内容",也就是代表性剧目为核心竞争力。大多剧院本身就是由知名的制作人发起兴建,也顺理成章实行制作人—管理人制度。剧院的经营者既负责剧目制作,又负责剧院运营,充分体现了百老汇"内容为王"的生存准则。

百老汇有三家比较大的运营者,分别是舒伯特组织(Shubert Organization)、倪德伦家族(Nederlander Organization)和Jujamcyn剧院。舒伯特组织是美国历史最悠久的剧院管理公司之一,目前运营着百老汇17家剧院以及1家外百老汇剧院。其推出的百老汇版《猫》连演6 138场,成为最长寿的百老汇剧目。在百余年的剧院经营过程中,舒伯特家族特别擅长挖掘优秀制作人或者演艺明星,并通过与之合作新建剧院的形式来增加演艺人才的粘合度,从而以全方位的剧院群支撑经典剧目的制造和传播。

Jujamcyn剧院管理公司则是百老汇剧院运营的后起之秀。该公司在自制剧目上眼光精准独到,擅长导入优质内容,激发老旧剧院活力。其制作的《金牌制作人》曾横扫了百老汇各大奖项,至今观众如潮。也正是因为这些优质的自制剧目,所以Jujamcyn剧院虽然只管理百老汇5家剧场,却占据了百老汇商业票房收入的1/3。

(二) 伦敦西区

1. 基本情况

伦敦西区是与百老汇比肩的演艺集聚区,且更加狭小,仅有两个街区,方圆不足1平方英里,核心剧院49家。与百老汇一样,西区也显示了明显的经济正向关联效应。据调查,西区周边遍布着5 000家餐馆和15 000家餐馆,有2/3的外地游客把西区观演作为伦敦旅游的重要原因,有3/4的海外游客将看演出作为伦敦游览的重要项目,并由此带动了大量的餐饮、住宿、交通、购物等方面的消费。

西区剧院大部分都是商业性剧院,只有皇家歌剧院、英格兰国家歌剧院、皇家剧场、皇家国家剧院和皇家莎士比亚剧院5家接受政府补贴的国家级非营利性剧院。这5家剧院均有悠久的历史,却历久弥新,在培育新人新剧方面功效卓著,经常上演艺术性较高的实验剧目。与"外百老汇"类似,伦敦西区周边也存在着大量的小型先锋剧院,且通常为非营利性。大型非营利剧院加上众多边缘剧院的创新尝试,使得西区在保持经典剧目长盛不衰的同时,也充满了创作活力,基本上每年都能推出200部以上的新剧。

2. 运营概览

与百老汇相似,伦敦西区剧院的运营者大多也是著名的制作人。目前,西区的主要运营者分别是麦金托什公司、"真正好"公司和ATG。三家公司的负责人均是著名的音乐剧制作人,其中卡麦隆·麦金托什已经出品了40部音乐剧,而"真正好"公司掌舵人韦伯就是音乐剧《猫》的创作人。而ATG则是制作人与资本结合的成功样本。ATG通过引入私募基金,收购了全球最大现场演出公司Live Nation在英国的剧院管理业务。目前,ATG掌管着39家英国本土剧院,其中12家在伦敦西区,已然成为伦敦西区最大的剧院管理集团。凭借雄厚资金,ATG成立了专门的演出制作公司,自制的经典剧目《摩门经》《律政俏佳人》都是所在剧院源源不断的"现金奶牛"。

需要特别指出的是,西区的大型非营利剧院与商业剧院互动频繁。非营利剧院在制作剧目时,会将商业的部分外包给商业剧院,而商业剧院在高成本的新剧创作时,也会与非营利剧院合作,以求获得多方面的资助。英国国家剧院的《战马》就是这种模式的成功案例,在艺术和商业间取得了很好的平衡。

3. 行业协会

伦敦剧院协会(SOLT)成立于1908年,伦敦西区所有的商业剧院、剧院集团以及主要的非营利性剧院都注册在内。该协会是少有的实现了商业营利的协会。其最主要的营利来源于TKTS售票亭,用于出售演出当天西区各剧院的半价票;其次是戏票代金券。伦敦剧院协会还会通过集体购买的方式,以较大的折扣价格获得各种广告位,然后分配给会员使用。也因为这样,西区的演出广告才能高密度地覆盖伦敦的地铁、公交等各个空间。协会还设立了奥利弗表演艺术奖,该奖成为英国表演艺术领域最有分量的奖项,堪比美国的托尼奖。此外,协会还致力于吸引和培育新观众人群,举办了大量的家庭戏剧周、免费家庭戏剧演出等。

(三)韩国首尔大学路

首尔的大学路被誉为"东方小百老汇",是亚洲首屈一指的剧场集聚地,在1.5公里的主道和延伸出的街巷间遍布了158家剧场。

1. 基本情况

大学路上聚集的大多是小剧场,98%的剧场在500座以下。详情见图2。

在这些剧场中,演话剧的最多,有77家,音乐剧32家,其他则零散上演演唱会、古典音乐、舞蹈和韩国传统曲艺等。大学路是韩国演艺行业非常重要的平台孵化器,很多明星及优秀作品都是在这里成长起来的。

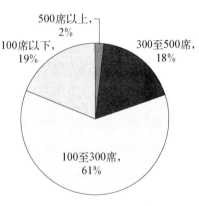

图2 大学路剧场规模分布图

2. 政府作用

韩国政府大力推进文化演艺产业,早在2000年就颁布了《文化产业振兴基本法》,还成了专门的公共机构——韩国文化产业振兴院,并设有演艺项目推进部门。此外还有一系列政府主导的项目支持计划,比如"支援音乐剧事业计划"等,专门支持原创音乐剧。

除了得利于韩国政府发展文化产业的政策法令之外,大学路的发展也得益于一些特殊的政策。在大学路地区规划期间,首尔政府就特别提出,只要开发商在此盖的楼房中包含剧场,就能简化程序,之后运营过程中的增值税、营业税和各项附加税也能得到相应比例的减免。因为该项政策,政府并未出资建设一家剧院,就造就了大学路这个戏剧文化地标。

在剧场硬件条件成熟之后,韩国政府也采用了一系列软性的扶持方式,以推进大学路剧场群的运营活力和创作能力。政府并不是直接提供资金拨款,而是通过成立第三方的社会艺术扶植机构,再由这些机构对大学路艺术团体提供相应支持。这些机构比较专业,会根据不同的剧目进行评估,然后给予相应比例的资助,其中原创剧目获得资助的概率和金额都最高。扶持资金主要来源于韩国中央政府、文化部以及首尔地方政府。

三、对于世博演艺集聚发展的启示与思考

(一)世博区域演艺发展概述以及存在问题

世博区域在上海大歌剧院建成之后,将形成五大核心剧院以及一系列的中小型剧场、户外演出场地等,拥有 50 000 座席以上,在体量上已经接近伦敦西区、百老汇这样的老牌演艺集聚区,初步具备演艺集聚发展的硬件基础。

1. 世博演出场所一览

世博区域已建,并将新建、改建一批演出设施,具体情况见表2。

表2 世博演艺场所基本情况

类别	剧场名称	开放时间	座位数/面积	主要演出类型
大型剧场	上海大歌剧院	预计 2020 年	约 1 700	
			约 800	
			约 600	
	梅赛德斯奔驰文化中心	2010 年	18 000	以大型演唱会、综合文化体育活动等为主
			700	
	宋城演艺世博大舞台	预计 2017 年	3 200	以《上海千古情》《紫磨坊》《蓝人秀》等城市驻场秀为主
			800	
			500(沉浸式)	
	前滩信德演艺中心		3 200	以娱乐秀为主,打造综合娱乐中心
	东方体育中心	2010 年	15 000	以大型体育活动为主

类别	剧场名称	开放时间	座位数/面积	主要演出类型
中小型剧场	上海戏剧学院剧场（暂名）		600	以原创作品、实验性作品为主
	彩色熊猫剧场		100	以全息儿童剧为主
	商务酒店配套		约400	
	商业综合体配套		约600	
户外空间	世博后滩文化公园		100 000 平方米	以户外音乐节为主
	旗林广场			以户外马戏、浸入式戏剧为主
	庆典广场		20 000 平方米	
	友好城市公园		4 000 平方米	以古典草坪音乐会为主
室内场所	世博轴3区、5区		约500 平方米	

2. 世博演艺集聚发展概述

整体而言,基于世博现有大型文化设施和待建场馆,世博区域将形成以5大剧场为核心,并环绕中小型剧场、户外演出场地的剧院群落,座席总数可达50 000座以上,并由此形成专业剧院、大型演唱会、户外音乐节、旅游演出、娱乐驻场秀五大主要演出板块集聚发展的态势。

除了硬件实体之外,世博区域也开始逐渐在内容导入上发力,比如引入了田沁鑫导演工作室、迪士尼电影指定配音团队领声文化传媒、致力于原创IP开发的福星全亚等。在文化和金融的嫁接上也开始有所动作,引入了主要投资文化项目的东方汇文等。同时对于文化人才的培养也积极探索,和上海纽约大学、北京电影学院多方面合作,借力其影视制作和人才培养方面的资源和优势。

在演艺配套资源上,世博区域也初步具备了基础。既有世博源这样的超广域型综合购物中心,还有在建中的酒店群。交通也日益方便,将有6条轨交和若干公交线路,停车条件相对于其他中心区域较好。

3. 存在问题

世博演艺集聚在快速发展的同时,也需要看到,活动中心并不等于产业高地、快速集聚并不等于贡献提升、市场热度并不等于区域认同度，具体体现这几个方面：大型剧场多、中小型剧场少；演出项目多、自制内容少；观众多、税收少；单打独斗多，区域联动少；演出终端多、上游产业少；票房收入多、衍生收益相对少，等等。如何解决好既发光、又发热，是世博区域今后一段时间内需要重点思考、持续发力、精准发力的地方。

（二）世博演艺集聚发展关键环节

1. 政府引导是演艺集聚发展的方向指引

政府引导、市场主导是演艺集聚良性发展的有效模式。政府的引导和规划在很大程度上决定了演艺集聚发展的定位和方向，而政府扶持的方式和倾向又决定了演艺集聚发展的广度和深度。

2. 剧院体系是演艺集聚发展的平台支撑

不管是百老汇、伦敦西区，还是发展中的首尔大学路，为了支撑产业链发展，推动行业的持续创新，在剧院实体上都形成从核心剧场到实验剧场、从非营利性剧场到商业剧场的梯级体系。非营利性剧场虽然要依赖政府补贴、企业赞助、公益捐赠等来维持日常运营，但是它们是演艺行业人才发展、内容创新的重要通路，其重要性完全不亚于单体的大型商业剧场。

3. 内容创新是演艺集聚发展的动力来源

内容制作是激活剧院、提升剧院吸附力和聚合力的关键，反过来，剧院集聚发展，又以进一步刺激了内容的发展。百老汇、伦敦西区、首尔大学路的发展历程均证明了这一点。尤其是伦敦西区，通过内容集聚资本促进剧院发展的实践，更加印证了"内容为王"的发展路径。可以说，以内容为核心是推动演艺规模发展的动力。

4. 衍生收益是演艺集聚发展的重要保证

演艺集聚发展不仅可以有效吸引高净值人群，带动区域文化繁荣，还可以通过资源聚合，带动餐饮、住宿、旅游等衍生收益，这些稳定的盈利来源是演艺产业集聚的重要保证。

四、关于世博演艺集聚发展的探索和建议

（一）明确发展定位，突出方向引领

世博演艺集聚发展，首先要明确集聚区的属性问题。以世博目前的硬件配置和发展方向，可以旅游演出为侧重点，采用公共文化活动和商业演出并行发展的路线。在剧场之外，世博有大量公共空间可待利用，充分利用场馆的演出资源，大力开拓免费的公共文化活动，形成商业—公益、公益—商业的双向良性循环，从而破除文化是卖点，商业是驱动，地产是主导，资本是实质的价值取向。

（二）发力核心剧场，布局梯级体系

充分发挥大型剧场核心作用，形成商业性剧场和非营利性剧场并立、多种剧院运营模式并行的良好局面，进一步提升大型文化设施的服务能级和综合影响力。在大型剧院之外，着力引导中小型剧场建设，在世博区域建立从大型剧院、中小型剧院、迷你实验性剧院俱全的剧院梯度布局，并提供不同规模、不同票价、不同形式的多门类演出，丰富区域演出产品供给，丰富观众选择，增强观众粘性，充分发挥文化发展的阶梯效应。目前，上海各艺术团体、民营演艺单位、艺术高校等都极缺演出排练场所和小型公演场地，可在世博区域核心剧场附近，打造若干较小面积的空场地，形成绕核心剧场的小剧场群、排练厅群，通过租金补贴、品牌支持等方式，吸引演艺团体和机构来到世博，进而留在世博。

（三）贯通剧场渠道，硬件链接内容

剧场作为演艺行业的平台和终端，是演艺行业链接内容和市场的关键一环。积极引导剧场在场地硬件运营之外，开展内容制作，打造自有演出项目品牌，聚合剧场自有内容资源库，打磨剧场文化品格，进而促进剧场可持续发展。尤其需要注重中小型剧场在内容提供上的活力和探索力，为大型场馆提供创

新的内容资源和源源不断的动力。演艺产业是典型的轻资产行业,只有介入演艺产业的内容生产,才有可能通过演艺场所的集聚化、阶梯化,从渠道上溯内容,吸附演出经纪、原创制作、舞台艺术、资本引入、演艺人才培养等演艺配套产业,并充分挖掘演艺产业衍生价值,打造剧目—剧院—衍生收入一体化的演艺全产业链模式。

(四)精准政策扶持,"公""商"协同发展

成熟的演艺集聚区应该是高低并存、中外并举、"公""商"并行的立体运营系统。在政府的政策扶持和导向上,应该注重差异化、精细化,既要充分发挥剧场的公共文化教育功能,同时也积极发挥剧场的商业效益。比如在剧场建设方面,可以采用政府建一部分,通过税收优惠等引导商业设施进行剧场配套解决一部分,多种渠道有效扩充剧场硬件建设;在演出项目方面,重点扶持有创新性的文化演出项目;在文化企业导入方面,制定适合世博区域的文化政策,加大财政、税收、金融等方面的扶持力度,同时积极发挥前滩高端文化产业园、世博轴文化体验区的作用,引导资源集聚,把文化企业真正地留下来,改变目前创意文化项目"办了就走"的局面。

(五)破冰资本市场,助力演艺集聚

演艺行业与资本有着天然的亲和性,近年来,国家也出台了多项政策,支持文化企业与金融资本融合。浦东作为资本重镇,文资融合有着更多的便利性。通过多种方式,汇聚演艺产业优质项目,积极引导资本投入,并积极探索更多样化的商业模式。可成立世博演艺文化公共引导基金,同时引入财政资金和社会资本,双驱动助力世博区域的演艺集聚发展。

(六)发挥协会作用,营造区域形象

在世博文化场馆联盟的基础上,建立世博演艺行业协会/管理委员会,主要侧重演艺产业链上游创作生产的扶持,中游硬件建设和艺术、教育产品整合。协会将场馆、表演艺术制作公司、艺术学校、知名艺术家等全部纳入其中,

并充分发挥协会作用,一方面对外整体打造世博演艺集聚区的形象;另一方面积极为会员服务,探索协会推广剧目、推进票务销售、整合广告资源等方面作用。特别积极推动当日演出票折扣出售,对于拉动区域热度具有积极的提升作用。还可以设置托尼奖这样的行业性奖项,或者引入道略演艺这样的产业研究者,通过颁奖、论坛、会议等多种形式,集聚人才,增加热度,获取行业发声权。

（七）完善配套服务,开拓衍生收入

进一步完善停车场、公共交通建设,进一步改善演艺集聚区的可到达性,改善观众观演体验。围绕核心剧场,进一步开发餐饮、酒店等配套设施,引导观众在演艺消费之外,积极进行其他消费,大力开拓非票房收入。